RUTH SHAW

DER BUCHLADEN AM ENDE DER WELT

Aus dem Englischen von Anja Samstag

DUMONT

FSC
www.fsc.org
MIX
Papier | Fördert
gute Waldnutzung
FSC® C018236

1. Auflage 2023
© Ruth Shaw, 2022
© 2023 für die deutschsprachige Ausgabe: DuMont Reiseverlag, Ostfildern
Alle Rechte vorbehalten

Die englische Originalausgabe ist 2022 unter dem Titel »The Bookseller at the
End of the World« bei Allen & Unwin in Sydney und Auckland erschienen

Zitate auf S. 15 und 181 aus:
Margery Williams, Der kleine Schmusehase
Die Rechte an der deutschen Übersetzung von Kim Landgraf liegen beim Anaconda
Verlag, München, in der Penguin Random House Verlagsgruppe GmbH

Übersetzung: Anja Samstag
Lektorat: Patrick Schär
Illustrationen: Sophie Watson
Gestaltung Umschlag: Saskia Nicol (mit Anpassungen durch Anja Linda Dicke)
Fotos Innenteil: zur Verfügung gestellt von Ruth Shaw
Satz und Gestaltung Fotostrecke: Anja Linda Dicke

Printed in Poland

ISBN 978-3-616-03235-1

DUMONT

www.dumontreise.de

Für meine wundervolle Mutter Freda
(November 1925 – Juni 1972)
und für meinen großartigen Ehemann Lance:
meine erste und letzte Liebe.

INHALT

KAPITEL 1

ZWEI WINZIGE BUCHLÄDEN

Unweit des Lake Manapōuri, an der Ecke Hillside Road und Home Street, stehen zwei kunterbunt bemalte winzig kleine Buchläden, umgeben von Pflanzen, allerlei Krimskrams und dem einen oder anderen Haustier, das hier wohnt. Von Ende September bis Mitte April schließe ich jeden Morgen meine Two Wee Bookshops auf. Mein grüner Fiat 500, Baujahr 1961, steht gut sichtbar an der Southern Scenic Route und wirbt für den »kleinsten Buchladen in Neuseeland«. Ich stelle das »GEÖFFNET«-Schild an der Ecke zur Home Street raus, und dann fange ich an, Bücher auf Tischen und alten, bunt gestrichenen Schulbänken auszulegen. Auf die Kreidetafel schreibe ich: »GEÖFFNET. Bitte laut klingeln, wenn ich nicht da bin.« Neben der Tür hängt eine Schiffsglocke, deren Bimmeln ich beinahe überall auf unserem großen bewaldeten Grundstück hören kann.

Ich war siebzig Jahre alt, als ich mich entschied, die Buchläden zu eröffnen, sozusagen als netten Zeitvertreib für eine Rentnerin. Schon dreißig Jahre zuvor besaß ich einen ersten Buchladen, als Teil einer Jachtvermietung namens Fiordland Ecology Holidays, die mein Mann Lance und ich leiteten.

Schon gewöhnliche Buchläden ziehen Leute an, die Bücher lieben, doch meine Two Wee Bookshops sind wie ein Leuchtfeuer für jeden, der vorbeireist. Vielleicht liegt es an den bunten Farben, den alten Fenstern und Türen. Oder daran, dass sie einfach wirklich sehr klein sind.

Tibor aus Budapest zum Beispiel fuhr an den Häuschen vorbei, als sein Blick auf das Wort »Bookshop« fiel. Er kehrte postwendend um – und landete schließlich in unserem Gartenhäuschen, in dem er einen Monat lang wohnte. Er war Krankenpfleger, machte einen verlängerten Urlaub und lebte in seinem alten Kombi. Als Gegenleistung für Kost und Logis arbeitete er im kleinen Wald, der unser Haus umgibt. Er liebte Bücher und verbrachte seine Zeit oft damit, im Buchladen zu sitzen, zu lesen und sich mit meinen Kunden zu unterhalten. Wenn ich wegmusste, schloss er den Laden für mich auf und verkaufte erfolgreich eine Menge Bücher. Als er zurückmusste, flossen viele Tränen. Er wollte nicht gehen, und wir waren traurig, dass wir uns verabschieden mussten.

Und dann trafen wir Jana, ein junges deutsches Mädchen, das den Buchladen betrat, sich auf einen Stuhl setzte, zu weinen begann und sich mit einem völlig durchnässten Taschentuch die Nase schnäuzte. Ich nahm sie in den Arm und drückte sie an mich, während sie schluchzte. Ihre Beziehung war gerade zu Ende gegangen, erzählte sie mir. Ich nahm sie mit ins Haus, und Lance hielt auf seine gewohnt verständnisvolle und mitfühlende Art die Stellung im Buchladen. Er ist der persönliche Berater des Ladens und bringt den ganzen Tag lang pausenlos Tee und Kaffee. Außerdem ist er mein Handwerker, mein Mädchen für alles, und gemeinsam richten wir jeden Morgen die Buchläden her. Jana blieb eine Woche bei uns. Und dann kam Lily aus Polen, die solches Heimweh hatte, dass sie nur reden wollte – und wie sie redete! Ich erfuhr alles über ihre Familie bis hin zu ihren Großeltern, wo sie zur Schule gegangen war und welche Teile Neuseelands sie schon bereist hatte. Am Ende dieser atemlosen und größtenteils einseitigen Unterhaltung erzählte sie mir von ihrer Trennung.

Adam aus Australien kam. Er sah aus wie etwa einundzwanzig, ein breitschultriger Kerl mit einem frechen Grinsen. Er arbeitete in Milford Sound und hatte ein paar Tage frei.

»Ich will nur wissen, wie man ein Buch liest«, sagte er.

Das hatte ich noch nie gehört, aber wenn jemand weiß, wie man ein Buch liest, dann wohl eine Buchhändlerin.

»Was interessiert dich, Adam?«, fragte ich.

»Nicht viel. Ich baue Gras an und rauche das auch ganz gern.«

Seine Offenheit überraschte mich – er kannte mich ja gar nicht. Dann dachte ich daran, wie mein Aussehen auf einen Fremden wirken musste. Ich trug die für mich typische weite indische Baumwollhose, eine Tunika, die bis zu meinen Knien reichte, und dazu einen bunten Hut. Ich verstand, was er wohl annahm.

»Ich habe genau das richtige Buch für dich«, sagte ich. »Warte kurz – es ist aus meiner eigenen Büchersammlung und steht eigentlich nicht zum Verkauf.«

Bogor, von Burton Silver geschrieben und 1980 veröffentlicht, ist ein Buch mit Cartoons über einen einsamen Förster namens Bogor, der sich mit einem Igel anfreundet, der Marihuana anbaut. Der Igel ernährt sich von Schnecken, die er auf den Marihuanapflanzen züchtet. Die Cartoons erschienen von 1973 bis 1995 im Magazin *New Zealand Listener* und keine andere Comicreihe Neuseelands wurde so lange fortgesetzt wie diese. Wir verliebten uns alle in die Bogor-Comics, die für jene Zeit ziemlich radikal waren. Die Bogor-Bücher erschienen wenig später und sind heute Sammlerstücke.

Ich kehrte mit dem Buch in den Laden zurück und erzählte Adam die Geschichte von Bogor und dem netten Igel, der bekiffte Schnecken fraß. »Du wirst es lieben. Es ist leicht zu lesen, und ich bin sicher, du kannst nicht mehr aufhören, wenn du erst mal angefangen hast.«

Adam fing an zu lesen. Als er das Buch zurückbrachte, erzählte er, er habe auf der Online-Tauschbörse Trade Me nachgesehen und wolle nun selbst anfangen zu sammeln.

* * *

Eines Tages tauchte ein Mann namens Alan auf. Er saß schweigend auf der Stufe beim Eingang, sein hängender Kopf berührte beinahe die Knie.

»Warum kommen Sie nicht rein und setzen sich?«, fragte ich ihn. »Ich schließe die Tür, damit Sie etwas Zeit für sich haben.«

»Nein, das wäre zu viel verlangt«, sagte er, doch er stand auf und kam in den Laden. Ich eilte hinaus, drehte das »GEÖFFNET«-Schild um, wischte die Kreidetafel ab und schloss die Tür. Wir saßen einige Minuten lang schweigend da, bis ich mich schließlich vorstellte. Ich sah zu ihm hinüber, und er weinte.

Unser Haus liegt direkt neben den Buchläden, also lief ich rüber und bat Lance, zwei Tassen Kaffee in den Laden zu bringen. Das mache ich oft, wenn viel los ist und die Leute darauf warten, endlich die überfüllten Buchläden betreten zu können. Mehr als fünf Kunden – und man kann sich nicht mehr bewegen. Lance unterhält die Wartenden dann mit wunderbaren Geschichten aus seinem Leben und bringt Tee und Kaffee. Zum Glück liest er selbst viel, sodass er, wenn gewünscht, auch gern über Bücher redet.

Der Kaffee kam: einer nur mit Milch, der andere mit Milch und Zucker. Lance hatte richtig geraten – Alan war der Milch-und-Zucker-Typ.

»Danke, Ruth«, sagte Alan. »Ich glaube, das Schicksal wollte, dass ich hierherkomme – nur lese ich eigentlich keine Bücher.«

»Es kommen viele Leute her, die keine Bücher lesen.«

»Es lag an den Farben und der Glocke an der Tür, das hat mich angelockt. Ich bin Feuerwehrmann aus New South Wales, und mir wurde befohlen, Urlaub zu nehmen. Hier bin ich also.« Er seufzte und sah zu mir auf. »Glaubst du, ich habe meine Kollegen im Stich gelassen? Denn ich glaube das. Sie sind noch dort draußen. Und egal wo ich hingehe, rieche ich den Rauch.« Die Buschbrände in Australien waren in jenem Jahr so entsetzlich, dass wir selbst hier in Manapōuri, unten an der Südinsel Neuseelands, den Rauch riechen konnten und der Himmel die Farbe des Feuers annahm.

Wir unterhielten uns über eine Stunde lang. Bei den Schrecken, die er erlebt hatte und zu denen er zurückkehren musste, war mir zum Heulen zumute.

Schließlich stand er auf, stellte seine Tasse auf den kleinen Tisch, zog ein Taschentuch aus der Box, die ich für alle möglichen Situationen dort stehen habe, und putzte sich die Nase. »Danke, Ruth. Du warst genau das, was dieser ausgelaugte, alte Feuerwehrmann gebraucht hat.«

Ich umarmte ihn, sah zu ihm hoch, denn er war sehr viel größer als ich, und lächelte. Ich wusste, dass er am nächsten Tag den Kepler Track wandern wollte. »Versuche, den Wald zu riechen«, sagte ich. »Atme die Bergluft ein und sei dir gewiss, dass du bereit sein wirst, wieder an der Seite deiner Freunde zu arbeiten, wenn du zurückgehst. Ich habe ein kleines Buch für dich.« Ich reichte ihm eine Ausgabe von *Fellosophie: Tierisch gute Alltagstipps.* »Das wird dich zum Lächeln bringen – vielleicht sogar zum Lachen.«

Alan grinste. Ich hielt ihm die Tür auf, und als er um die Ecke in Richtung See lief, drehte ich das Schild auf »GEÖFFNET«.

An manchen Tagen verschenke ich mehr Bücher, als ich verkaufe. Das sind die Freuden des Rentnerinnendaseins, man hat keinen Druck mehr, Geld verdienen zu müssen. Es ist viel erfüllender, das perfekte Buch zu verschenken, als es zu verkaufen.

* * *

Der kleinere Buchladen, der für die Kinder, versteckt sich hinter einem Zaun. Man kann nur die Vorderseite sehen. Die rote Tür ist kaum mehr als einen Meter hoch.

Es herrscht ein ständiges Kommen und Gehen im Kinderbuchladen. Oft hocken die Kinder da, lesen und kuscheln dabei mit einem der Plüschtiere, die auf dem unteren Regal in einer Reihe sitzen und sehnsüchtig auf Aufmerksamkeit hoffen. Die Mütter, Väter und Großeltern finden Bücher aus ihrer Kindheit und schwelgen in Erinnerungen. In einer Ecke habe ich eine Leihbücherei eingerichtet. Die Kinder dürfen ein Buch und ein Kuscheltier über Nacht mit nach Hause nehmen, und das Plüschtier erhält seinen Namen vom ersten Kind, das es ausleiht. Wenn die Kuscheltiere zurückgebracht werden, wasche ich sie und hänge sie zum Trocknen raus. Meine Wäscheleine ist oft voller plüschiger Tiere, die an den Ohren oder am Schwanz aufgehängt sind. Da sind die Zwillingsbären Honey und Maple, die flauschige weiße Katze Blizzard MacMurray, die Katze Mornington, das Kamel Camo, die gelbe Ente Moon und der Hase Bouncy.

Das kleine weiße Lämmchen Eep war für zwei Nächte bei einer Übernachtungsparty und kam etwas klamm und voller Dreck und Gras zurück.

»Wow! Sieht aus, als hätte Eep tolle Ferien gehabt«, sagte ich.

»Ich habe sie nachts im Stall bei den anderen Schafen schlafen lassen, damit sie nicht so allein ist.«

»Großartige Idee. Es hat ihr bestimmt gefallen.«

Eep ist jetzt zurück im Regal und nach ihrem Bad wieder strahlend weiß.

Tama verbringt die Ferien bei seinen Großeltern in Manapōuri und kommt regelmäßig im Buchladen vorbei. Er ist ein sehr ernster Junge, nachdenklich und manchmal auch ziemlich lustig. Er nahm Growl, den Plüschlöwen, mit nach Hause. Bevor er den Laden verließ, erklärte ich ihm, dass ich Growl in die Wasch-

14

maschine gesteckt hatte und sein Brüllen nun kein Brüllen mehr war, sondern eher wie jemand klang, der am Ertrinken war. Tama lächelte und sagte:»Das macht nichts.«

Als er Growl am nächsten Tag zurückbrachte, sah er mir in die Augen und sagte:»Ich glaube, du warst zu hart zu Growl. Sein Brüllen ist gar nicht so schlecht.«

Eins meiner Lieblingsbücher in der Leihbücherei ist *Der kleine Schmusehase* von Margery Williams aus dem Jahr 1922.»Was bedeutet echt?«, fragt der kleine Hase einmal das weise Schaukelpferd.»Echt bedeutet nicht, wie man gemacht ist«, sagt das Schaukelpferd.»Es heißt, dass etwas mit dir geschieht. Wenn ein Kind dich sehr lange liebt, nicht nur gerne mit dir spielt, sondern dich wirklich liebt, dann wirst du echt.«

Ich habe dieses Buch viele Male gelesen, und diese Stelle erinnert mich an die Zeiten in meinem Leben, in denen ich die Bedeutung des Wortes»echt«verstehen gelernt habe.

BÜCHER UND DIE ERSTE GESCHÄFTSIDEE

Mein Vater war von 1941 bis 1946, dem Jahr, in dem ich geboren wurde, Feuerwehrmann bei der Eisenbahn. Er hat uns viele Geschichten über seine Arbeit erzählt. Die Lokomotive K942 mochte er am liebsten. New Zealand Rail führte sie ein, weil sie mit dem bergigen Terrain gut zurechtkam und mehr schwere Fracht befördern konnte. Ich glaube, ich habe die Begeisterung für Züge von meinem Vater geerbt: Mein ganzes Leben lang war ich entweder auf einem Schiff unterwegs, oder ich saß in einem Zug.

Mum war neunzehn, als sie Dad heiratete, der einundzwanzig war. Das war 1944. Die ersten drei Jahre ihrer Ehe zogen sie bei Dads Eltern, Gran und Pop, ein. Während dieser Zeit kamen meine Schwester Jill und ich zur Welt.

Von Gran und Pops Haus in Christchurch aus blickte man auf den Fluss Avon. Ein perfektes Haus für eine Familie, mit fünf

Schlafzimmern, einer großen Küche, einem Esszimmer, Wohnzimmer und sogar einer Waschküche mit Warmwasserspeicher. Jill und ich teilten uns ein Zimmer mit Tante Maureen, der Zwillingsschwester von Tante Lorraine, beide waren nur zehn Jahre älter als ich und die jüngsten von Grans fünf Kindern. Tante Joan, die Älteste, war schon verheiratet und lebte auf der Nordinsel. Bei uns wohnten außerdem zahllose Pflegekinder, die wir Onkels und Tanten nannten. Gran führte den riesigen Haushalt mit sanfter, aber bestimmter Art. Pop war immer draußen in seinem Schuppen, wo er an Fahrrädern arbeitete, oder drüben im berühmten Fahrradladen seines Bruders Jim, Hobdays Cycles, den dieser 1943 in der Colombo Street eröffnet hatte. Das Geschäft gibt es noch heute.

Gran war eine dralle Frau, die jeden Tag Schürze trug, das Haar stets zu einem strengen Dutt zusammengebunden. Sie lächelte fast immer, und bei ihr gab es ständig Umarmungen und Geknuddel. Ich liebte sie ungeheuerlich. Oft sagte Gran, wenn sie mich umarmte und mir einen Kuss auf den Kopf drückte: »Ruthie, ich weiß, du versuchst, brav zu sein, aber du bist es einfach nicht.«

Sie hat uns Hosen aus Mehlsäcken genäht, und sonntags gab es Sad Cake, der seinem traurigen Namen alle Ehre machte. Statt Butter kam Nierenfett in den Teig, was den Kuchen so schwer machte, dass er oft eingefallen war, wenn er auf den Tisch kam. Als Entschädigung bekamen wir Marmelade und dicken Rahm auf gebuttertem Brot.

Mums und Dads erstes eigenes Haus lag in der Bangor Street, einen Block vom Fluss Avon und einen kurzen Fußmarsch von

Gran und Pop entfernt. Wir zogen 1949 dort ein. Es war ein sehr kleiner Holzbungalow, den Dad immer wieder umbaute. Damit war er sehr beschäftigt, doch Onkel Ivan und er entschieden sich trotzdem, ein weiteres Projekt zu wagen: industrielle Hühnerzucht zur Fleischgewinnung. Sie fanden ein passendes Stück Land für die Aufzucht der über hundert Hennen, doch im letzten Moment, als die Vögel bereits gekauft und bezahlt waren, stieg der Landbesitzer aus. Und so zog das Projekt »freilaufende Tiefkühlhühnchen« in unseren kleinen Garten.

Als die Hühner eintrafen, hatte Dad bereits die komplette Rückwand unseres Hauses eingerissen, sodass die Küche und unser kleines Schlafzimmer zum Garten hin offen waren. Er flickte die Wand behelfsmäßig mit Jutesäcken, die die Wärme drinnen halten sollten. Wir hörten regelmäßig, wie die Hühner leise gackernd unter den Jutesäcken hereinschlüpften, um auf den Kopfteilen unserer Betten oder an einem anderen gemütlichen Platz in einer Reihe sitzend zu schlafen.

Das Hühner-Unternehmen nahm ein abruptes Ende, als die Nachbarn sich beschwerten, doch erst nachdem die Hühner die komplette Kontrolle über unseren Garten und das Haus übernommen hatten.

Dad ließ sich ständig etwas Neues einfallen, häufig zog er die ganze Familie mit hinein. (Diese Eigenschaft hat er eindeutig an mich vererbt.) Als wir von der Bangor Street in die Oxford Terrace zogen, entschied Dad sich kurzerhand, aus dem großen Haus eine Pension zu machen.

Zwei unserer ersten Pensionsgäste waren Bill und Maurice, die ersten Krankenpfleger im Christchurch Public Hospital. Maurice wurde später Oberpfleger im Silverstream Hospital in Upper Hutt. Es gab ständig Drama, weil sie offen schwul und ein Paar waren, was in den 1950ern eine große Sache war. Bill war für uns Onkel Bill. Mum führte die Pension, während Dad die Sommermonate über in der Deep-Lead-Goldgrube in Matakanui in Central Otago arbeitete.

Als Dad das Haus in der Oxford Terrace fertig umgebaut, repariert und gestrichen hatte, wurde es verkauft, und wir zogen 1953 in die Conference Street.

Anfang der 1940er kaufte Grandad Benn, der Vater meiner Mutter, ein Ferienhaus mit zwei Zimmern an der Pile Bay, einer kleinen, abgelegenen Bucht, gut versteckt hinter den hohen, grasbewachsenen Hügeln auf der Banks-Halbinsel. Er hatte außerdem ein hölzernes Rettungsboot mit riesigen Rudern gekauft, denn Rīpapa Island lag in Ruderdistanz. Die Sommerferien verbrachten wir mit unseren Cousins Ken und David an der Pile Bay. Wir liefen barfuß und ungestüm über die Hügel und entlang der steinigen Küste, wir lernten zu rudern, zu angeln und wie man nach Herzmuscheln und Pipimuscheln grub, wir rutschten die grünen Hügel hinunter, und nachts saßen wir auf der Kuppe und beobachteten, wie die Fähre, die zwischen den Inseln hin- und herfuhr, aus dem Lyttelton Harbour zur nächtlichen Überfahrt nach Wellington ablegte.

Wenn Dad und Onkel Ivan an den Wochenenden kamen, schliefen wir Kinder im Stockbett Kopf an Fuß, sodass vier Betten für unsere Eltern übrig blieben. Onkel Ivan war mit Mums Schwester Phillis verheiratet (auch Tante Fan genannt). Nachts warfen die gleichmäßig surrenden Öllampen Schatten an die

Wände. Wie sehr ich den Geruch des Schlafzimmers liebte – herb, salzig, mit einem Hauch von warmem Kerosin. Unter meiner Matratze hortete ich Stapel von Büchern, die ich, oft bei Kerzenschein, immer in den Ferien las.

Wir spielten Karten, machten Puzzles, badeten draußen in einer Emaillewanne im Stehen, putzten uns die Zähne im Meer und trugen jeden Tag dieselbe Kleidung. Grandad knüpfte Fischernetze aus Baumwollzwirn, und wenn er damit fertig war, tränkte er sie in kaltem Tee, damit sie nicht rotteten.

Rīpapa Island, fast komplett mit dem Fort Jervois bebaut, war für uns Kinder ein Traum von einem Spielplatz. Hier entstanden wunderbare Erinnerungen, die ich heute noch in mir trage. Die Insel hat eine beeindruckende Geschichte: Zuerst gab es dort eine feste Siedlung des Māori-Stammes Ngāi Tahu, dann wurde im späten 19. Jahrhundert eine Quarantänestation für die ankommenden Immigranten errichtet, später ein Gefängnis für 150 Anhänger des spirituellen Māori-Führers Te Whiti und danach eine Verteidigungsbasis während beider Weltkriege.

Die Befestigungsanlage ist von hoher architektonischer und ästhetischer Bedeutung und steht heute als seltenes Beispiel einer unterirdischen Festung der 1880er-Jahre unter Denkmalschutz. Vier versenkbare Kanonen sind durch Tunnels mit unterirdischen Magazinen und Unterkunftsräumen verbunden. Der Haupteingang erinnert an ein Schloss, inklusive einer Steinmauer, Mauerzinnen und falscher Schießscharten in Form eines Kreuzes.

Die kleine Insel ist von Felsen umringt, und um die Festung wurde ein Damm gemauert. Der einzige Weg, um auf die Insel zu gelangen, führte über eine Seilbrücke oder die Bootsrampe hinauf. Vom Innenhof aus betraten wir ein mysteriöses Labyrinth kleiner Tunnel, von denen die meisten mit Eisentoren versperrt waren. Es war angsteinflößend, aber auch furchtbar aufregend. In der kühlen Dunkelheit erkundeten wir den Damm mit den riesigen Kanonen und Zellentüren, die noch auf- und zugingen. Unsere Familie besitzt das Ferienhaus an der Pile Bay noch immer. Es hat inzwischen Solarpaneelen auf dem Dach, eine Komposttoilette, zwei Schlafzimmer und eine Dusche. Der alte Kerosin-Kühlschrank wurde durch einen solarbetriebenen ersetzt, und der wunderbare alte gelb-grüne Kohleherd musste einem Gasherd Platz machen. Damals waren wir die Enkelkinder, nun sind wir die Großeltern, die Geschichtenträger.

∗ ∗ ∗

Dad konnte nicht lange stillsitzen: Das Haus in der Conference Street stand zum Verkauf. Wir zogen in ein großes, zweistöckiges Haus in der Fitzgerald Avenue, in dem ein Lebensmittelladen den Großteil des Erdgeschosses einnahm. Im Alter von acht Jahren hatte ich meine erste bezahlte Arbeit: Ich half Mum und Dad im Laden. Die zehnjährige Jill verdiente bereits zwei Pfund die Woche, indem sie Namen auf Zeitungspapier schrieb, die Bestellungen einpackte und einen Abend die Woche bis spät arbeitete und Mum half, den Laden zu schließen.

Dad erklärte mir, dass der Mindestlohn für Frauen bei etwas über drei Schilling die Stunde lag, und weil ich erst acht Jahre alt war, würde er mir einen Schilling und sechs Pence die Stunde geben. (Erst 1967 wurde das Neuseeländische Pfund, das in 20 Schilling unterteilt war, durch den Neuseeland-Dollar ersetzt.) Nach der Schule war ich dafür verantwortlich, Reis, Mehl und Zucker aus großen Säcken sowie Tee aus großen Holzkisten abzuwiegen und zu verpacken. Dad ermutigte mich, mehr über Gewinn und Verlust zu lernen, wie man haushaltet und wie wichtig Rücklagen waren. Ich steckte meinen Lohn in ein Glas ganz unten in meinem Kleiderschrank, und genau wie mein Vater hatte ich bereits Pläne, wie ich mein wöchentliches Einkommen verbessern wollte.

Meine erste eigene Geschäftsidee bestand darin, Mäuse als Haustiere zu züchten und zu verkaufen, was mein Vater voll und ganz unterstützte. Er baute mir ein dreistöckiges Mäusehaus aus Obstkisten aus dem Laden, und Mum brachte mir bei, wie man sich um die Mäuse kümmerte. Ich war entschlossen, dass das Mäusegeschäft ein Erfolg werden würde, Scheitern war keine Option. Sobald die kleinen Mäuse alt genug waren, steckte ich sie in eine Reisekiste, die auf meinen Gepäckträger passte, und nahm sie mit in die Schule, um sie zu verkaufen. Ich verkaufte sie in Papiertüten mit Stroh darin für je ein Sixpencestück.

Das Geschäft lief gut, bis die Nonnen fanden, dass das Schulgelände kein angemessener Ort war, um Mäuse zu verkaufen. Obwohl ich die restlichen Mäuse sehr günstig verkauft hatte, machte ich noch Gewinn. Ich kaufte meinen Eltern einen Sittich, den Dad Floyd nannte. Wir fanden später heraus, dass Floyd ein Weibchen war, als sie auf Dads Schulter ein Ei legte. Er liebte sie. Mum duldete sie.

In Central Otago ist die Geschichte der Goldgewinnung all-
gegenwärtig – von der Küste Dunedins ins Landesinnere nach
Palmerston, über die bekannte Fernstraße Pigroot in die
Maniototo-Ebene bis weiter nach Ōmakau, Clyde und die Gegend um Alexandra. Ich hatte ältere Verwandte vom Goldrausch
reden gehört, aber nie viele Gedanken daran verschwendet. Bis
ich den fieberhaften Zustand erlebte, in den mein Vater geriet, als
er begann, auf seinem eigenen Grubenfeld in Matakanui, das früher Tinkers hieß, zu arbeiten.

Dad war der alleinige Anspruchsberechtigte der Deep-Lead-
Goldgrube, nachdem die älteren Partner verstorben waren. Laut
Gesetz musste man mindestens einmal im Jahr in der Mine arbeiten, ansonsten konnte jeder Anspruch auf das Land erheben und
Dad würde seine Rechte verlieren. Das Problem war, dass die
Hauptgoldader unter einem kleinen See lag, daher konnte man in
der Mine nur arbeiten, wenn das Eis nach dem Winter geschmol-
zen war und der Wasserspiegel des Sees tiefer lag. Das Flussgold
wurde hauptsächlich über eine Waschrinne gewonnen.

In den Sommerferien stellten Mum und Dad einen Geschäfts-
führer für den Laden ein, und wir fuhren alle zur Mine am Fuß
der Dunstan Mountains. Die Sommer waren extrem heiß, was
meinem dunkleren Teint nichts ausmachte, doch Mum und Jill
hatten ständig Sonnenbrand, weil sie so blass waren. Mum war
nur 1,53 Meter groß, doch was sie in der Mine leistete, war außerordentlich. Dad arbeitete von Tagesanbruch bis es dunkel wurde
an der Waschrinne, Mum schaufelte den dabei entstehenden
Goldsand, Jill siebte mithilfe der Wiege, und ich wusch die Matten und schwenkte die kleine Goldpfanne, die Dad mir gekauft

hatte. Dad feuerte uns immer wieder an: »Macht so fleißig weiter; kein Grund, langsamer zu werden. Der Tag hat erst angefangen, wir haben einen langen Tag vor uns.«

Am Abend sammelte Dad den Goldsand, trocknete ihn am Feuer und füllte ihn dann in eine Zeitung, die er zu einem »V« geformt hatte. Er schüttelte die Zeitung leicht und pustete dabei sanft in den trockenen, goldenen Sand. Dank seiner Erfahrung und Geduld konnte er sehen, wie der Goldstaub und die Flocken sich auf dem Papier vom Dreck trennten.

Am Ende der Woche ging er immer zur Hütte des alten Sandy Anderton, einem hartgesottenen Goldgräber, der den gewonnenen Goldstaub vorbereitete, damit man ihn in der Bank in Ōmakau verkaufen konnte. Sandy schnitt ein tiefes Loch in eine große Kartoffel, gab den Goldstaub hinein und verschloss das Loch mit dem herausgeschnittenen Kartoffelstück. Die Kartoffel wurde dann über Nacht ins Feuer zwischen heiße Kohlen gelegt. Am nächsten Morgen verbarg sich in der garen Kartoffel ein Goldklumpen. Für eine Unze Gold erhielt man 12 Pfund.

GESCHICHTEN
AUS DEM BUCHLADEN:
»Erzählt eure Geschichten«

Man hatte mich gebeten, vor der örtlichen Frauengruppe zu sprechen. Diane MacDonald, die Leiterin, hatte mich in der Radioshow *Saturday Morning* beim Sender RNZ gehört und mich eingeladen. »Erzähl einfach von deinen Buchläden ... und natürlich vor allem über dein Leben!«

Als ich auf dem Parkplatz der Heilsarmee parkte, lief Diane schon auf mich zu.

»Schrecklicher Morgen«, sagte sie. »Es tut mir so leid, es war chaotisch. Eine der netten Damen unserer Gruppe ist gestern verstorben, und ich muss es noch allen erzählen.«

Mein Hirn ratterte: Wie richtete man das Wort an eine Gruppe von Frauen, die gerade die Nachricht erhalten hatten, dass eine ihrer Freundinnen gestorben war? Ich hatte vorgehabt, ihnen Geschichten zu erzählen, die sie zum Lachen bringen würden, doch wie konnte ich das in einer so erschütternden Situation tun?

Diane stand am Lesepult und verkündete die schrecklichen Neuigkeiten, dann fügte sie hinzu, wir *müssen* weitermachen und den Vormittag gemeinsam genießen. Sie stellte mich vor.

Ich sprach ihnen mein Beileid aus und redete darüber, wie oft wir davon überrascht werden, dass jemand stirbt. Ich habe immer daran geglaubt, dass jeder eine Geschichte zu erzählen hat, also betonte ich, wie wichtig es für die Familien der Frauen war, deren Geschichten zu hören, ja, sie sollten sie am besten aufschreiben.

»Sie brauchen kein aufregendes oder ein von Dramen erfülltes Leben, um eine Geschichte zu haben. Es ist genauso wichtig, Ihren Kindern und Enkeln davon zu erzählen, wie es war, auf einem Bauernhof aufzuwachsen, bei jedem Wetter zu Fuß zur Schule zu gehen, und das manchmal sogar mit nackten Füßen. Sich daran zu erinnern, welche Hausmittel die eigene Mutter gegen Husten, Kopfschmerzen und Insektenstiche hatte. Wer hat Ihr erstes Tanzkleid genäht? Meine Großmutter hat uns Hosen aus Mehlsäcken genäht! Erinnern Sie sich daran, wie Kuchen mit Schmalz oder Fett gemacht wurden? Wie das Telefon einen ›Gemeinschaftsanschluss‹ hatte und jeder wusste, dass die Tratschtanten aus dem Dorf mithörten? Erinnern Sie sich daran, wie wichtig und aufregend es war, einen Brief zu bekommen?«

Als ich Geschichten wiedergab, die mir meine beiden Großmütter erzählt hatten, brach ich fast in Tränen aus.

»Schreiben Sie Ihre Geschichten auf«, sagte ich. »Bitte schreiben Sie Ihre Geschichten auf.«

Zum Glück konnte ich das Gefühl von Traurigkeit überwinden und schaffte es, diese großartigen Frauen zu unterhalten – der Morgen war kostbar und unvergesslich.

Nach meiner Sitzung futterte ich mich durch einen peinlich großen Berg von wunderbarem Essen, als Diane mich fragte, ob es möglich wäre, dass der Winton Book Club nach Manapōuri komme und in meinen Buchläden ein Treffen abhalte. Ich sagte, das sei eine großartige Idee.

Ein paar Monate später kamen sie mit drei Autos an, vollgepackt mit allerlei Häppchen zum Mittag. Es war ein fantastischer Tag, wir saßen draußen in der Sonne, alle mit Sonnenhut, plauderten und lachten, während wir uns durch die Leckereien futterten. Als sie das ausgewählte Buch besprachen, war offensichtlich, dass es einigen von ihnen gefallen hatte und anderen nicht, was zu einer lebhaften Debatte führte.

Ich war zu jener Zeit zur Hälfte fertig mit diesem Buch und lauschte aufmerksam. Ich fragte mich, wie sich wohl eine offene Diskussion zu meinem Buch abspielen würde. Sex, Drogen, Kraftausdrücke, einige Verhaftungen und mehrere Ehen würden gewiss lebhafte Debatten anregen!

DIE KUNST DES KARTENSPIELS

Es war 1953, und ich war sieben Jahre alt. Wir waren gerade in ein zweistöckiges Haus mit dem sehr noblen Namen Brixton House in der Conference Street in Christchurch gezogen, das dritte Haus, in dem wir in den letzten sechs Jahren gewohnt hatten. Es war ein älteres Haus ohne Vorgarten, dessen Tür direkt auf den Gehweg führte. Im Garten hinter dem Haus bot ein großer Walnussbaum Schatten, und in einer Ecke war ein Gemüsegarten.

Gegenüber der Küche im hinteren Teil des Hauses war ein kleines Schlafzimmer, in dem Nanny, die Mutter meiner Mutter, schlief. Nanny Ellen Martha Daisy lebte mit uns zusammen, seitdem sie Grandad Ethelbert Ponsonby Benn verlassen hatte. Seinen Namen habe ich immer geliebt. Er zog bei unserer Tante ein.

Nanny bekam ständig Besuch, aber wir durften ihr Zimmer nur betreten, wenn wir eingeladen waren. Sie war eine große, streng dreinblickende Frau mit einem verkniffenen Mund und dunklen, fast schwarzen Augen, die wachsam waren und oft traurig wirkten. Kurzes, dunkelgraues, sich kräuselndes Haar bedeckte ihren Kopf, auf der Nase trug sie eine Brille mit blassem Gestell, und ihre Kleider waren stets hochgeknöpft. Das Schönste an ihr, woran ich mich erinnere, waren ihre Hände: lange, elegante Finger, blass, gerade, sorgsam gefeilte Nägel mit winzigen Monden. Sie liebte es, Karten zu spielen, tatsächlich war sie eine ziemlich große Glücksspielerin und verzockte das Familienerbe.

Erst Jahre später, als ich mit Jill über Nanny sprach, fiel mir auf, wie scharfsinnig sie gewesen war. Sie war liebevoll zu Jill, las ihr Geschichten vor, während sie zusammen im Bett hockten, und es gab nie auch nur ein böses Wort. Jill hatte lange blonde Zöpfe, blaue Augen und war stets brav. Ich hingegen war unordentlich, ein Wildfang mit kurzem schwarzem Haar, hatte ständig Fragen und steckte andauernd in Schwierigkeiten. Ich habe von Nanny nie Zärtlichkeit erfahren – kaum ein Dankeschön dafür, dass ich ihr ab dem Alter von neun Jahren die Verbände um ihre eitrigen Beine wechselte.

Ich habe Nanny nicht so geliebt wie Gran, aber sie hat mir einige Fähigkeiten beigebracht, die ich brauchte, um durch mein chaotisches Leben zu navigieren. In außerordentlich jungem Alter habe ich von Nanny gelernt, wie man Cribbage, Siebzehn und Vier und Show-Poker spielt, sowie die Grundlagen einiger Kartentricks. Sie brachte mir bei, wie ich die Karten richtig in meinen kleinen Händen hielt, wie ich sie mischte, ohne dabei die unterste Karte des Decks zu zeigen, und wie man eine Karte selbstsicher und mit geschulter Miene legte, ohne dabei etwas zu verraten. Auch wenn meine Hände viel kleiner waren als ihre, hielt ich meine Karten so elegant, wie Nanny es tat, dicht bei mir, damit »niemand schummeln konnte«.

Diese Fertigkeiten entpuppten sich als hilfreich fürs Leben. Wann immer ich knapp bei Kasse war, spielte ich Karten, um Geld zu gewinnen. Am wichtigsten waren die entscheidenden Tricks, wie man bluffte und manipulierte. »Wenn du ein schlechtes Blatt hast, bringt es nichts, so auszusehen, als hättest du ein schlechtes Blatt«, hatte Nanny immer gesagt. Sie brachte mir bei, wie man überzeugend guckte und Blickkontakt hielt, selbst wenn man ein mieses Blatt hatte.

Das galt nicht nur für das Kartenspielen. Mein ganzes Leben lang haben sich die Dinge, die Nanny mir beigebracht hat, immer wieder als nützlich erwiesen. Wenn ich in einer Situation steckte, in der ich nicht sein wollte, musste ich das Selbstvertrauen haben, der Welt zu zeigen, dass ich das siegreiche Blatt in der Hand hielt.

Als ich etwas älter war, etwa zehn, ging ich immer mit meinem Vater und Onkel Ivan ins Pub, wo wir Euchre und 500 spielten. Ich war das einzige junge Mädchen im Raum. Dad und ich waren ein Team, und wir spielten sehr gut zusammen. Ich erinnere mich daran, wie Dad mir viele Jahre später, als ich auszog, um in die Navy einzutreten, sagte, dass das Leben wie ein Kartenspiel sei. Man bekommt ein Blatt, und die Art und Weise, wie man dieses Blatt spielt, entscheidet über den restlichen Monat, das restliche Jahr oder das restliche Leben. Aber du hast keine Zeit, um zu planen, denn wenn du beim Legen deiner Karten zögerst, können die Leute deinen nächsten Zug erraten. Sein nachdrücklichster Rat war: »Wann immer du in so einer Situation bist, stell dir dein Leben wie einen Satz Spielkarten vor und mal dir aus, wie du dein

Blatt spielen würdest. Du kannst ein schlechtes Blatt in ein siegreiches Blatt verwandeln, indem du deine nächste Karte legst.«

Ich habe das Kartenspielen mein Leben lang geliebt – ein Glück, dass ich nie spielsüchtig geworden bin. Zweimal in meinem Leben sollte das Kartenspielen zu einer sehr interessanten Situation führen – bei zwei äußerst unterschiedlichen Anlässen: einmal in Papeete, Französisch-Polynesien, als ich auf der *Cutty Sark* quer durch den Pazifik segelte, das andere Mal in Rabaul, Papua-Neuguinea, wo ich fast vier Jahre lang arbeitete.

GESCHICHTEN
AUS DEM BUCHLADEN:
Ein unwahrscheinlicher Pilger

Ein großer Mann tauchte vor der Tür des Buchladens auf. Er hatte ausgetragene Wanderkleidung an, und sein leichter Körpergeruch verriet mir, dass er gerade aus den Bergen kam. Er setzte sich auf die Stufe, zog seine nassen, matschverschmierten Wanderstiefel aus und stellte sie auf die Fußmatte.

»Gerade vom Wandern gekommen?«, fragte ich, obwohl es offensichtlich war.

»Zehn Tage. Ein bisschen Buschwandern. Ich hoffe, es macht Ihnen nichts aus.«

Ich lachte. »Sie sehen aus, als könnten Sie eine Tasse starken Kaffee vertragen. Milch und Zucker?«

»Das wäre genial, danke. Zwei große Würfel Zucker.«

Als ich mit zwei Tassen Kaffee in den Laden zurückkehrte, saß er auf dem Boden und betrachtete eine aufgeschlagene Karte der Region Fiordland. »Diese Gegend ist unglaublich, nicht wahr? Man kann tagelang der Sonne folgen, und es gibt immer noch weitere Berge, hinter denen sie sich verstecken kann.«

»Dann haben Sie vor, noch mal zurückzukehren?«, fragte ich.

Er nickte.

»Wandern Sie vor etwas davon oder auf etwas zu?«, erlaubte ich mir zu fragen.

Er blickte vom Fußboden zu mir auf. »Ich wandere einfach nur. Sauge alles auf und füttere die Seele.« Er wusste wunderbar mit Sprache umzugehen.

Er erzählte mir, dass er »im Augenblick etwas verloren« und gerne allein sei, um die Dinge wieder zu ordnen. »Ich bleibe einige Tage auf dem Campingplatz, und dann ziehe ich wieder los. Würde es Ihnen etwas ausmachen, wenn ich hin und wieder vorbeikomme? Ich mag Bücher, aber mein Rucksack ist nicht groß genug, um welche mitzunehmen.«

»Kommen Sie jederzeit vorbei«, sagte ich zu ihm. »Wenn geschlossen ist, klopfen Sie an der Haustür, dann gebe ich Ihnen den Schlüssel.«

Die nächsten drei Tage ging Hamish ein und aus. Er hatte sich rasiert, und seine Kleidung war gewaschen, doch er trug immer noch seine alten Stiefel.

Schon bald wusste ich genug über ihn, um ihm ein Buch zu geben, das er wirklich lieben würde, ein Buch, das er sich selbst nie ausgesucht und gelesen hätte.

»Hamish, ich werde Ihnen ein Buch schenken, und Sie *müssen* es in Ihren Rucksack zwängen.«

Er nahm es und lächelte über den Titel: *Die unwahrscheinliche Pilgerreise des Harold Fry* von Rachel Joyce.

»Ich glaube, Harolds Schuhe ähneln Ihren Stiefeln«, sagte ich. »Wenn Sie es fertig gelesen haben, lassen Sie es in einer Hütte, damit es jemand anders liest.«

»Nein, Ruth. Das werde ich nicht tun«, sagte er. »Das hier ist *mein* Buch – Sie haben es für *mich* ausgewählt. Ich lasse es nirgendwo zurück.«

Er wollte mir die Hand schütteln, doch ich streckte mich und umarmte ihn.

»Passen Sie auf sich auf, Hamish.«

NASEBY

1957 zogen wir in das kleine Dorf Naseby in Central Otago, mit kaum mehr als 100 Einwohnern eine der kleinsten und ältesten Gemeinden Neuseelands. Trotzdem gab es einen Bürgermeister und Stadträte. Zu Dads Freude waren wir im Herzen der Goldgräbergegend.

Im Mai 1863 war das erste Gold in einer Schlucht in der Nähe des Mount Ida gefunden worden. Viele Bergleute verließen die Goldfelder von Dunstan und wanderten durch den Schnee zu der neuen Fundstelle auf 600 Metern über Meereshöhe. Innerhalb der nächsten Monate wuchs ein Zeltdorf heran, dessen Einwohnerzahl sich sogar noch verdoppelte, als man im Hogburn Stream auf Flussgold stieß. Das Dorf erhielt 1873 offiziell den Namen Naseby.

Unser Haus war zweigeteilt: Die eine Hälfte war ein Metzgerladen mit einem Heizraum, und in der anderen Hälfte wohnten wir. Für Mum bedeutete der Umzug, dass sie ihre Schwester und Familie in Christchurch verlassen musste, daher fühlte sie sich ziemlich einsam. Meine Schwester Jill hasste Naseby, ihr war es in der strengen Struktur der katholischen Mädchenschule, wo sie von den Barmherzigen Schwestern unterrichtet wurde, gut gegangen, und jetzt musste sie an die Ranfurly High, eine gemischte Kleinstadtschule. Ich liebte unser neues Zuhause. Ich glaube, Dad, Beswick (unsere Perserkatze) und ich blühten in Naseby auf, wohingegen Jill und Mum »das Beste aus dem Umzug machten«.

Die Naseby Primary School, auf die ich ging, hatte nur zwei Räume, beide mit Kanonenöfen, um uns im Winter zu wärmen. Der Tag begann nicht damit, auf den Knien den Rosenkranz aufzusagen, wir mussten kein Latein lernen oder pausenlos Hymnen singen, wir mussten nicht unzählige Male die Woche zur Messe gehen oder den Katechismus lernen. Ich arbeitete nicht nach der Schule, nur in den Schulferien, also hatte ich Zeit zum Spielen und Forschen, und außerdem wurde Sport zu einem wichtigen Teil meines Lebens.

Der kleine Athenäum-Lesesaal lag nur zwei Häuser von uns entfernt. Dort drin war es dunkel, und die einzige Lampe verlieh dem Raum eine geheimnisvolle Atmosphäre voller Abenteuer und Intrigen. Viele der Bücher waren unglaublich alt, mit Leder- oder Stoffeinbänden, deren vergoldete Titel verblasst waren, und hauchdünnen Seiten, die raschelten, wenn man sie umblätterte. Ich fand es herrlich. Ich erinnere mich daran, wie ich an dem kleinen Holztisch saß und eines der großen Bücher umarmte, weil ich es so sehr liebte.

Dad wurde Ratsschreiber, während er gleichzeitig als Metzger arbeitete. Das Steuerbuch bewahrte er unter dem Tresen in der

Metzgerei auf, und die Leute kamen in den Laden, um zu zahlen. Er war auch Eismeister und dafür zuständig, dass das Eis für die Curling-Turniere vorbereitet war, und natürlich war er nebenbei auch noch Goldgräber.

William (Billy) Strong war der Uhrmacher in Naseby. Er lebte in einem winzigen Lehmhaus in der Derwent Street, genau gegenüber der Post. Sein Vater hatte das kleine, überfüllte Uhrengeschäft 1868 in der Leven Street eröffnet. Dort stand es noch immer, die Wände mit jeder nur denkbaren Art von Uhren vollgehängt – und nicht eine einzige zeigte die richtige Uhrzeit an.

Billy öffnete den Laden gelegentlich für die Allgemeinheit, damit man sich die hübschen Taschenuhren, Armbanduhren und Wanduhren ansehen konnte. Hinter dem Holztresen werkelte er in seinem eigenen gemütlichen Tempo vor sich hin. In dunklen Ecken von Kisten voller Uhren suchte er nach halb vergessenen Teilen. Billy brachte mir alles über Taschenuhren bei, wie wichtig die Länge und das Gewicht der Kette war, die Federn und die kleinen Rädchen des Uhrwerks. Er führte das Geschäft bis 1967 weiter.

Wenn der Herbst seinen Höhepunkt erreichte, sammelten sich die gelb gefärbten Nadeln der Lärchen auf den Straßen, und der erste Schnee bedeckte die Berge. Zu dieser Jahreszeit hoben die Totengräber auf dem Friedhof vorsorglich Gräber aus, da der Boden gefroren war, wenn der raue Winter einkehrte.

»Chrome Dome«, also »Polierte Platte«, war der Spitzname des Totengräbers, ein großer, kräftig gebauter, glatzköpfiger Mann um die vierzig. Er hatte stets ein Lächeln im Gesicht und grüßte die älteren Herren, die sich an der Straße trafen. »Wie geht es euch Jungs heute so?«, fragte er fast jeden Morgen. Er hatte bei Dad, dem Ratsschreiber, gemeldet, dass er vier neue Löcher ausheben wollte, damit sie für den Winter reichten.

»Schön, dass es euch zum Winter hin allen so gut geht«, sagte er zu den alten Männern, wobei er vielleicht an seine Winterzahlen dachte, dann ging er mit der Schippe über der Schulter davon.

Wenn ein neues Grab ausgehoben wurde, legte man dabei oft ein altes frei – die frühen Aufzeichnungen waren nicht besonders präzise. Der Friedhof von Naseby, errichtet 1860, ist einer der ältesten in Neuseeland. Die Gräber der chinesischen Goldgräber lagen unter den großen Bäumen bei der Umzäunung, die Namen in flache Steinplatten graviert.

Der Winter zeigte sich früh in Central Otago. Die Berge standen ruhig da, wenn der erste Schnee ihre Spitzen bedeckte und ganz allmählich die Täler füllte. Wolken zogen sanft über den Himmel, verhüllten die niedrigeren Berge und verschlangen alles, was ihnen im Weg stand. Naseby war bereit, sich zurückzuziehen.

Die Stille im ersten Winter war so absolut, dass ich zusammengekauert mit vor Staunen großen Augen dasaß und die im Feuer gleichmäßig glimmenden Tannenzapfen beobachtete, die im Herbst gesammelt worden waren. Wabernder Rauch stieg darüber auf und verbreitete ihren Duft in der Luft.

Durch mein Zimmerfenster beobachtete ich gebannt, wie das erste Mal Schnee fiel, die erste Schneeflocke ein Wattebausch, der wie wahnsinnig dahintaumelte, ein winziger tanzender Fallschirm. Es war, als sei diese kleine Flocke vorausgeschickt worden, um die große Eröffnung des spektakulärsten Balletts zu verkünden, das nur einmal im Jahr stattfand, jedoch monatelang andauerte. Winzige Ballerinas stiegen nun zu Hunderten, Tausenden, Millionen vom Himmel herab, alle in Weiß gekleidet und immer schneller tanzend. Schon bald konnte ich die Steinbrücke über die Schotterstraße nicht mehr sehen. Ich zog mich schnell an und lief auf das Freizeitgelände hinaus, wobei meine Stiefel im tiefen Schnee knirschten. Ich war in dicke Lagen eingepackt, und die verschiedenen Schals, die ich mir um den Kopf geschlungen hatte, ließen nur meine Augen frei. Die Zaunpfosten hatten ihre Wintermützen aus weißem, frisch gefallenem Schnee aufgesetzt. Manche trugen sogar Tannennadeln, die in lustigen Winkeln abstanden. Der schwere Schnee drückte langsam die Telegrafendrähte nieder.

* * *

Hier beginnt meine Geschichte richtig, im Herzen der Maniototo-Ebene.

»Kalt genug, dass man sich den Hintern abfriert«, sagte mein Vater auf der Straße. »Ich sollte besser meine Pfeife anzünden und mir damit die Nase wärmen, da scheint ein Eiszapfen dran zu wachsen.«

Die schlendernde Gestalt des mysteriösen alten Uhrmachers Billy Strong kam uns entgegen.

»Wusste, es würde schneien. Die Bäume. Und die Vögel.« Mit einem riesigen, oft benutzten Taschentuch putzte er sich die ebenso große Höckernase, zog seine Taschenuhr heraus, sah darauf und nickte.»Wie schon gesagt, bin zu viele Jahre hier, um nicht zu wissen, wann es schneien wird. Eine gute Menge heute, selbst in den Ebenen wird es eine dünne Schneedecke geben.«

»Ja, das würde ich auch sagen«, antwortete Dad, der breitbeinig dastand, die Hände in den Taschen. Sein Tabakbeutel lugte aus der Tasche des Pullovers, und er hatte die Metzgerschürze fest um seinen leicht rundlichen Bauch gebunden. Um die blauen Augen hatte er Lachfalten, und auf dem allmählich schütter werdenden blonden Haar saß eine Schiebermütze.»Die hält meine Ohren warm«, behauptete er immer – obwohl die Mütze die Ohren nicht bedeckte. Und unter der großen Nase, die in der Familie lag, glühte seine Pfeife, die mit der Zeit schwarz geworden und wunderschön gealtert war.

»Dann wollen Sie rüber zu den Jungs?«, rief er Billy zu und nickte zum Lebensmittelgeschäft mit der abgenutzten langen Bank, die wie ein Teil des Schaufensters wirkte. Dort, gegenüber von Dads Metzgerei, versammelte sich jeden Morgen eine Gruppe alter Männer, einschließlich Billy. Sie waren alle als junge Männer nach Naseby gekommen, um zu arbeiten, nach Gold zu graben, zu heiraten und sich niederzulassen. Jetzt im Alter verbrachten sie den Morgen damit, in der Sonne zu sitzen, Pfeife zu rauchen, in Erinnerungen zu schwelgen und gelegentlich wegzunicken.

Die Bank war schon halb voll mit altersschwachen»Jungs«, die nur dasaßen und mit tropfenden Nasen gut gelaunt ihre Pfeife rauchten. Bei jedem, der sich zu ihnen gesellte, lüfteten sie ihre Schiebermützen, murmelten etwas über das Wetter, und dann nahmen sie wieder ihre zusammengesackten Haltungen ein. Es wurde viel genickt, gemurmelt und geraucht. Am späten Vormittag war die Bank dann voll.

* * *

Nachdem ich die Naseby Primary School abgeschlossen hatte, setzte ich mich zu Jill in den Schulbus zur Ranfurly High. Unsere Englischlehrerin Miss Alexandra sagte, ich hätte ein besonderes Schreibtalent, und ermutigte mich zu lesen und zu schreiben. Unser Mathelehrer Mr. Hill hingegen hörte irgendwann auf, mir Fragen zu stellen, und überließ mich meinen Tagträumen (und dem Schreiben). Geografie führte mich an Karten heran. Ich studierte die Details – Längengrad, Breitengrad, Topografie – und versank in Gedanken über die Ozeane und den Äquator. Ich recherchierte über verschiedene Länder, lernte von den Tieren und Menschen dort und sprach mich deutlich gegen das Konzept des Commonwealth aus.

Bücher über den Zweiten Weltkrieg tauchten nun in der Schulbibliothek auf, darunter *Das Tagebuch der Anne Frank*, das ich im Alter von dreizehn Jahren las. Anne schrieb ihr Tagebuch im gleichen Alter und starb nur zwei Jahre später, was mich schwer beeindruckte. Ich hatte keinerlei Absicht, länger in der Schule zu bleiben, als ich musste. Das Leben spielte sich für mich nicht im Klassenzimmer ab.

In der ersten Woche des Jahres 1963 veranstaltete Naseby eine Hundertjahrfeier, zu der sich das ganze Dorf historisch verkleidete. Es gab eine Parade auf der Hauptstraße, einen Wettbewerb, wer sich den längsten Bart hatte wachsen lassen, Würstchen mit Brot, Leichtathletik auf dem Freizeitgelände, Goldwäsche-Vorführungen und abends Tanz. Im Rathaus zeigten sie sogar einen Film. Ross McMillan, der später als »Blue Jeans, der Dichter aus Naseby« bekannt wurde, ritt auf seinem Pferd im Dorf herum, und zu unserer Unterhaltung sprang er über ein Fahrzeug. Ein Mann aus dem Ort lag ziemlich tot aussehend in einem alten Leichenwagen, der von zwei Pferden die Hauptstraße entlanggezogen wurde.

Die Parade endete am Royal Hotel, in das sich alle hineindrängten. Als es voll war, strömten die Übrigen ins Ancient Briton Hotel. Es wurde getrunken, gesungen und gegessen, und alle hatten den armen Mann im Leichenwagen vergessen, der gegen die Scheibe trommelte und herauswollte. Schließlich bemerkte ihn jemand, doch es dauerte eine Weile, bis er befreit wurde, da die Tür des Leichenwagens klemmte und sie die Scheibe nicht einschlagen wollten.

Ich erinnere mich an 1963 aus zwei Gründen. Einer ist die Hundertjahrfeier und der andere, dass ich in diesem Jahr vergewaltigt wurde.

1963

Während meiner Teenagerzeit wurde einmal im Monat in einem der Gemeindehäuser der Maniototo-Ebene ein Tanzabend veranstaltet. Es kamen viele Leute, von den jungen Teenagern bis zu ihren Großeltern. Wir tanzten den Gay Gordons, den Highland Rambler, Foxtrott und Walzer, die uns alle in der Schule beigebracht wurden. Als wir den Walzer lernten, tanzten wir Mädchen zusammen, zählten »*eins*, zwei, drei, *eins*, zwei, drei« und versuchten, nicht zu kichern. Erst als wir mit geradem Rücken, erhobenem Haupt und Armen in perfekter Haltung Walzer und Foxtrott durch die Aula tanzten, war es uns erlaubt, mit Jungen zu tanzen. Plötzlich fühlten wir uns erwachsen, obwohl wir erst fünfzehn oder sechzehn waren.

In dieser Phase rauchte ich Zigaretten der Marke Matinée, konnte beim Hockeyspielen mit Mädchen, die bis zu sechs Jahre älter waren, ernsthaft mithalten, konnte mit meinem Vater eine gute Runde Golf spielen (was mir Zutritt zur Plauderrunde am neunzehnten Loch verschaffte), und ich konnte beinahe jeden im Poker schlagen. Doch es war das Tanzen mit einem der Jungen, das mich aus der Welt meiner Kindheit riss und jung in die Welt der Erwachsenen katapultierte.

Ich war nie eine gute Tänzerin, doch ich mochte die sich wiederholenden Schritte beim Squaredance – die verschiedenen Drehungen, das Steppen und Klatschen. Ich fühlte mich eindeutig zu den Jungen hingezogen und war lieber mit ihnen zusammen, weil sie so viel interessantere Dinge taten als wir Mädchen. Mit den Jungs saßen wir draußen bei den alten Goldgräberstätten beisammen und rauchten Zigaretten, während wir Würstchen über einem Feuer brutzelten, wir machten mit halsbrecherischem Tempo auf den Fahrrädern Wettrennen die steilen Schafweiden hinunter, gruben Höhlen, gingen an den Dämmen fischen und bauten Hütten aus Müll.

Ich erhielt nach dem Abschluss im Alter von sechzehn Jahren mein Zeugnis, und im Februar 1963 wurde ich als stellvertretende Küchenchefin im Ranfurly Hospital angestellt.

In jenem Juli, eine Woche nach meinem siebzehnten Geburtstag, veränderte sich für mich alles.

Es war mitten im Winter in Central Otago, Schnee bedeckte die umliegenden Berge und das Ackerland, Seen und Dämme waren mit einer Eisschicht überzogen, es war die Zeit des Eislaufens und Curlingspielens. Die Gebirgsketten von Hawkdun, Mount Ida, Lammermoor und Kakanui standen wie Wachen um die Maniototo-Ebene. Wir liebten die Berge, die weiten Landschaften mit den hoch fliegenden Habichten und besonders die Freiheit, bei den alten Goldgräberstätten herumzustreifen. Wir radelten meilenweit von einem winzigen Dorf zum nächsten, ohne jede Angst, denn hier kannte jeder jeden.

Ich hatte schon den ein oder anderen Freund gehabt, aber nichts Ernstes. Es gab sowieso wenig Möglichkeiten, um mit seinem Freund »auszugehen«. Samstags konnte man sich ein Match des anderen ansehen, wenn die Spielzeiten nicht kollidierten und wenn man im selben Ort spielte. Man konnte in Ranfurly ins Kino gehen, und man konnte gemeinsam zum monatlichen Tanzabend gehen.

Im Kino hielten wir dann Händchen und kuschelten uns in den Arm des Jungen. Dieser Arm stahl sich oft über unsere Schultern und die Hand bewegte sich hoffnungsfroh zur Brust hinunter. Ich war klein, schmal gebaut und hatte eine flache Brust. Mein Bustier half nicht dabei, meinen Busen zu betonen. Kleine Brüste waren von Vorteil, wenn man Hockey oder Tennis spielte, aber peinlich, wenn es um feste Freunde ging. Wir küssten uns im Dunkeln mit verschlossenen Mündern und fummelten ungeschickt und unerfahren herum. Eine Hand, die leicht oberhalb meines Knies lag, war aufregend, versetzte mich jedoch auch in Furcht.

Ich erinnere mich noch lebhaft daran, wie ich das erste Mal mit »Trockensex« Bekanntschaft machte. Es war nach einem Hockeyspiel hinter den Umkleiden. Ich hatte ganz passabel gespielt und fühlte mich gut. Mein Freund strahlte über das ganze Gesicht und sprach davon, wie gut meine Pässe von außen zur Mitte gewesen waren. Wir standen mit den Rücken an die Holzhütte gelehnt, außer Sichtweite der anderen, als er sich plötzlich gegen mich drückte und anfing, seinen Körper an mir zu reiben. Ich konnte seine Erektion spüren, sein Atem ging heftiger – und dann, so schnell wie es angefangen hatte, war es vorbei. Ich fragte laut: »Was war das?« Er sah beschämt aus, murmelte »Entschuldige«, drehte sich um und ging. Unsere Beziehung nahm ein abruptes Ende.

Meine zwei Freundinnen Lyn und Sue arbeiteten im Krankenhaus, und zu dritt fuhren wir jeden Monat im großen Sechssitzer von Sues Freund zum Tanzabend. An einem Abend im Juli ging es wieder los – in Schottenmuster-Wolldecken eingewickelt mit Wollhandschuhen an den Händen und Schals über den Köpfen.

Der Tanzabend hatte schon angefangen, als wir neben den anderen Fahrzeugen hielten, darunter kleine Busse, die alle in ordentlichen Reihen vor dem Gemeindehaus parkten. Die Jungs standen am hinteren Ende des gemütlichen Gemeindesaals, hielten Gläser mit warmem Bier in der Hand und rauchten. Die Mädchen saßen auf harten Plastikstühlen herum, plauderten, lachten und warteten darauf, dass sie zum Tanz aufgefordert wurden.

Gegen neun Uhr war der Tanzabend in vollem Gange, und die vierköpfige Band spielte »Limbo Rock«, »It's Now or Never«, »Big Girls Don't Cry« und natürlich die schottischen Lieder »The White Heather Club« und »A Scottish Soldier«.

Es war unglaublich, aber Warren, einer der Mädchenschwärme des Dorfes, hatte mich zum Tanz aufgefordert. Er war zwei Jahre älter als ich, groß, hatte rotblondes Haar und ein süßes, verschmitztes Grinsen, außerdem war er ein guter Tänzer. Er wirbelte mich herum und drehte mich auf Armeslänge aus, zog mich dann auf eine sehr besitzergreifende Art zu sich zurück. Die Füße bewegte er die ganze Zeit perfekt zur Musik. Ich war wie gebannt, es war aufregend, wie mich die Musik mitnahm und seine Nähe mich vereinnahmte.

Als die Musik endete, hielt er meine Hand sehr fest. »Lass uns rausgehen, Ruth.«

Ohne zu zögern ließ ich mich durch die Menge hinaus an die kalte Luft führen. Ich verstand nicht, warum er von all den Mädchen, die offensichtlich mit ihm tanzen und mit ihm gesehen werden wollten, ausgerechnet mich ausgesucht hatte. Ich fühlte mich unglaublich besonders.

»Wir sind mit dem Bus gekommen. Er steht dort drüben. Lass uns hineingehen, in die Wärme«, schlug er vor.

Außerhalb des Gemeindehauses gab es keine Beleuchtung abgesehen von dem schwachen gelben Licht der einsamen Glühbirne, die über der Tür hing. Als wir in den Bus stiegen, rief eine Stimme: »Was haben wir denn da, Warren?« Plötzlich bekam ich Angst. Ich versuchte, Warrens Hand loszulassen, doch er hielt meine noch fester. »Kein Grund zur Sorge«, sagte er zu mir. »Bloß einige meiner Freunde. Komm schon, setzen wir uns hierher.«

Warren saß neben mir, und Stewart und Simon, zwei Jungs, die ich auch kannte, hinter uns. Ich wusste sofort, dass man mir eine Falle gestellt hatte. Ich versuchte aufzustehen, doch von hinten drückten mich zwei Hände wieder runter.

»Ich möchte bitte hier raus«, sagte ich.

»*Bitte!* Nun, wir hätten gerne, dass du *bitte* bleibst«, antwortete Stewart lachend.

Ich sah Warren direkt an, stand langsam auf und sagte: »Lass mich vorbei.«

Simon stand ebenfalls auf, lehnte sich vor und schlang seinen Arm um meinen Hals. Warren griff meinen Arm und zog mich weg von meinem Sitz und ans Ende des Busses. Simon stellte sich hinter mich. Er hatte seinen Arm immer noch um meinen Hals, aber jetzt umfasste sein anderer Arm fest meine Taille. Ich trat nach hinten, erwischte ein Bein und hörte einen Schrei und heftiges Fluchen. Ich trat wieder, und dieses Mal versuchte ich, mich von Warren loszureißen. Ich erinnere mich daran, wie ich auf die lange Sitzreihe hinten im Bus geschubst und gezerrt wurde und wie mich Warrens Körpergewicht niederzwang.

Ich muss geschrien haben, weil Stewart mir sagte, ich solle die Klappe halten, als er mir ein Stofftaschentuch in den Mund stopfte. Meine Schuhe flogen davon, als ich mich weiter wehrte und um mich trat. Ich weiß nicht, was gesagt wurde, denn in meinem Kopf herrschte Chaos; es passierte so viel auf einmal.

Ich fühlte mich, als würde ich um mein Leben kämpfen, doch ich hatte nur mein Hirn, um mich zu retten, denn meine Arme, mein Kopf und meine Beine wurden niedergedrückt. Mein Hirn durchlief alle Möglichkeiten, die ich hatte. Wenn ich strampelte, würden sie mich vielleicht schlimmer verletzen. Wenn ich mich nicht wehrte, würden sie vielleicht denken, dass ich nachgegeben und zugestimmt hatte, Sex zu haben. Wenn ich erschlaffte, würden sie vielleicht denken, dass ich ohnmächtig geworden war, und mich gehen lassen. Vielleicht könnte ich so tun, als ob ich einen Krampfanfall hätte … Ich wünschte, ich hätte meine Periode gehabt, denn das hätte sie vielleicht abgeschreckt.

Warren riss meine Unterwäsche herunter und legte sich auf mich, dabei sah er mich direkt an, sein Gesicht so dicht an meinem, dass ich das Bier in seinem Atem riechen konnte. Ich starrte direkt zurück. Ich wollte, dass er sich immer daran erinnern würde, was er getan hatte, und dass ich, das Mädchen unter ihm, jede Minute davon mitbekommen hatte. Sosehr ich, im Wissen, was als Nächstes passieren würde, die Augen schließen und das Bewusstsein verlieren wollte, ich zwang mich, es nicht zu tun. In meinen Gedanken schrie ich:»Sieh mich an! Sieh mich an! Sieh mich an!«

Ich erinnere mich an den Schmerz. Das Taschentuch füllte meinen Mund und trocknete ihn aus. Ich hatte das Gefühl, daran zu ersticken. Simon kniete auf meinen Armen, die über meinen Kopf gezogen waren. Eines meiner Beine wurde festgehalten, das andere war gegen den Sitz gedrückt. Ich erschlaffte.

Nebel. Grauer Nebel. Schwarzer Nebel. Roter Nebel.

Meine Augen waren geöffnet, aber ich konnte den Blick nicht fokussieren. Da waren nur Gesichter, die mich anstarrten, von Emotionen verzerrt, die ich nicht entschlüsseln konnte. Lust, Hass, Kontrolle oder sogar Kontrollverlust?

Ich erinnere mich daran, dass ich weinte. So sehr, dass die ganze Seite meines Gesichts nass war. Ich fühlte mich, als würde man mich zerreißen. Jemand wiederholte:»Los, Mann, los!«Endlich ließ Warren von mir ab und erhob sich. Ein starker, abstoßender Geruch verbreitete sich um mich herum. Ich war nass zwischen den Beinen. Ich hatte jedes Zeitgefühl verloren.

Die drei standen auf und ließen mich einfach so liegen. Simon zog das Stofftaschentuch aus meinem Mund, und dann war ich allein. Ich hörte, wie die Bustür auf- und zuging, dann folgte eine dumpfe Stille.

Der Rest des Abends und der nächste Tag sind wie ein Puzzle, das heruntergefallen war und in seinen Einzelteilen verstreut auf dem Boden lag. Ich habe nie alle Teile wieder zusammensetzen können. Ja, ich bin zurück ins Gemeindehaus gegangen, aber für wie lange? Was habe ich getan? Waren die drei Jungs dort? Ich erinnere mich nicht. Was habe ich meinen Freunden erzählt?

Das Erste, woran ich mich wieder klar erinnere, ist, dass ich mich im Schwesternwohnheim wusch und einen Bindengürtel und ein Tuch anlegte, weil ich noch blutete, meine Unterwäsche auswusch und meine Strumpfhose in den Müll warf.

Der nächste Tag war ein Sonntag, also hatte ich frei. Was ich an diesem Morgen, dem Morgen danach, getan habe, daran erinnere ich mich nicht. Wie bin ich in der Nacht überhaupt nach Hause gekommen? Vielleicht habe ich Mum angerufen, vielleicht bin ich per Anhalter gefahren, ich weiß es nicht. Woran ich mich jedoch erinnere, ist, dass Mum instinktiv spürte, dass etwas nicht stimmte, denn sie steckte mich komplett angekleidet ins Bett. Sie rief die Oberschwester im Krankenhaus an und sagte, ich sei krank und könne einige Tage nicht kommen.

Hatte sie erraten, was passiert war, bevor ich es ihr erzählte? Ein Jahrzehnt später konnte ich ihr die Frage endlich stellen, als sie an Krebs erkrankt war und ich sie pflegte.

»Ich bin deine Mutter. Ich wusste, dass etwas passiert war«, sagte sie. »Doch ich war nicht vorbereitet auf das, was du mir erzählt hast.« Mum war erst um die siebenunddreißig gewesen, als ich vergewaltigt wurde, eine junge Mutter zweier Teenager, ohne familiäre Unterstützung außer Dad, da all unsere Verwandten noch in Christchurch wohnten.

Meine nächste Erinnerung ist, wie Mum mich weckte und mir sagte, dass sie mir ein Bad eingelassen habe. Ich ging ins Badezimmer und sank in das warme Wasser. Da bemerkte ich erst die Blutergüsse an meinen Schultern, Armen und Beinen.

»Ich komme rein und wasche dir die Haare, wenn du magst«, rief Mum.

»Nein, ich kann das selbst machen«, antwortete ich rasch, aber sie kam trotzdem rein. Ohne ein Wort zu sagen, fing sie an, mich ganz sachte zu waschen.

Es war sehr still, nur die Geräusche des Wassers waren zu hören. Ich fing an zu weinen. Mum hielt mich im Arm, und dann weinte sie mit mir. Ein ersticktes Schluchzen schüttelte meinen ganzen Körper.

Meine Mutter war zierlich, hatte rotes Haar und ein hübsches Lächeln. Ihr Spitzname war Fred, kurz für Freda. Sie war eine tolle Mutter.

»Wir werden darüber reden müssen, Ruthie.«

Ich nickte. Sie trocknete mich ab, half mir beim Anziehen und kämmte mir dann das Haar. »Es wird alles gut. Alles wird gut werden. Lass uns einfach den heutigen Tag schaffen.«

Mum erzählte mir viele Jahre später, dass sie hatte Zeit gewinnen wollen, um Dad darauf vorzubereiten. Sie hatte Angst, er würde die »Bastarde in einer Reihe aufstellen und erschießen«.

Am Montag brachte Mum mich zu Dr. McQueen in Ranfurly. Nach der Untersuchung sprach er allein mit ihr, während ich bei seiner Krankenschwester am Empfang saß. Ich war sicher, dass wir als Nächstes zur Polizei gehen würden, doch das taten wir nicht.

Nach der Vergewaltigung sprach Dad kaum mit mir. Er war still und niedergeschlagen. Ich erinnere mich daran, dass wir Dad jeden Morgen pfeifen und singen hören konnten, während er in der Metzgerei neben unserem Haus arbeitete. Nach der Vergewaltigung hörte er auf zu pfeifen und zu singen. Das Haus war still.

Ich ging wieder zur Arbeit. Ich war inzwischen Chefköchin und kochte für die Angestellten und Patienten des gesamten Krankenhauses.

Ungefähr eine Woche später erzählte Mum mir, dass Dad Warrens Vater getroffen habe und dass alles »erledigt« sei. Man würde die Polizei nicht hinzuziehen. Ich habe nie erfahren, was genau passiert ist oder was besprochen wurde, aber das schreckliche Ergebnis war, dass Warrens Vater Dad 50 Pfund gab, die er an mich weiterreichte. Der frische Geldschein löste nichts, er warf nur schmerzhafte Fragen auf. War das der gängige Marktpreis für meine Vergewaltigung oder für mein Schweigen? Ich war unglaublich wütend. Es war eine Wut, die ich jahrelang mit mir herumtragen sollte.

Nachdem meine Periode zweimal ausblieb, wusste ich, dass ich schwanger war. Als Mum und ich es Dad sagten, verließ er das Haus, ging zum Ancient Briton Hotel und betrank sich. Über Abtreibung wurde nie gesprochen. Ich sollte bis Dezember weiterarbeiten. Es war schwere, harte Arbeit, mit langen Arbeitstagen und einer riesigen Verantwortung für eine schwangere Siebzehnjährige. Es war damals üblich, dass schwangere Mädchen in einen anderen Landesteil geschickt wurden, dort ihre Babys bekamen, um danach zurückzukehren, als sei nichts passiert. Die Adoption der Babys wurde als die naheliegendste und einfachste Lösung akzeptiert. Die Babys wurden direkt nach der Geburt von den Müttern getrennt, denn man nahm an, dass sich die Mutter psychisch schneller erholen würde, wenn sie ihr Kind nie sah.

Ich sollte im Januar nach Wellington hoch, da ich meinen wachsenden Bauch nicht länger verstecken konnte. Ich reiste mit dem Zug nach Lyttelton und dann mit der Fähre über die Cookstraße in die Hauptstadt, wo ich bei meiner Tante Joyce und meinem Onkel Bill lebte.

Die rote 50-Pfund-Banknote wurde an sie weitergereicht. Ich halte diesen Geldschein immer noch für Blutgeld.

Mein Sohn kam am 10. April 1964 zur Welt. Ich durfte ihn nicht sehen.

Vier Jahre später, am 10. April 1968, lief die Lyttelton-Wellington-Fähre *Wahine* im Hafen von Wellington auf ein Riff auf. Während die Neuseeländer die grauenhafte Schiffskatastrophe erlebten, die zum Tod von 52 Menschen führte, konnte ich nur daran denken, dass dies der vierte Geburtstag meines Sohnes war.

AUF ZUR NAVY

Ich kehrte nach Naseby zurück, als sei nichts passiert. Es war der Anfang meines Lebens voller Lügen, ein Schicksal, das ich mit so vielen jungen Mädchen in den 60ern und 70ern teilte, da ein außereheliches Kind schlichtweg inakzeptabel war. Wir alle lernten, damit zu leben. Was sagt man, wenn einem Fragen gestellt werden, die man nicht ehrlich beantworten kann? »Wo bist du gewesen? Hast du in Wellington gearbeitet? Du musst dort eine tolle Zeit gehabt haben. Wozu nach Naseby zurückkommen?« Ich wusste nicht einmal, ob man meinen Cousins und Tanten erzählt hatte, dass ich fort gewesen war, um ein Baby zu bekommen. Dieser Teil meines Lebens scheint komplett ausradiert. Ich wusste auch nicht, ob meine Schwester es wusste.

Noch bevor all dies passierte, war ich bei der Navy angenommen worden. Natürlich musste das aufgeschoben werden, doch dann informierte man mich, dass ich im August 1964 als medizinische Assistentin zur Navy gehen könne, wenn ich zunächst für

drei Jahre unterschrieb. Zu Hause war alles sehr angespannt –
Unterhaltungen plätscherten nicht mehr mühelos dahin, und ich
wusste, dass Mum den Großteil der Last trug. Ich musste weg. Zur
Navy zu gehen war die naheliegende Antwort.

»Sie wird ins Lot kommen, wenn sie erst mal dort ist«, hörte
ich Dad zu Mum sagen.

Die Vorstellung, eine »Wren« zu sein, also ein Mitglied des
Women's Royal Naval Service, gefiel mir, doch ein neues Leben in
Auckland war auch der letzte Schritt, um gänzlich zu verleugnen,
was mir passiert war. Ich reiste mit dem Zug von Ranfurly nach
Dunedin, dann mit einem weiteren Zug von Dunedin nach Picton. Ich überquerte die Cookstraße mit der Fähre, dann reiste ich
mit dem Nachtzug von Wellington nach Auckland, eine vierzehn-
stündige Fahrt.

Mein Leben war nun voller Struktur. Man musste Uniform
tragen, pünktlich sein, aufmerksam sein, strammstehen, salutie-
ren und »Yes, ma'am« und »No, sir« sagen. Weil mir so viele der
Vorschriften nicht einleuchteten, hinterfragte ich anfangs alles,
aber ich fand schnell heraus, dass man dafür bestraft wurde, das
System zu hinterfragen. Zusätzliche Dienste und gestrichener Urlaub waren übliche Strafen während meiner sehr kurzen Karriere
bei der Navy. In meiner Akte steht vermerkt: »Hat Schwierigkeiten, sich einzuleben. Fähig, aber nicht engagiert ... Führungs-
personal braucht lange, um ihr Vertrauen zu gewinnen.«

Nach der Grundausbildung wurden wir ins Elizabeth House
auf der King Edward Parade in Devonport versetzt. Ursprünglich
war es als Ventnor Hotel erbaut worden, deshalb bot es den Wrens
eine erstklassige Unterkunft mit Blick auf den funkelnden Hafen

von Auckland. Es gab eine riesige Küche, ein ebenso riesiges Esszimmer, große Badezimmer und ein wunderschönes Treppenhaus. Die Schlafzimmer, Kabinen genannt, mussten makellos sauber gehalten werden: »Keine Bücher auf dem Nachttisch, Wren!«, war eine Anweisung, die ich mehr als einmal bekam.

Von dem Geld, das mir Gran zum achtzehnten Geburtstag geschenkt hatte, lernte ich Auto fahren, und der Fahrlehrer holte mich an den Toren des Marinestützpunkts HMNZS *Philomel* ab. Ich weiß nicht, wie sie es fertiggebracht hat, doch Gran hatte jeden Monat für Jill und mich einen Shilling eingezahlt, von der Geburt an, bis wir die Schule verließen. Jill kaufte Gran von ihrem Geld einen Toaster, ich bezahlte damit die Fahrstunden. Dad kaufte mir danach einen Ford Prefect, den er nach Auckland verschiffen ließ. Ich war eine der wenigen Wrens, die ein Auto besaßen, und sehr stolz darauf.

Gran starb, als ich bei der Navy war. Ich war für den Tag vom Dienst im Krankenhaus entschuldigt, doch der Sonderurlaub wegen Trauerfall wurde abgelehnt, daher konnte ich am Begräbnis in Christchurch nicht teilnehmen. Da begann ich mich zu fragen, was ich bei der Navy eigentlich tat. Ich dachte das erste Mal seit der Vergewaltigung darüber nach, mit jemandem auszugehen, doch als Vorsichtsmaßnahme schrieb ich mich für einen Selbstverteidigungskurs in Devonport ein. Der Lehrer fragte mich: »Was genau bringt dich hierher?«

»Ich will aufhören, Angst zu haben.«

»Wovor hast du Angst?«

»Männern. Vergewaltigt zu werden.«

»Bist du vergewaltigt worden?«

Ich sah ihm direkt in die Augen und antwortete: »Ja.«

Es wurde nie wieder darüber gesprochen. Ich glaube, einige der anderen Frauen im Kurs mussten ähnliche Antworten gegeben haben, denn unser Lehrer wollte uns offensichtlich helfen. Vom ersten Abend an wurden wir umfassend in grundlegenden Überlebens- und Selbstverteidigungsstrategien gedrillt.

»Ihr werdet euch *nie wieder* fürchten, wenn ihr die Fähigkeit besitzt, euch selbst zu verteidigen«, sagte er bestimmt. Er brachte uns bei, wie man sich die Kraft des Angreifers zunutze machte, um ihn aus dem Gleichgewicht zu bringen. »Lauft nicht sofort weg, denn man wird euch einholen. Bringt euch in eine Position, in der ihr ihn bei den Eiern packen könnt – und dann rennt ihr weg.«

Er zeigte uns, was er damit meinte. Nach ein paar kurzen Lektionen darüber, wie man sich hinstellte und die Balance behielt, zog er das Ass: »Greif die Eier, dreh und zieh!«, schrie er. »Wiederholt es mit mir! Greif die Eier, dreh und zieh!« Wir übten, an einer Socke zu ziehen, die er an seinen Oberschenkel hielt. Darin waren zwei Bälle, die etwas größer waren als normale Hoden, doch bald hatten wir den Dreh raus. Wir lachten alle, während wir die »Eier-Übung« machten. Langsam kam unser Selbstvertrauen zurück.

Am Ende des Kurses hatte ich keine Angst mehr. Feste Freunde durften wieder auf der Tagesordnung erscheinen, denn ich hatte ein Ass im Ärmel.

* * *

Im Marinehospital zu pflegen gefiel mir wirklich. Im ersten Jahr besuchten wir jeden Morgen Vorlesungen, lernten aus dem 508

Seiten dicken *Handbook of the Royal Navy Sick Berth Staff*, das 1959 in London veröffentlicht worden war. Darin wurden viele Wissenschaftsbereiche und Krankheiten, der bevorstehende Tod, Chirurgie, Zahnchirurgie, Psychiatrie, Pharmakologie oder Toxikologie behandelt. Wir erhielten unsere praktische Ausbildung auf der Frauenstation, der Männerstation, der chirurgischen Station, im Operationssaal und auf einer winzigen Isolationsstation. Es wurde alles abgedeckt, was eine medizinische Assistentin auf See wissen musste. Warum also standen wir nach drei Jahren ohne Qualifikation da? Warum konnten wir nicht in das Hauptkrankenhaus in Auckland wechseln und das Examen zur Krankenschwester ablegen? Warum gingen wir nie wirklich zur See wie die Männer? Ab 1986 war es Frauen endlich erlaubt, auf See zu dienen, anfangs auf nicht kämpfenden und schließlich auf allen Schiffen.

Man hatte mir empfohlen, die Prüfung zur leitenden Wren abzulegen, doch ich hatte kein Interesse. Oberschwester Brown zog mich von der Stationsarbeit ab und versetzte mich in den Operationssaal. Sie glaubte, ich sei fähig, eine gute OP-Schwester zu sein, und hoffte, ich würde dort hängen bleiben und sesshaft werden. Ich gab mir wirklich Mühe, brav zu sein, aber wie meine Großmutter schon Jahre zuvor gesagt hatte, ich konnte es einfach nicht.

Nach zweieinhalb Jahren der Einschränkungen durch das Militärleben packte ich eines Morgens einfach meinen Ford Prefect und fuhr gen Süden, nach Hause. Die Marinepolizei rief meinen Dad an und teilte ihm mit, ich sei unerlaubt abwesend, und falls ich in Naseby auftauchte, solle er sie sofort kontaktieren. Mein Dad, der nicht so leicht einzuschüchtern war, antwortete: »Wenn sie nach Hause kommt, kann sie zu Hause bleiben. Sie will offensichtlich nicht bei der Navy bleiben, wenn sie abgehauen ist.«

Das Glück war auf der Fahrt die Nordinsel hinunter auf meiner Seite, doch am Fährhafen holten sie mich ein. Zwei Navypolizisten in voller Marineuniform verhafteten mich. Es war eine ziemliche Show. Dann quetschten wir uns zu dritt in mein winziges Auto, und man befahl mir, uns nach Devonport zurückzufahren!

Bei unserer Ankunft wurde mein Auto in der Garage des Kommandanten eingeschlossen und ich unter freien Arrest gestellt. Das bedeutete, dass ich nicht ins Gefängnis geschickt wurde, aber nachts ein Militärpolizist vor meiner Kabinentür stationiert war, der mich jeden Tag zur Arbeit auf der Station begleitete. Ich musste mich jeden Abend um 23.59 Uhr in voller Uniform beim diensthabenden Offizier melden. Ich bekam Doppelschichten, eine Zeit lang erhielt ich keinen Sold, und für sechs Monate war mein Urlaub gestrichen. Ich war die erste Wren und vermutlich die einzige Frau, die sich je unerlaubt entfernt hatte. Ich erklärte meinem Verteidiger Unteroffizier Collins, dass ich nie vorgehabt hatte, die drei Jahre zu vollenden, und mich daher nicht unerlaubt entfernt hatte, doch das entpuppte sich als genau die falsche Antwort. Ich wurde schnell darüber informiert, dass man mich wegen Desertion anklagen könne, was sehr viel schlimmer war.

Als ich auf dem Stützpunkt herumlief, wurde ich öffentlich »skate«, also Rochen, genannt. So nannte man jemanden, der sich so glitschig verhielt wie ein Fisch und harte Arbeit mied. Ich wusste, dass beides nicht auf mich zutraf.

Nach kurzer Zeit wurde mir erlaubt, beim Kommodore eine Bitte um Entlassung vorzubringen. In Begleitung meines Verteidigers wurde ich in einen Raum gebracht, wo ich vor dem Kommodore, der hinter einem kleinen Schreibtisch stand, auf einer Matte zu stehen hatte. Ich salutierte und trug meinen Namen, meinen Rang, meine Nummer und dann mein Anliegen vor. Da ich unter Strafe stand, war die Chance gering, dass man meiner Bitte um Entlassung nachgeben würde.

Und tatsächlich tat man es nicht. Ich weiß nicht mehr, wie viele Male ich dem Kommodore die Stirn bot, bis er endlich nachgab und ich entlassen wurde. Er sagte mir, wie enttäuscht er von mir sei und wie ich die Navy und besonders die Wrens im Stich lassen würde. Aus mir würde nie etwas werden, sagte er. Seine Kritik prallte an mir ab – er kannte mich nicht!

Es war November 1966, meine Karriere bei der Navy war vorbei, und das Highlight war jener Tag gewesen, den ich auf dem amerikanischen U-Boot *Archerfish* verbracht hatte. Weil wir im Hauraki Gulf auf Tauchgang gewesen waren, hatte man mich zur U-Boot-Fahrerin ehrenhalber erklärt.

Einen Tag nach meiner Entlassung schenkte mir ein Freund aus der Navy eine zweijährige Schäferhündin namens Rewa. Er glaubte, ich würde für die lange Rückreise nicht nur eine Begleitung brauchen, sondern auch Schutz. Ich belud den Kofferraum meines winzigen Ford Prefect, und während Rewa aufrecht und begeistert auf dem Beifahrersitz saß, fuhr ich aus Auckland hinaus. Wir fuhren Richtung Süden – so südlich es nur ging – bis nach Stewart Island, wo Mum und Dad nun das Hotel Oban führten.

GESCHICHTEN
AUS DEM BUCHLADEN:
Ausschließlich grüne Bücher

Mein erster Buchladen in Manapōuri, 45 South and Below, war in der Gegend sehr bekannt. Immer mehr Bücher sammelten sich auf den verschiedenen Regalen, die zum Teil professionell gefertigt, zum Teil von Lance zusammengenagelt worden waren.

Eine Dame mittleren Alters kam eines Tages in den Laden, und ohne jede Begrüßung fing sie an, Bücher mit grünen Einbänden zusammenzusammeln. Ihr Stapel wuchs, während sie die Regale leerte. Ich fand das ein wenig merkwürdig. Es konnte kein Zufall sein.

»Das ist eine interessante Büchersammlung«, sagte ich schließlich. »Sind Sie sich bewusst, dass einige davon selten ... und ziemlich ... teuer sind?«

»Oh, um die Kosten mache ich mir keine Sorgen«, antwortete sie. »Mich interessiert nur die Farbe. Ich habe ein neues Haus und will die Bibliothek nach Farben sortieren.« Sie lächelte bei den Worten.

Ich hatte noch nie von einer nach Farben sortierten Bibliothek gehört. Ich stand da und sah sie ungläubig an. Nach etwa zwanzig Sekunden perplexem Schweigen brachte ich schließlich die Worte heraus: »Nun, meine Bücher müssen gelesen werden! Ich werde Ihnen keins meiner Bücher verkaufen, nur damit sie in eine künstliche Bibliothek gestellt und vergessen werden!«

»Ich bin bereit, dafür zu zahlen!«, antwortete sie verblüfft.

»Aber ich werde sie nicht verkaufen«, sagte ich knapp und fing an, die Bücher zurück in die Regale zu stellen.

Sie nahm ihre Sachen und stürmte aus dem Laden.

Eine nach Farben sortierte Bibliothek?! Nicht mit meinen Büchern!

KAPITEL 7

STEWART ISLAND UND WIE ICH LANCE KENNENLERNTE

Dad hatte in der Zeitung eine Annonce für die Leitung des Oban Hotels auf Stewart Island gesehen und sich erfolgreich auf die Stelle beworben. Mum und Dad waren zu einem neuen Abenteuer aufgebrochen: das beinahe bankrotte Hotel zu leiten, nachdem der vorherige Manager eines Tages einfach gegangen war und die Insel verlassen hatte.

Von Bluff aus überquerten sie mit der Katze Beswick und dem Vogel Floyd im Gepäck die Foveauxstraße mit dem Schiff. Als Erstes feuerte Dad das ganze Personal. Ich kann Dad förmlich hören, wie er sagt: »Also gut, ihr Faulenzer, packt eure Sachen. Der Urlaub ist vorbei!«

Das Hotel bekam einen Frühjahrsputz, neues Personal wurde eingestellt, ein kleiner Garten wurde vor dem Haus angelegt, und dann eröffneten sie wieder.

Mum übernahm die Zimmer und das Restaurant, und Dad führte die Bar. Er war in seinem Element, wenn er Bier ausschenkte und Karten spielte. Manchmal spielte er zwei oder drei Partien Euchre gleichzeitig, alle an der Bar aufgereiht. Nach einem Jahr des Schweigens sang und pfiff er wieder.

Ich traf mit meinem frisch adoptierten Hund Rewa auf der Insel ein und wurde direkt als Köchin eingestellt. Damals gab es auf der Insel keinen Strom – alle hatten Generatoren, die sie nachts abschalteten, und fast alle kochten auf Kohleherden, weil Gas sehr teuer war. Alles wurde mit der Fähre über die Meerenge gebracht, manchmal auch mit einem Wasserflugzeug aus Invercargill.

Der riesige Kohleherd in der Hotelküche war wunderbar zum Kochen, doch es bedeutete auch, dass man ihn früh am Morgen aufheizen musste, um ihn zum Frühstück auf Temperatur zu haben. Geschäftsleute vom – wie wir es nannten –»Festland« wohnten unter der Woche im Hotel und fuhren am Wochenende nach Hause, also verpflegten wir sie so wie die Touristen, die für Tagesausflüge rüberkamen. Wenn das Wetter schlecht war, bereiteten wir nur wenig für die Gäste vor, weil viele seekrank wurden und ihren vierstündigen Aufenthalt auf der Insel damit verbrachten, in der Lounge zu sitzen und sich mental auf die Rückfahrt vorzubereiten.

Wenn viel los war, half unsere Kellnerin Rita Mum im Speisesaal. An einem besonders betriebsamen Tag kam Mum mit ihrem oberen Zahnersatz in der Hand in die Küche gelaufen. Er war in der Mitte zerbrochen. Wir klebten ihn schnell wieder zusammen und legten ihn zum Trocknen in den Ofen. Dad kam stirnrunzelnd in die Küche – kein gutes Zeichen.»Die Leute warten auf ihr Essen. Kommt schon, beeilt euch!« Dann fiel ihm auf, dass Mums obere Zähne fehlten. »Keine Sorge, Liebling«, sagte er. »Sprich und lächle einfach nicht. Wir sind hier, um sie zu verpflegen, nicht, um sie zu unterhalten!« Wir nahmen die Zähne aus dem Ofen, spülten sie mit kaltem Wasser ab, und dann lief Mum wieder umher, als sei nichts passiert.

Jeden Abend schälte ich die Kartoffeln für den nächsten Tag, füllte einen Topf mit Wasser und legte einen Kohlebrocken hinein, damit die Kartoffeln weiß blieben. Ich konnte Scones, Apfelbiskuitkuchen, Pfannkuchen, Sandkuchen und Schokoladenkuchen zubereiten, ohne die Zutaten abwiegen zu müssen, Fleisch tranchieren, Fisch in Teig ausbacken und eine schnelle Mahlzeit für die Arbeiter zaubern, die spät kamen.

Ich wurde auf Stewart Island einundzwanzig. Mum verschickte sehr formell aussehende Einladungen:

Es ist uns eine besondere Freude ... anlässlich des
21. Geburtstags unserer Tochter Ruth in das Oban Hotel
einladen zu dürfen.

Mum und Dad schenkten mir ein Kofferradio, fern gebliebene Freunde schickten Telegramme, und einige der eingeladenen Dorfbewohner aßen nach der Feier mit uns zu Abend. Mum schrieb ein besonderes Menü auf das Briefpapier des Hotels, und Dad köpfte großzügigerweise zwei Flaschen Corban Premiere Cuvée.

Dads Bar brummte zu jener Zeit. Das Hotel war nun Dreh- und Angelpunkt der kleinen Fischergemeinde.

1967 gab es drei große Ereignisse. Zuerst einmal war da im Juli die Einführung der Dezimalwährung Neuseeland-Dollar. Im Oktober endete nach fünfzig Jahren das »Sechs-Uhr-Besäufnis«: 67 Prozent der Einwohner hatten für eine Schließzeit der Pubs um 22 Uhr abgestimmt. Und im selben Monat erschien in der örtlichen Zeitung folgende Mitteilung:

Neue Meldung: Mr L Shaw und Miss R Hobday haben sich verlobt.

Ich hatte die Liebe meines Lebens kennengelernt.

* * *

Lance Shaw war ein Fischer, der für Mickey Squires auf der *Rosalind* arbeitete und Krebs- und Schleppnetzfischerei östlich des Lords River betrieb. Er trug oberschenkelhohe Gummistiefel und Jeans, hatte einen Bart und dunkle Haare. Gelegentlich kam er auf einen Drink ins Hotel. Rita und ich beobachteten ihn, wie er zum Hafen hinunterging oder zum einzigen Laden, der gegenüber vom Hotel lag. Er war der attraktivste Mann auf der Insel.

Hin und wieder gab es im kleinen Gemeindehaus einen Tanzabend, den hauptsächlich die Fischer und ihre Ehefrauen, die alleinstehenden Fischer und die sehr wenigen alleinstehenden Mädchen besuchten. An einem solchen Abend sah ich Lance mit dem Rücken an die Wand gelehnt auf dem Boden sitzen und eine rote Gitarre spielen, während eine Frau mit großen Brüsten neben ihm hockte. Ich glaube, er hat mich nicht einmal bemerkt. Ich hatte keine solchen Brüste, um seine Aufmerksamkeit auf mich zu ziehen.

Keiner von uns kann sich an unser erstes Date erinnern, aber wir fingen bald an, uns öfter zu sehen. Endlich hatte ich das Gefühl, dass etwas Echtes in meinem Leben passiert war – ich war verliebt. Lance stellte sich das nächste Jahr über bei vielen Anlässen Dads Zorn und reagierte stets auf die für ihn typische höfliche und sanfte Art. Mum liebte Lance, doch Dad führte sich auf wie ein radschlagender Pfau, wenn es um seine Töchter ging.

* * *

Im März 1951 wurde eine Flugverbindung nach Stewart Island aufgenommen, und ab Oktober flogen zwei Flugzeuge von Invercargill hierher. Sie bedienten auch den Lake Wakatipu und den Lake Te Anau, was Zugang zu vielen abgelegenen, unbekannten Teilen des Fiordlands ermöglichte. Fünf neue Seen wurden entdeckt, und über 120 Landeplätze auf 52 Wasserstraßen wurden bewilligt.

Es war ein großes Ereignis, als der Quizmaster Selwyn Toogood im Oktober 1968 Stewart Island besuchte. Er war in Neuseeland für seine Fernsehsendung *It's In The Bag* bekannt. Eine Menschenmenge versammelte sich am Strand, als das Wasserflugzeug den berühmten großen Mann mit der großen Persönlichkeit einflog. Als sich das Flugzeug näherte, bemerkten wir, dass die Räder ausgefahren waren, und als es das Wasser berührte, sahen wir entsetzt zu, wie es nach vorne überkippte.

Die Kraft des Wassers zerschmetterte die Frontscheibe, und weiße Gischt bedeckte die Maschine und schwappte ins Innere. Dann verschwand das Flugzeug … Wir waren alle bestürzt – und dann erleichtert, als es wieder auftauchte, jedoch kopfüber. Einige Fischer eilten zu ihren Schlauchbooten und ruderten hinaus, während die Passagiere in ihren Sicherheitsgurten hingen, die Köpfe bloß wenige Zentimeter über dem Wasser.

Der Pilot befreite sich schnell und half den Passagieren, hinaus- und in die Schlauchboote zu klettern – bis auf Selwyn Toogood. Der arme Mann war zu groß, um sich durch die Luke zu stemmen. Wir sahen vom Strand aus sorgenvoll zu, wie das Flugzeug langsam begann zu sinken, als zwei Männer hochkletterten und ihn mit viel Mühe herauszogen. Unser berühmter Besucher war auf eine sehr unelegante Art eingetroffen!

Er brauchte trockene Kleidung, doch Mum konnte nichts auf der Insel finden, das ihm passte. Das Gemeindehaus war am Abend brechend voll mit Leuten, die seine Show sehen wollten. Alle redeten über den Wasserflugzeugunfall. Selwyn schlenderte mit einem breiten Grinsen auf die Bühne, und wir alle jubelten und applaudierten. Er war in eine Decke gehüllt, die Mum mit Sicherheitsnadeln festgesteckt hatte, und obwohl seine Brille fehlte, begrüßte er uns fröhlich und unterhielt uns so, als sei nichts passiert.

* * *

Ich war immer noch katholisch und wollte in einer katholischen Kirche heiraten, also traf Lance alle zwei Wochen einen Priester, der aus Invercargill vorbeikam. In der »Instruktion über die

Mischehen« in der *Heiligen Kongregation für die Glaubenslehre*
steht geschrieben:

> *Der nichtkatholische Partner ist mit der notwendigen*
> *Achtung, aber auf klare Art und Weise über die*
> *katholische Lehre von der Würde der Ehe zu informieren,*
> *vor allem aber über deren hauptsächliche Wesenseigen-*
> *schaften, namentlich die Einheit und die Unauflöslichkeit.*
> *Auch ist der Partei die schwerwiegende Verpflichtung des*
> *katholischen Ehegatten bekanntzugeben, den eigenen*
> *Glauben zu schützen, zu beachten und zu bekennen sowie*
> *eventuelle Nachkommen in diesem Glauben zu taufen und*
> *zu erziehen.*

Der letzte Satz war es, der Lance den Rest gab. Alles, was er
wollte, war, mich zu heiraten. Er stimmte widerwillig zu, Katholik
zu werden, doch erst am letzten Tag der Einweisung eröffnete ihm
der Priester, dass seine Kinder auch nach katholischem Glauben
erzogen werden müssten. Lance konnte einfach nicht einwilligen.
Seine Kinder sollten die Freiheit besitzen, ihren eigenen Weg
selbst zu wählen, und nicht durch eine Religion bevormundet
werden, an die er selbst nicht glaubte.

Meine Mutter war Katholikin geworden, um meinen Dad zu
heiraten, also waren Jill und ich katholisch erzogen worden. Ich
hatte das Gefühl, sie zu enttäuschen, wenn ich den Glauben auf-
geben würde – ich war noch blind der katholischen Sicht verpflichtet. Wir konnten einfach keinen Kompromiss finden, und so
gerieten wir in eine Sackgasse. Unsere Verlobung war beendet.

Inzwischen war mein Hochzeitskleid fertig, die Einladungen waren gedruckt (aber noch nicht verschickt), unsere Eheringe waren aus dem Gold aus Dads Mine gefertigt worden, und die Kirche war gebucht. Als alles so schnell zerfiel, waren wir beide wie benommen. Ich war niedergeschlagen, und Lance verließ am Boden zerstört sofort die Insel.

Kurz darauf packte ich wieder mein Auto und fuhr Richtung Norden nach Wellington. Nach einem Desaster die Taschen zu packen und weiterzuziehen – das wurde schon sehr früh zu einem gängigen Verhaltensmuster in meinem Leben.

Es sollten zwanzig Jahre vergehen, bis ich Lance wiedersah.

GESCHICHTEN
AUS DEM BUCHLADEN:
Wie man ein Buch nicht liest

Ein älteres Paar kam in meinen Buchladen, und nach einer kurzen Begrüßung verfielen sie in eine offenbar geübte Routine, um ein Buch zu suchen, das ihnen gefiel. Der Herr blieb draußen und durchforstete systematisch die Bücher auf den Tischen und Bücherständen, während seine Frau mit ausgestrecktem Finger alle Bücher in den Regalen drinnen durchging. Sie waren still und sehr konzentriert. Nach einer Weile trafen sie sich am Ladentisch, beide drückten ein Buch an ihre Brust und strahlten freudig.

»Was sagst du dazu, Arthur? Es ist eine Liebesgeschichte, aber es ist auch ein mutiges Buch – *Elf Minuten* von Paulo Coelho.«

Arthur sah sich das Buch an, blätterte es durch, las den Klappentext und reichte es dann zurück. »Keine typische Wahl für uns. Bist du zufrieden damit?«

»Er ist ein Bestsellerautor, von daher ja. Es interessiert mich.«

Ich fragte mich, ob sie wusste, dass sich hinter der versprochenen Liebesgeschichte eigentlich die extrem emotionale Geschichte einer jungen Prostituierten verbarg.

»Gut, dann haben wir eins. Und jetzt guck, was ich gefunden habe, Joyce«, sagte Arthur und reichte seiner Frau das Buch, das er in der Hand hielt.

»Noch eine Kriegsgeschichte«, bemerkte Joyce mit unverhohlener Enttäuschung.

»Es ist eine leichte Lektüre. Was meinst du?«

»Ja, lass uns beide nehmen.« Die Entscheidung war gefällt.

Inzwischen schwirrten mir einige Fragen im Kopf herum. »Dann lesen Sie also all die Bücher, die Sie kaufen, zusammen?«

»Oh ja, das macht es so spannend. Wir besprechen jedes Buch.«

»Hören Sie jemals mit einem Buch auf, das Sie angefangen haben?«

Arthur sah mich erstaunt an. »Nein. Nein, das ist noch nie passiert. Wir haben jedes Buch gelesen.«

»Was ist mit Büchern, die Ihnen überhaupt nicht gefallen?«, fragte ich. »Jetzt, da ich über siebzig bin, lege ich Bücher zur Seite, die mich nach einigen Kapiteln nicht packen. Ich habe keine Zeit, etwas zu lesen, das mir keine Freude bereitet.«

»Das ist für uns kein Problem. Wir haben ein System«, antwortete Arthur. »Joyce liest die ersten hundert Seiten und ich die letzten hundert. Dann besprechen wir das Buch und füllen den Teil in der Mitte.«

Ich brauchte einen Moment, um zu begreifen, was er da sagte. Joyce stand neben ihm und nickte zustimmend. »Es funktioniert gut«, sagte sie. »Und es bedeutet, dass wir Zeit haben, mehr Bücher zu lesen.« Sie schätzten, dass sie fünf Bücher in der Woche lasen.

»Aber was ist mit dem Erzählstrang?«, fragte ich. »Neue Charaktere könnten eingeführt werden, oder es könnte im mittleren Teil eine überraschende Wendung geben, oder jemand vom Anfang des Buches könnte auf halber Strecke umgebracht werden und am Ende des Buches gar nicht mehr erwähnt werden ...«

Joyce unterbrach mich. »Das ist nicht wirklich wichtig. Wir ergänzen die Geschichte.«

Ich nahm ihre 8 Dollar, und als ich sie in die Spendendose der Blindenstiftung steckte, sagte ich:»Ich muss ernsthaft über Ihre Lesetechnik nachdenken. Ich freue mich, dass sie für Sie funktioniert. Hätten Sie gern, dass ich Ihnen etwas über die Mitte von *Elf Minuten* erzähle?«

»Nein, *nicht*!«, riefen beide sofort.»Sie würden uns die ganze Geschichte verderben!«

DIE ARBEIT FÜR DEN ERZBISCHOF

In Wellington übernachtete ich einige Tage bei meiner Tante und meinem Onkel. Es war 1968, und ich suchte nach einer Anstellung. Ich war schon bei ihnen untergekommen, als ich schwanger gewesen war, also waren sie es gewohnt, für mich zu sorgen, während ich mein Leben wieder ordnete. Meine wundervolle Tante Joyce war wie immer voller Mitgefühl. »Oh Ruthie, ich war so sicher, du würdest sesshaft werden. Lance schien so wunderbar.« Mein Onkel bot Unterstützung auf seine eigene Art an: »Also wieder den Anker lichten, Liebes?«

Ich bewarb mich als Köchin für die Priester im Sacred Heart Presbytery, dem Pfarrhaus in der Guildford Terrace in Thorndon. Pfarrer Bernard »Totty« Tottman führte das Bewerbungsgespräch und meinte, dass ich für den Job eindeutig qualifiziert sei, dass er aber Bedenken wegen meines Alters habe, da ich erst zweiundzwanzig war. Die Frauen, die sonst in Pfarrhäusern arbeiteten, waren sehr viel älter als ich, und da hier vier junge

Priester wohnten, musste er das erst mit Erzbischof McKeefry besprechen.

Am nächsten Tag sagte Totty mir zu. Ich zog in eine separate Wohnung im hinteren Teil des Gebäudes und fing an, für sechs hungrige Männer zu kochen. Kath war die Haushälterin, eine ältere Dame, die morgens sehr früh kam, damit sie vor der Arbeit zur Messe gehen konnte. Sie lebte für ihre Arbeit und war sehr beschützend, wenn es um die Priester ging. Anfangs fand sie es schwierig, dass eine junge Frau in der Küche arbeitete, doch mit der Zeit wurden wir gute Freundinnen (und das, obwohl ich nicht jeden Tag in die Messe ging).

Totty war entzückend. Er leitete das Pfarrhaus auf eine ruhige, väterliche Art und hatte für jeden aufbauende Worte parat. Ich machte in der Küche und im Esszimmer Frühjahrsputz, räumte die Speisekammer um und führte alle an meine experimentelle Küche heran, und sie liebten sie.

Erzbischof McKeefry frühstückte immer allein, weil er lieber später aß als die anderen. Ich brachte ihm sein Frühstück und saß oft am anderen Ende des großen Tisches und unterhielt mich mit ihm. Er sagte, ich hätte Sonne in das Haus gebracht, und ihm gefiel, wie ich beim Arbeiten sang. Ich habe ihm nie von Lance erzählt, es schmerzte zu sehr, über ihn zu sprechen. Der Erzbischof fragte mich, warum ich keinen Freund hatte.»Warum bist du hier und kochst für uns, Ruth? Vielleicht wirst du Nonne. Hast du schon einmal darüber nachgedacht?«Ich muss zugeben, dass ich darüber nachgedacht hatte, wenn auch nur kurz.

Wenn Kath frei hatte, machte ich das Bett des Erzbischofs und räumte sein Büro auf. In seinem Schrank hingen einige hübsch bestickte Gewänder, und eine flach gefaltete Mitra, die Bischofsmütze, lag oben auf den Schubfächern. Ich konnte nicht anders – ich setzte mir die Mitra auf und sah mich im großen Spiegel an.

»Die steht dir nicht, Ruth. Zu groß.« Der Erzbischof stand grinsend in der Tür. »Vielleicht bist du zu klein, um eine solche Kopfbedeckung zu tragen.«

* * *

Anfang Dezember machte ich einen Weihnachtspudding, bewahrte ihn in der Speisekammer auf und pinselte ihn alle paar Tage mit Brandy ein. Es roch großartig. Weihnachten war eine außergewöhnlich geschäftige Zeit: Leute brachten Geschenke vorbei, Pfarrer und Nonnen kamen zu Besuch, es gab zusätzliche Messen, Rosenkranzgebete, Chorproben, Hausbesuche, und mehr Gemeindemitglieder als sonst gingen zur Beichte.

Das Weihnachtsessen fand um 12.30 Uhr statt: ein Vier-Gänge-Menü an einem hübsch dekorierten Tisch mit einem Geschenk für jeden Priester. Ich war ratlos, was ich dem Erzbischof kaufen sollte. Am Ende entschied ich mich für zwei Goldfische in einem großen Glas Wasser mit Pflanzen und Steinen darin. Tante Joyce war entsetzt. »Ruth, du kannst einem Erzbischof doch keine Goldfische zu Weihnachten schenken!«

»Tante Joyce«, antwortete ich. »Hast du schon einmal versucht, einem Erzbischof ein Weihnachtsgeschenk zu kaufen?«

Beim Weihnachtsessen wurde viel gelacht und Wein getrunken. Dann wurden die Geschenke aufgemacht. Der Erzbischof war begeistert von den Goldfischen, was alle bis auf mich überraschte. Schließlich war es Zeit, den Weihnachtspudding zu servieren. Ich erhitzte über der Gasflamme den Brandy in einer tiefen Suppenkelle, trug diese hinüber ins Esszimmer und goss alles über den Weihnachtspudding. Der Erzbischof wartete mit einem Streichholz, um ihn anzuzünden. Als die Flamme den Pudding berührte, ging dieser hoch wie eine Bombe, blaue Flammen umschlossen ihn und züngelten bis auf den Teller. Totty geriet in Panik und warf seine Leinenserviette über die Flammen. Die Serviette wurde schwarz, doch sie löschte das Feuer. Als der Schock vorüber war, brachen wir alle in Gelächter aus. Ich war erleichtert, dass der Erzbischof sich nicht die heilige Hand verbrannt hatte. Sie luden mich ein, mich dazuzusetzen und mit ihnen den spektakulären Weihnachtspudding zu essen.

Am 30. Dezember erhielt ich einen Brief vom Erzbischof:

Zu dieser Jahreszeit verkünde ich für gewöhnlich den Priestern die verschiedenen Versetzungen und Termine für das kommende Jahr. Es ist nicht üblich, Haushälterinnen zu versetzen … entsprechend habe ich entschieden, Sie nicht zu versetzen, Sie jedoch zu bitten, ein weiteres Jahr im Sacred Heart Presbytery zu bleiben. Ich habe stets geglaubt, dass die Priester, besonders die jungen, mit dem besten Essen, und davon reichlich, versorgt werden sollten. Ich möchte Sie bitten, im neuen Jahr besonders darauf zu achten und sicherzustellen, dass alle Mitglieder des Haushalts und alle, die uns hier gelegentlich besuchen, nur das Beste erhalten, was das Haus zu bieten hat.

Ich weiß, dass dies Ihr Grundsatz gewesen ist, seitdem Sie angefangen haben, und ich bitte Sie, diesen beizubehalten, wenn möglich im kommenden Jahr sogar noch zu übertreffen. Mir ist die hohe Qualität der Priester, mit denen ich in diesem Haus Umgang pflege, sehr bewusst, und ich vertraue darauf, dass Sie ihnen die ehrenvolle Behandlung zukommen lassen, die so wunderbare Kollegen verdienen.

Gott befohlen

Der Erzbischof

Ich blieb bis April des folgenden Jahres. Dann wurde der Erzbischof zum ersten Kardinal Neuseelands ernannt, und ich verspürte den stetig wachsenden Drang weiterzuziehen. Totty schrieb mir eine überschwängliche Empfehlung, die jungen Priester umarmten mich zum Abschied, und ich brach zu meinem nächsten Abenteuer auf: quer durch den Pazifik zu segeln.

GESCHICHTEN
AUS DEM BUCHLADEN:
Alltag mit Traktor

George ist unser lokaler Apotheker. Sein Laden, den er mit seiner Frau Michelle führt, befindet sich in Te Anau, zwanzig Minuten mit dem Auto von Manapōuri entfernt. Früher war er Hobbypilot, doch nach einem ziemlich spektakulären Absturz, der ihm, wie er sagte, »Schmerzen!« verursacht hatte, fing er mit dem Segeln an und wurde Teil von Lance' Crew auf dessen *Noelex 22*.

George und Michelle bauten auf einem anderthalb Hektar großen Grundstück etwas außerhalb von Te Anau ein Haus. George nahm dies zum Anlass, um sich einen Ferguson-TEA-Traktor, so ähnlich wie der, den Sir Edmund Hillary in die Antarktis mitgenommen hatte, zu kaufen. Er hatte ihn einem Gauner in Queenstown abgekauft, der ihn offenbar aus einer Hecke gezogen und ihn, anstelle des üblichen Grautons, rot angemalt hatte.

George benutzte seinen Traktor hauptsächlich dazu, Zeug hin- und herzufahren und sich an dem Lärm des Motors zu erfreuen, während er damit herumtuckerte und davon träumte, in vierzehn Jahren in Rente zu gehen. Er hat sich auch einen Grubber zum Auflockern der Erde gekauft, denn er wollte einen Gemüsegarten anlegen. Sein Traum war es, großflächig Gemüse anzubauen. Er hoffte, der »Brokkoli- oder Kartoffel-Baron« von Te Anau zu werden.

Er hat sein Lieblingsbuch *The Garden in the Clouds: Confessions of a hopeless romantic*, Gewinner des National Trust Outdoor Book of the Year aus dem Jahr 2001, mindestens vier Mal gelesen. Der Autor Antony Woodward hatte einen baufälligen Kleinbauernhof mit dem Namen Tair-Ffynnon, auf 400 Metern Höhe in den walisischen Black Mountains, gekauft. Er erzählt die Geschichte seines äußerst ehrgeizigen Traums, dort innerhalb eines Jahres einen Garten anzulegen, der es in das renommierte »gelbe Buch« *Gardens of England and Wales Open for Charity* schaffen sollte.

George liebte Woodwards Buch nicht nur, weil der Autor einen Traktor hatte, sondern auch, weil er so viele verrückte Dinge tat wie George selbst. Ich liebte das Buch ebenfalls, da es humorvoll und voller interessanter Fakten und Geschichten ist.

George suchte nun nach einem neuen Buch, und die für ihn offensichtliche Wahl war der preisgekrönte Roman *Kurze Geschichte des Traktors auf Ukrainisch* von Marina Lewycka. Es geht um Nikolai, einen 84-jährigen Ukrainer, der sich in die junge Valentina verliebt. Es findet eine Hochzeit statt, die einige sexuelle Fantasien hervorruft, die jedoch Nikolais physische Möglichkeiten deutlich übersteigen. In die Handlung sind immer wieder kurze Kapitel über die Geschichte des Traktors eingebaut, ein Buch, das Nikolai schreibt. Ich wusste, George würde das Buch gefallen.

Ich bin überzeugt, dass es für jeden ein Buch gibt, und ich staune immer wieder, wie oft das perfekte Buch auf einem Regal in meinem winzigen Buchladen mit seinen weniger als 1000 Titeln steht.

ALLE MANN AN BORD

So glücklich ich auch gewesen war, im Pfarrhaus zu arbeiten, ich versuchte noch immer, vor der wachsenden Verzweiflung über die schwierigen letzten Lebensjahre davonzulaufen. Alles, was ich tun konnte, war, immer weiterzuziehen und den panischen Gedankenspiralen in meinem Kopf, die mich zu übermannen drohten, wenn ich zu lange an einem Ort blieb, einen Schritt voraus zu sein.

Was war aus Lance geworden? Und was war aus meinem Sohn geworden? Aufgrund des Adoptionsgesetzes von 1955 konnte ich meinen Sohn erst suchen, wenn er einundzwanzig war – was sich wie ein ganzes Leben anfühlte. Es nagte zunehmend an mir. Ich sah das Gesicht eines fremden Kindes in einer Menschenmenge und fragte mich, ob *dieser* kleine Junge vielleicht meiner war. Viel später sollte ich herausfinden, dass mein Sohn, der von einer katholischen Familie adoptiert worden war, die ganze Zeit über, die ich in Wellington war, nur zehn Minuten entfernt gelebt hatte.

Doch zu diesem Zeitpunkt fühlte sich alles klaustrophobisch an. Ich musste weg – und weiter als bisher. Die Chance, Neuseeland zu verlassen, war die perfekte Gelegenheit, vor der wachsenden Verzweiflung zu fliehen.

Die *Cutty Sark* war eine vor Ort berühmte Jacht, sie war nach einem Segelschiff aus dem neunzehnten Jahrhundert benannt und 1946, dem Jahr, als ich geboren wurde, in Lyttelton zu Wasser gelassen worden.

Es dauerte Jahrzehnte, bis sie fertig gebaut war. Im Alter von neunzehn Jahren hatte Henry Jones das Projekt auf Papier skizziert: 18 Meter lang, 3,8 Meter breit, 48 Tonnen schwer. 8 Tonnen Sommereiche wurden 1929 aus England bestellt, die 1931 endlich eintrafen. Das Holz wurde dann gehärtet, indem man es sieben Jahre lang bei Redcliffs, einem Vorort von Christchurch, ins Meer legte. Für die originalgetreue Takelage der Ketsch wurden Douglasien als Groß- und Besanmast aus Amerika importiert.

Die Einrichtung umfasste ein Klavier, das im Salon für Henry Jones' Ehefrau an einem offenen Kamin stand, und ein eigenes Bad für ihre Kabine. Insgesamt dauerte es 23 Jahre, das Schiff zu bauen, und es kostete 30.000 Pfund.

Als ich 1969 zur Crew stieß, war die *Cutty Sark* ein Einmaster mit Marconi-Takelung und einem 44-PS-Motor von Fordson. Sie führte elf Segel mit, darunter drei Sturmsegel aus Leinen. Der Spinnaker war 186 Quadratmeter groß und der Gennaker 116 Quadratmeter. Die *Cutty Sark* war 1953 an Bill Bradley verkauft worden. Er nahm mit ihr an der Whangarei-Nouméa- und an der Sydney-Hobart-Regatta teil. In den ersten Jahren der Sydney-Hobart-Regatta waren alle Jachten aus Holz gebaut: schwere Wasser verdrängende Kutter, Schoner und Ketschen, die eher für Kreuzfahrten als für Wettfahrten gemacht waren, also passte die *Cutty Sark* genau dazu. 1966 wurde Basil Fleming ihr Besitzer, und sein Traum war es, den Pazifik zu befahren.

Wir verließen Wellington am 29. Juni 1969, dem Tag vor meinem dreiundzwanzigsten Geburtstag. Wir befanden uns zwischen Cape Kidnappers und Napier, und ich litt unter einer grauenvollen Kombination aus heftiger Seekrankheit und lautstarkem Durchfall. Ich kämpfte mich in einen Sicherheitsgurt, befestigte mich hinten an der Reling, zog mich untenherum aus und hängte meinen nackten Hintern über die Seite, damit die Wellen ihn wuschen. Als ich nach vorn sah, bemerkte ich Rauch, der aus der mittleren Luke kam, doch mir war so übel, dass die Flammen mir den Hintern hätten versengen können und ich hätte nicht die Kraft gehabt, »Feuer!« zu rufen. Ich hing mit großen Augen und von der Taille abwärts nackt an der Reling, während zwei der Kerle das Feuer löschten. Ein Leck, aus dem Öl auf einen blanken Draht getropft war, hatte dazu geführt. Herzlichen Glückwunsch zum Geburtstag, Ruth!

Unser zweitägiger Zwischenstopp in Napier war eine willkommene, wenn auch kurze Erleichterung, denn 24 Stunden nachdem wir den Hafen verlassen hatten, wurden wir von einem Südwind mit 55 Knoten erwischt. Dieses Mal gesellte sich die halbe Crew zu mir an der Reling. Am dritten Tag war ich über die Seekrankheit hinweg, das Meer war still und die Sonne schien. Wie schnell aus dem Wunsch, sich über Bord zu stürzen, das absolute Hochgefühl werden konnte, inmitten eines riesigen blauen Ozeans am Leben zu sein!

Ich liebte die Arbeit auf Deck, sie war aufregend, beängstigend und oft gefährlich, wenn man schwere Segel wechselte. Ich liebte es, in sternenklaren Nächten Wache zu stehen, dem Ozean und dem beruhigenden Geplapper der Segel und Taue zuzuhören. Ich fühlte mich das erste Mal seit meiner Kindheit frei.

Die nächsten Monate über segelten wir mit den Passatwinden zu den Cookinseln, entlang der Gesellschaftsinseln (darunter Tahiti, Moorea, Huahine, Raiatea, Tahaa und Bora Bora) weiter zum Palmerston-Atoll und dann nach Amerikanisch-Samoa und Westsamoa. Die Wirbelsturmsaison in diesem Teil des Pazifiks geht von November bis April, also planten wir, Suva, die Hauptstadt Fidschis, Ende Oktober zu erreichen.

Es war August, als wir am Ufer entlang der Hauptstraße von Papeete auf Tahiti festmachten. Ich schrieb in mein Tagebuch: »Habe 15 Briefe erhalten. Das Geld geht mir aus, Neuseeland-Dollar wertlos, US-Dollar 95 Franc. Alles ist sehr teuer und kaum jemand spricht Englisch.«

Ich musste einen Weg finden, Geld zu verdienen. Die Crew wurde nicht bezahlt, und wir mussten sogar alle etwas für das Essen beisteuern. Mein Vater hatte mir gesagt, dass die Lösung eines Problems immer nahelag, man musste nur nach Gelegenheiten suchen. Der Markt war in Gehdistanz vom Boot, seit unserer Ankunft war ich jeden Morgen dort gewesen, um frisches Obst, Gemüse und Fisch zu kaufen. Die Verkäufer kannten mich allmählich, und obwohl wir uns nicht auf Englisch, Französisch oder Tahitisch unterhalten konnten, schaffte ich es, herauszufinden, was ein kleiner Platz auf dem Boden kostete. Ich hatte drei Sätze Spielkarten dabei, und es war an der Zeit, sie einzusetzen.

Ich ließ mich neben einer großen tahitischen Frau nieder, die Muscheln, Schnitzereien und Schildkrötenpanzer verkaufte. Mit der Hilfe eines jungen Mannes schrieb ich mein erstes Schild auf Französisch:»Jeu de Cartes – Apprenez à jouer au Pontoon! Kartenspiel – Lernen Sie, Pontoon zu spielen.«

Um Geld zu spielen war illegal, also wurde Geld nicht erwähnt.

Am ersten Morgen brachte ich den Leuten bei, wie man Pontoon spielte. Es wurde viel gelacht, was eine große Menschenmenge anzog. Am zweiten Morgen wartete eine Gruppe Männer darauf, dass ich die Karten legte. Sie hockten sich um mich herum und legten Geld vor sich hin, das sie mit ihrer weiten Kleidung verdeckten. Es gab keine Diskussion – wir alle wussten, dass wir gegen das Gesetz verstießen. Ein Mann lächelte mir zu, sein Blick ging langsam von links nach rechts, dann nickte er. Ich bewegte mich nicht, sah nur hoch und erkannte, dass er um uns herum Leute Schmiere stehen ließ. Er klopfte auf den Boden: Zeit zu spielen!

Wir spielten drei Morgen lang auf dem Markt und dann am späten Nachmittag am Strand. Inzwischen hatte ich 5000 Francs (damals 50 US-Dollar), also kaufte ich mir ein Paar Sandalen für 395 und einen Pareo für 250 Francs.

Am vierten Morgen kam ich erwartungsvoll auf den Markt, doch ich wusste sofort, dass etwas nicht stimmte. Mein Platz war leer, niemand wartete darauf zu spielen und niemand stand Schmiere. Ich wusste, dass ich in Schwierigkeiten steckte. Ich wollte umkehren, doch zwei Gendarmen hielten mich auf und zeigten auf ihr Fahrzeug, um deutlich zu machen, dass ich verhaftet war.

Da sie mich nicht tatsächlich dabei erwischt hatten, um Geld zu spielen, verhafteten sie mich stattdessen wegen Landstreicherei. Ich hatte nur 200 Francs bei mir. Mein Pass hatte einen Einreisestempel, also war ich legal in Französisch-Polynesien, aber ich hatte ihn auf dem Boot gelassen. Es wäre ein Leichtes gewesen, mich dort hinzubringen, um ihn zu holen, aber offensichtlich war das keine Option. Der Beamte, der mich verhörte, sprach Englisch, also fragte ich ihn, ob ich ein R-Gespräch führen dürfe, um zu bestätigen, wer ich war. Er willigte ein. Aufgrund der Zeitverschiebung war es in Neuseeland etwa 6 Uhr morgens, doch wie durch ein Wunder war mein Vater wach und ging ans Telefon.

»Hier ist die Polizei von Papeete, Sir. Wir haben Ihre Tochter Ruth in Untersuchungshaft. Sie wurde wegen Landstreicherei verhaftet.«

Nach einer kurzen Diskussion fragte der Polizist meinen Vater: »Haben Sie das Geld, um für ihren Rückflug nach Neuseeland zu zahlen?«

Es entstand eine Pause, dann schüttelte der Beamte den Kopf, legte den Hörer auf die Gabel und sah mich erstaunt an. Mein Vater hatte ihm erklärt, ich könne selbst für mich sorgen, und hatte aufgelegt! Ja, so war mein Vater. Mich überraschte das nicht.

»Er hat recht – ich kann selbst für mich sorgen!«, sagte ich barsch. »Bringen Sie mich zum Boot. Sie können sich meinen Pass ansehen und dass ich mein eigenes Geld habe.«

Inzwischen hatten die Einheimischen die Crew darüber informiert, dass ich verhaftet worden war, und eine Hand voll von ihnen war auf der Gendarmerie aufgetaucht. Sie sagten aus, dass ich keine Landstreicherin war, also wurde ich freigelassen, doch man befahl uns, Tahiti zu verlassen. Nachdem der Zoll und die Einreisebehörde die Abreise genehmigt hatten, ging ich auf den Markt, um Lebensmittel für die 210 Kilometer weite Reise nach Huahine zu besorgen. Ich fand meine Kartenspielfreunde, steckte ihnen einen Satz Spielkarten zu und verabschiedete mich. Es war eine lange Fahrt von sechs Tagen auf See von Bora Bora bis Aitutaki, mit leichtem Wind und sehr heißen Tagen. In meinem Tagebuch steht:

Als wir an Land kamen, wurde uns gesagt, dass ein kleiner neunjähriger Junge gerade aus dem Wasser gezogen worden war. Ich eilte hinüber, konnte keinen Puls spüren, machte seinen Hals frei und fing mit Mund-zu-Mund-Beatmung an. Ich machte weiter, bis ein Arzt kam, der ihn für tot erklärte. Sehr bestürzt.

Der nächste Eintrag:

Um 0830 musste ich eine Stellungnahme schreiben und dann um 1300 zur Untersuchung anwesend sein, gefolgt von der Beerdigung um 1430. Er wurde in einem kleinen Grab in ihrem Vorgarten beerdigt. Die Familie war sehr nett zu mir und wollte mir Geschenke geben. Ich kann nicht aufhören zu weinen.

* * *

Als wir in Amerikanisch-Samoa waren, trafen wir das erste Mal auf das große schwedische Holzschiff *Svanen* (was »Schwan«

bedeutet) und seine neunköpfige Crew. Wie wir waren sie zur Wirbelsturmsaison auf dem Weg nach Suva über die Samoainseln und Niuafo'ou, die nördlichste der Tongainseln.

Peter, ein Journalist aus Australien, gehörte zur Crew der *Svanen*. Im Verlauf des nächsten Monats kamen wir uns näher, erkundeten die Inseln und blieben zusammen an Land, wann immer es möglich war. Als wir in Suva ankamen, zog er auf die *Cutty Sark*, da die gesamte Crew der *Svanen* von Bord ging.

Mit der *Cutty Sark* segelten wir zur Slipanlage der Regierung in Suva, da sie repariert werden musste. Beim Slippen wird ein Boot zur Reparatur oder Wartung aus dem Wasser gezogen. Peter und ich entschieden uns, zusammen nach Brisbane zu fliegen, nachdem die *Cutty Sark* zurück im Wasser war, da wir beide bezahlte Arbeit brauchten. Zu meiner Überraschung hielt er um meine Hand an. »Wozu warten?«, fragte er. »Lass uns sofort heiraten!«

Am nächsten Nachmittag fuhren wir aufs Meer hinaus, zusammen mit fünf Crewmitgliedern und Bazil, dem Kapitän der *Cutty Sark*. Es war eine kurze Zeremonie: Ich trug ein legeres weißes Kleid und hatte ein breites Grinsen im Gesicht, als wir uns das Jawort gaben. Es war nicht rechtlich bindend, aber wir hatten vor, offiziell zu heiraten, wenn wir uns in Australien niedergelassen hatten.

Ich rief zu Hause an und erzählte Mum, dass Peter und ich Fidschi verlassen und nach Brisbane fliegen würden, wo man ihm eine Stelle bei einer australischen Zeitung angeboten hatte. Meine großen Neuigkeiten waren, dass wir verlobt waren und heiraten würden – nichts Großes, vermutlich im Standesamt.

Ich konnte die Sorge in Mums Stimme hören. »Bist du dir sicher? Du kennst ihn noch nicht besonders lange … Warum kommst du nicht erst nach Hause?«

Nach Hause kommen war aber keine Option, denn ich wusste, dass meine Gedanken augenblicklich jeden Tag um meinen Sohn kreisen würden. Indem ich fortblieb, konnte ich weiter mein wildes Leben führen, das darin bestand, viele Risiken einzugehen und meinen eigenen Weg zu gehen.

Das konnte ich Mum nicht sagen.

Doch nun verließ ich die *Cutty Sark* und ging an Land, vielleicht – nur vielleicht – würde ich aufhören davonzurennen.

Inger hat ihr ganzes Leben in Manapōuri gelebt. Ihrer Familie hat viele Jahre das Manapōuri-Hotel und der Campingplatz gehört, ihre drei Brüder und sie haben unser kleines Dorf wachsen gesehen.

Vor einigen Jahren fand sie in einem der vielen Schuppen auf dem Gelände des Campingplatzes einige Kisten mit alten Büchern, die früher in der Gemeindebibliothek gestanden hatten. Sie fuhr zu meinen Buchläden, und mit einem breiten Grinsen brachte sie mir eine wirklich ungewöhnliche Sammlung. Darunter war ein Roman von Frank G. Slaughter mit einem recht anzüglichen Einband, auf dem ein Paar, das sehr wenig Kleidung trug, sich leidenschaftlich umarmte. Inger hatte es extra herausgesucht, weil der Titel *The Song of Ruth* lautete, was sie saukomisch fand!

Einige Jahre zuvor hatte einer unserer Freunde aus England, Jeff Gulvin, der unter dem Pseudonym Adam Armstrong schreibt, ein Buch mit dem Titel *Song of the Sound* veröffentlicht, das in Fiordland und der Subantarktis spielt und tatsächlich ein wenig von mir handelt, aber hauptsächlich von Lance.

Lance ist unter dem Namen John-Cody Gibbs die Hauptfigur, zusammen mit unserem Charterschiff, der *Breaksea Girl*. Der Klappentext des Buches lautet: »Eine unvergessliche Geschichte über Liebe und Abenteuer in einer der letzten unberührten Wildnisse der Welt.« Im Buch ist mein Name Mahina, aber leider wird mit Mahina kurzer Prozess gemacht: Sie wird am Anfang des Buchs aus dem Weg geschafft, sodass ihr schroffer Ehemann

John/Lance eine leidenschaftliche Beziehung mit einer jungen Frau eingehen kann, die nach Fiordland gekommen ist, um Delfine zu studieren.

Jeff kam aus England her und lebte bei uns, während er das Buch schrieb. Er wohnte in der kleinen separaten Wohnung, die an unser Haus angebaut ist. Eines Morgens suchte er mich auf und sagte: »Hallo Ruthie. Ich dachte, ich sollte dir sagen, dass Mahina früh im Buch sterben muss. Tut mir leid.«

»*Wie bitte*? Du willst mich sterben lassen? Wie wird es Lance, oder sollte ich sagen John-Cody, damit gehen?«

»Oh, ihm wird es gut gehen. Er wird sich wieder verlieben.«

»Na, wie schön – hat der ein Glück!«

Das Buch wurde 2003 in den Niederlanden und anderen Ländern Europas ein Bestseller. Zu der Zeit hatten wir unseren ersten Buchladen, 45 South and Below, und ich verkaufte über 50 Exemplare von *Song of the Sound*. Oft kam ich in unser Büro, und dort warteten bereits Leute auf mich, die ihr Exemplar in der Hand hielten und begeistert lächelten. Es waren treue Fans von Adam Armstrong. Sie wollten sehen, wo er geschlafen und wo er das Buch geschrieben hatte, wollten in unserem Garten herumlaufen (den er erwähnt hatte) und das Badezimmer sehen (das er auch erwähnt hatte).

Wir wurden sogar von einem Filmemacher besucht, der daran interessiert war, einen Film nach der Romanvorlage zu drehen, in Manapōuri, an Bord der *Breaksea Girl* und in unserem Haus! Ich lehnte Letzteres ab, da wir das wenige an Privatsphäre, das wir noch hatten, schätzten. Zum Glück (für uns) erhielten sie die Förderung nicht, und so starb die Idee.

MEINE KURZE KARRIERE ALS DIEBIN

Drei Monate nach unserer Hochzeit auf See wurde ich schwanger. Peter und ich waren noch nicht offiziell verheiratet, es war uns nicht wichtig. Wir hatten die Hochzeit gehabt, die uns wichtig war – wen interessierte es da, dass wir keine Heiratsurkunde hatten?

Es erscheint im Rückblick merkwürdig, aber ich habe meiner Familie nie erzählt, dass ich schwanger war. Da war immer diese Angst, es könnte etwas schiefgehen, sosehr ich auch versuchte, sie abzuschütteln. Ich wollte warten, bis das Baby gesund auf der Welt war, bevor ich meiner Familie davon erzählte. Mum und Dad hatten genug Dramen durchgemacht, wenn es um mein Leben ging – ich hatte das Gefühl, ihnen nur noch gute Neuigkeiten überbringen zu dürfen.

Peter und ich ließen uns anfangs in Brisbane nieder. Ich war dreiundzwanzig Jahre alt, hatte sehr wenig Geld, und die einzigen

Kleidungsstücke, die ich besaß, waren die wenigen, die ich im letzten Jahr beim Segeln auf dem Pazifik getragen hatte.

Wir fanden eine kleine Wohnung am südlichen Stadtrand: billig, dreckig, keine Möbel, aber zum Glück gab es einen Herd und einen Kühlschrank. Die Waschküche unten im Haus teilten wir uns mit drei weiteren Wohnungen. Es wurde Sommer, also brauchten wir zumindest keine Heizung mehr. Peter arbeitete als Zeitungsreporter, daher hatten wir gerade genug Geld, um die Miete, Essen und Strom zu bezahlen – und eine Anzahlung für einen alten VW Käfer zu machen.

Nach fünf Tagen des Ankommens und Putzens war es für mich an der Zeit, eine Anstellung zu suchen. Da ich keine angemessene Kleidung für ein Bewerbungsgespräch besaß und kein Geld hatte, um mir welche zu kaufen, heckte ich einen Plan aus: Ich wollte Kleider »borgen« – wobei »borgen« vielleicht etwas beschönigend war. Der erste Schritt meines Plans bestand darin, die Straßen in der Nachbarschaft abzulaufen und darauf zu achten, wo Wäscheleinen auf den Grundstücken hingen. Es war sehr, sehr wichtig, dass ich nicht erwischt wurde, also machte ich detaillierte Notizen über jedes Grundstück, das mir eine Gelegenheit bot.

Um 2.30 Uhr nachts zog ich mit einer kleinen Taschenlampe, Stift und Papier los. Als ich sorgfältig zwölf Adressen vermerkt hatte, lief ich nach Hause zurück und ging den Fragebogen durch, den ich entwickelt hatte. War die Wäscheleine zugänglich genug, aber weit genug vom Fenster weg, um nicht gesehen zu werden? War sie zu gut beleuchtet oder zu dicht an einem Fußweg oder der Straße?

Nur acht der zwölf Adressen bestanden den Test. Als Nächstes musste ich herausfinden, welche Art von Kleidung an den Wäscheleinen hing. Ich markierte die acht Adressen auf einer Karte und plante eine Spazierroute, mit der ich alle in so kurzer Zeit wie möglich abdeckte. Peter arbeitete nachts, also konnte ich kurz nach Mitternacht aus der Wohnung schlüpfen, ohne dass er es merkte. Er hatte keine Ahnung, was ich im Schilde führte.

Auf den ersten vier Wäscheleinen meiner Liste hing nichts Nützliches – entweder nur Männerkleidung oder nichts in der richtigen Größe. Ich ging weiter. Bei Adresse Nummer fünf hatte ich Glück und nahm rasch eine Strumpfhose, einen Rock und eine Bluse von der Leine. Bei Adresse Nummer sechs erbeutete ich ein grünes Blümchenkleid und einen BH.

Ich eilte nach Hause, schloss die Tür hinter mir und verspürte Aufregung und Erleichterung: Es war so leicht gewesen! Ich zog meine alte, verblasste Jeans und mein T-Shirt aus und probierte das Kleid an. Es fühlte sich wundervoll an, wenn auch etwas groß. Doch ich hatte Nadel und Faden und konnte die Taille und den Ausschnitt behelfsmäßig abnähen. Der BH passte perfekt, genau wie die Strumpfhose.

Am nächsten Morgen rief ich Krankenhäuser und Seniorenheime an und bat um Anstellung. Ich bekam einen Termin zum Vorstellungsgespräch am nächsten Tag in einem kleinen Krankenhaus für Senioren, das in Gehdistanz zu unserer Wohnung lag. Ich verriet Peter alles, und er lachte. »Dann lebe ich jetzt mit einer Diebin zusammen?« Ich hatte noch nie zuvor gestohlen, und ich sah mich nicht wirklich als Diebin. Ich sah mich als Frau mit wenigen Optionen, die verzweifelt Arbeit suchte. Ich versprach mir, dass ich die Kleidung so bald wie möglich zurückbringen würde.

Ich bekam nicht nur den Job als Nachtschwester, man gab mir auch zwei Uniformen. Das einzige Problem war, dass ich weiße Schuhe tragen musste und keine besaß. Ich sollte in drei Tagen anfangen, was mir genug Zeit gab, um das Schuhproblem zu lösen.

In derselben Nacht brachte ich den Rock und die Bluse zur Adresse Nummer fünf zurück. In die Rocktasche legte ich einen Zettel:»Es tut mir leid, dass ich Ihre Kleidung geborgt habe, aber ich brauchte etwas Hübsches für ein Bewerbungsgespräch. Ich habe die Strumpfhose behalten, aber ich werde Ihnen eine neue kaufen, sobald ich mein erstes Gehalt bekomme.«

Bei Adresse Nummer sechs hängte ich das grüne Kleid wieder auf die Leine, nachdem ich meine Änderungen rückgängig gemacht hatte. Da es keine Taschen hatte, hängte ich neben das Kleid eine Notiz, auf der stand, dass ich den BH durch einen neuen ersetzen würde, sobald ich mein erstes Gehalt bekam.

Um das Schuhproblem zu lösen, gab mir Peter 5 Dollar. In einem der zahlreichen Läden der Gegend fand ich ein paar getragene weiße Schuhe, die perfekt passten.

Wie versprochen ersetzte ich den BH und die Strumpfhose und hängte sie mit einer Dankesnachricht auf die Wäscheleine. Auch wenn der ganze »Diebstahl« gut gegangen war – ich war froh, dass es vorbei war. Die Aufregung, die ich gespürt hatte, als ich Pläne schmiedete und sie dann umsetzte, und die Angst, erwischt zu werden, lagen nun hinter mir. Abgehakt!

Nach drei Wochen Nachtdienst wurde meine Schicht auf den Nachmittag gelegt. Anstatt die Bewohner nur während der Nacht zu betreuen, was bedeutete, sie zur Toilette zu bringen, nasse Betten zu beziehen, Medikamente zu geben und sie mit Flüssigkeit zu versorgen, hatte ich nun Gelegenheit, mit ihnen zu plaudern und auf einer persönlicheren Ebene mit ihnen zu kommunizieren. Meine Schicht fing um 14 Uhr an, genau wie die Besuchszeiten. Und so wurde ich mit den Konsequenzen meiner kurzen Karriere als Diebin konfrontiert.

Eine junge Frau, die oft zu Besuch war, kam den Korridor zu Mr. Lambs Einzelzimmer hinunter. Sie lief auf leisen Sohlen, als hätte man ihr gesagt, sie solle keinen Lärm machen. Ihr kurzes blondes Haar war zu einem modischen Bob frisiert, und ihre schicken gelben Sandalen passten perfekt zu ihrem Kleid. Ich kam aus Mr. Lambs Zimmer, als ich sie auf mich zukommen sah.

»Oh mein Gott!«, entfuhr es mir. Ich erkannte das Kleid. Ich holte tief Luft, da fiel mir auf, dass die Farbe anders war – blau, nicht grün. Der Schnitt war hingegen genau gleich – tailliert, ein ausgestellter Rock und ärmellos.

»Hallo Ruth. Wie geht's Grandad heute?«, fragte die Frau.

»Frech wie immer. Er ist bereit für Besuch.« Nach kurzem Zögern fügte ich hinzu: »Hübsches Kleid – wo haben Sie das her?«

»Aus dem kleinen Einkaufscenter in der Wardell Street – der Laden neben dem Friseur.«

»Oh, den kenne ich. Ich wohne in der Nähe. Na gut, ich muss weiter, viel zu tun.« Mein Herz raste immer noch, als ich ins nächste Zimmer eilte, um mich zu verstecken.

Der Zahltag kam, und da ich mein Budget nun besser im Griff hatte, ging ich zu den Läden in der Wardell Street. Ich wollte ein Kleid in dem kleinen Modegeschäft kaufen. Nicht irgendein Kleid, sondern genau das gleiche wie mein Diebeskleid.

An der Kleiderstange entlang der Wand hingen erstaunlicherweise mindestens vier dieser Kleider in verschiedenen Farben.

»Kann ich Ihnen helfen?«, fragte die Verkäuferin.

»Ja, wenn es möglich ist, würde ich gern dieses Kleid in Größe 10 in Grün anprobieren.«

»Das war ein sehr beliebtes Kleid. Muss an den hübschen Blumen und dem wundervollen Rock liegen, der so schön über den gestuften Unterrock fällt.« Sie sah zur Kleiderstange und seufzte. »Tut mir leid, in Größe 10 habe ich kein grünes mehr da. Nur in Blau. Eine Dame hat kürzlich zwei gekauft, ein grünes und ein blaues. Offenbar wurde ihr das erste Kleid, das grüne, von der Wäscheleine gestohlen. Wer um alles in der Welt hätte gedacht, dass hier so etwas passiert? Wer immer das war, hat auch ihren BH gestohlen!«

»Unglaublich«, murmelte ich, und mir wurde bang ums Herz. »Dann würde ich gern das blaue anprobieren.«

Es passte perfekt, und obwohl es ein wenig teurer war als gedacht, kaufte ich auch den schönen weißen Spitzenunterrock dazu.

»Die arme Dame war so traurig«, plauderte die Verkäuferin weiter. »Und das Komische ist, dass am Tag nachdem sie das zweite Kleid gekauft hat, das blaue, ihr grünes wieder auf der Wäscheleine auftauchte! Und das mit einem Brief! Irgendeine merkwürdige Geschichte darüber, dass die Person das Kleid für ein Vorstellungsgespräch gebraucht habe. Hat man so etwas schon mal gehört? Die arme Dame. Ihr Großvater ist kürzlich in Pflege gekommen. Sie tut mir so leid. Jetzt glaubt sie, jemand würde ihre Wohnung beobachten, und sie hat nachts Angst. Und natürlich«, sie machte eine dramatische Pause, »hängt sie ihre Wäsche auch nicht mehr nachts raus, was äußerst umständlich ist.«

»Wieso das?«, fragte ich und versuchte, nicht zu viel Interesse zu zeigen.

»Sie wohnt allein, arbeitet fünf Tage die Woche und besucht ihren Großvater, der Herzprobleme hat, an ihren freien Tagen. Und dann sieht sie noch nach ihrer Großmutter, die im Norden der Stadt in ihrem eigenen Haus wohnt.«

Ich nahm mein Paket, lächelte der Verkäuferin zu, und mit schwer auf mir lastenden Schuldgefühlen ging ich langsam nach Hause. Mir war es wie eine kurzfristige Lösung ohne Schaden erschienen. Das Opfer meines »Diebstahls« war jedoch verängstigt zurückgeblieben.

Wie ich es auch drehte und wendete, es gab nur einen Weg, um die ganze dumme Situation aufzulösen und die arme Frau vom Stress zu befreien. Das musste allerdings wohl geplant werden.

* * *

Edward Lamb war 89, geboren 1881. Als junger Mann war er groß, schlank und gut aussehend gewesen, wie die Familienfotos in seinem Zimmer bestätigten. Er war noch immer groß und schlank, doch er ging gebückt, und sein Haar war grau und schütter. Ich mochte an ihm, dass er ein Gentleman war, der es liebte, sich zu unterhalten, besonders darüber, wie er in Brisbane aufgewachsen war. Er erzählte mir, wie er 1897 mit sechzehn Jahren der Marine in Queensland beigetreten war, und da ich eine Wren gewesen war, hatten wir viel gemeinsam. Wir interessierten uns beide für Schiffe, Marinegeschichte und die See.

Ich machte am Morgen nach meinem Einkaufsausflug sein Bett, während er im Sessel am Fenster saß. Mit gesenktem Kopf und darauf konzentriert, das Laken fest über das Bett zu ziehen, fragte ich ihn leise, wann seine Enkelin ihn wieder besuchen würde.

»Catherine kommt immer am Sonntag um 14 Uhr. Das weißt du doch, Ruthie.«

»Ja, entschuldige, ich bin heute etwas nervös. Ich muss dir etwas erzählen, das ich getan habe, aber auf das ich nicht stolz bin.«

So hatte ich das nicht geplant. Ich hatte eigentlich entschieden, dass es das Richtige war, es Catherine persönlich zu sagen.

»Wir haben alle etwas im Leben getan, auf das wir nicht stolz sind«, antwortete Edward gütig. »Viele Male hatte ich das Gefühl, jemanden hängen zu lassen. Es geht darum, etwas daraus zu lernen. Hast du etwas daraus gelernt?«

Ich nickte, dann setzte ich mich auf die Bettkante neben seinem Sessel. Ich wollte nicht weinen, aber ich spürte, wie mir die Tränen kamen.

»Komm schon, Ruthie, mein Mädchen. Was ist los?«

Als ich begann, ihm die Geschichte zu erzählen, sprudelte es nur so aus mir heraus, jedes Detail. Auf der einen Seite spürte ich Erleichterung, doch ich hatte auch Sorge, dass ich unsere Freundschaft zerstört hatte.

»Du liebe Zeit, was für eine Geschichte«, sagte der alte Mann. »Ich glaube, das können wir am Sonntag mit Catherine klären, meinst du nicht?« Er sah mich mit seinen sanften grauen Augen an, griff nach meiner Hand und drückte sie, dann lachte er zu meiner Verblüffung. Daraufhin musste ich noch mehr weinen.

»Nun, so werden wir es machen«, sagte er. »Catherine wird um 14 Uhr hier sein, und dann wirst du uns um 14.30 Uhr besuchen, wenn du deine Teepause am Nachmittag hast. Es gibt nur eine Bedingung: Du musst dein sogenanntes ›Diebeskleid‹ tragen.«

In seinen Augen sah ich ein warmes, aber auch schalkhaftes Funkeln, als er das sagte.

* * *

Am folgenden Sonntag betrat ich Edwards Zimmer. Catherine sah auf und lächelte, als sie mein Kleid sah. »Sie haben also eines gekauft. Es sieht reizend aus an Ihnen.«

Ich dankte ihr und setzte mich. Edward schenkte mir eine Tasse Tee ein und stellte einen kleinen Teller mit Orangenkuchen daneben.

Gegenüber von Edward saß sein Freund James, ein anderer meiner Lieblingspatienten. Er war Schotte und sein Leben lang als Anwalt tätig gewesen. Er hüstelte leicht, rutschte auf seinem Stuhl herum, dann sagte er:»Edward Lamb glaubt, dass es seine letzte Aufgabe ist, seine Enkelin in dieser schweren Zeit zu unterstützen. Wir wurden darauf aufmerksam gemacht, dass du, Ruth, unter dem Deckmantel der Dunkelheit geplant und durchgeführt hast, Kleidung einer anderen Person von deren Wäscheleine zu nehmen. Ist das korrekt?«

Ich war verblüfft: Sie kannten bereits alle Details und wägten nun mein Urteil ab! Die drei sahen mich an.

»Ja«, flüsterte ich.

»Und in einer anderen Nacht hast du besagte Kleidung zurückgebracht, zusammen mit einem handgeschriebenen Brief«, sagte James und reichte mir das Papier.»Ist das deine Handschrift?«

»Kann ich bitte etwas sagen?«, fragte ich mit ganz leiser Stimme.

»Beantworte meine Frage.«

Ich sah auf den Brief und bestätigte, dass das meine Handschrift war.

James sah zu Catherine und Edward hinüber.»Soll ich Zeugen aufrufen?«

»Welche Zeugen, Mr. Mcintyre?«, fragte ich mit leicht zitternder Stimme.

Edward schüttelte den Kopf und wandte sich an James.»Zeugen sind nicht nötig.«

Ich kippte etwas lauwarmen Tee runter, denn mein Mund war komplett trocken. Ich fühlte mich wie eine Idiotin, als ich im gleichen Kleid wie Catherine dort saß: Es war wie ein Leuchtsignal, das meine Schuld bestätigte.

»Es tut mir so schrecklich leid, Catherine«, sagte ich. »Ich dachte nicht, dass ich etwas stehlen würde. Ich musste bloß Arbeit finden und hatte rein gar keine Kleidung für das Vorstellungsgespräch. Bitte glauben Sie mir.«

James ignorierte meine Worte komplett und sprach weiter. »Ich habe mit meinen Klienten darüber gesprochen, und wir haben entschieden, dass wir unsere Entscheidung schriftlich verkünden.«

James Thomas McIntyre reichte mir einen offiziell aussehenden Umschlag. »Öffne ihn und lies laut vor.«

Das tat ich.

Catherine Lamb, Lehrerin, Edward Lamb, pensionierter Marineoffizier, und James Thomas McIntyre, pensionierter Anwalt, erklären Ruth hiermit für nicht schuldig und erkennen ihr das beigelegte Dokument zu.

Ich drehte das Blatt um und sah mir das beigelegte Dokument an. Es war ein Scheck, der auf meinen Namen ausgestellt war, über exakt die Summe des Diebeskleides und des Unterrocks. Ich brach in Tränen aus und dann in Gelächter, als Catherine zu mir kam und mich fest umarmte. Edward drückte den Rufknopf und zwinkerte mir zu.

In diesem Moment kam die Pflegeschwester zur Tür herein und fragte, was er brauche. »Ach, Schwester! Wie Sie sehen können, hat meine Enkelin Schwierigkeiten damit, sich zu entscheiden, welche Kleiderfarbe sie kaufen soll, deshalb haben wir Ruthie hier gebeten, uns bei der Entscheidung zu helfen. Sie macht noch fünfzehn Minuten länger Pause, wenn das für Sie in Ordnung ist.« Er grinste breit, und sie konnte unmöglich Nein sagen. Ich aß den Orangenkuchen, trank eine frische Tasse Tee und merkte, dass Edward eine perfekte Partie gespielt hatte. Besser, als ich es je hätte planen können. Meine sehr kurze Karriere als Diebin war auf zufriedenstellende Weise zu Ende gegangen.

GESCHICHTEN
AUS DEM BUCHLADEN:
Familienerbstücke

Ich muss sehr darauf achten, welche Bücher ich einkaufe, da der Regalplatz in meinem winzigen Buchladen so begrenzt ist. Ich vertraue darauf, dass mir Leute Bücher bringen, die sie verkaufen. Sie verkleinern sich vielleicht, oder ein Familienmitglied ist ausgezogen – oder die Bücher sind Teil eines Nachlasses.

Ich habe einen strikten Kodex, wenn es um Nachlässe geht: Ich kaufe keine Bücher, solange die Person nicht mindestens sechs Monate verstorben ist. Ich frage die restliche Familie, ob sie die Chance hatte, ein paar Bücher auszuwählen, und ich bespreche mit ihnen, wie wichtig es ist, Bücher in der Familie zu behalten. Es ist überraschend häufig so, dass alle Bücher rasch in Kisten verstaut werden, wenn jemand stirbt, und in Secondhandläden oder zu einem Buchhändler gebracht werden, ohne dass jemandem auffällt, dass manche davon selten und viel Geld wert sind.

Ich nenne den Leuten keinen Gesamtpreis für eine Kiste Bücher, ich bepreise jedes Buch einzeln, was viele Stunden dauert. Wenn ich eingeladen werde, in ein Haus zu kommen, um eine Bibliothek zu bepreisen und seltene oder besondere Bücher auszumachen, erkläre ich, dass, auch wenn sie die Bücher nicht selbst behalten wollen, vielleicht Enkelkinder sie später einmal schätzen werden. Jedes Buch hat eine Geschichte, und viele tragen wertvolle Erinnerungen in sich.

Wenn ich eins der Bücher meiner Mutter in den Händen halte, denke ich an sie. Ich berühre dieselben Seiten, die sie berührt hat, lese dieselben Wörter, die sie gelesen hat. Bücher, die über viele Jahre gesammelt wurden, sind Teil der Familie. Sie wurden geliebt, gelesen und wieder gelesen. Sie haben oft die Welt bereist. Sie leben viele Jahre stumm in einem Haus und erleben zahlreiche besondere Ereignisse mit, schenken dem Leser Freude und manchmal Tränen.

Ich behandle deshalb jedes Buch mit Sorgfalt. Ich gehe die Seiten durch und suche nach handgeschriebenen Notizen an den Rändern oder kleinen Zeichnungen von Insekten, Blättern und Blumen. Oft finde ich Briefe, gepresste Blumen, Postkarten oder Fotos.

In einem Buch über Botanik fand ich einen Brief, der auf ein Blatt geschrieben war. Alan Petrie, ein Rentner aus Te Anau, brachte mir einige Bücher, die er verkaufen wollte. Das besagte Blatt war sorgfältig zwischen die Seiten eines Buches gelegt, noch in perfektem Zustand, blassgrün und weich. Darauf stand folgender Text:

Hallo! Ich schreibe diese Postkarte am Fjord Preservation Inlet, wo wir gerade zwei Wale gesehen haben. Wir haben sie fast eine halbe Stunde vom Boot aus beobachtet.
Die Reise ist bisher toll, das Wetter nicht das beste, aber daran lässt sich nichts ändern. Ich sehe dich am Sonntagnachmittag.

In Liebe, William.

Māori benutzen große, biegsame Blätter der Rangiora (*Brachyglottis repanda*), um Essen oder Babys darin einzuwickeln und als Wickel bei Verletzungen. Später benutzten europäische Siedler sie als Schreibpapier und Toilettenpapier, was zur anderen Bezeichnung der Pflanze führte: Buschmanns Freund. Die damit verwandte *Brachyglottis rotundifolia*, die es entlang der Südküste der Südinsel und auf Stewart Island gibt, hat kleinere, jedoch dickere Blätter, die manchmal als Postkarten benutzt wurden. Die Leute (vor allem Touristen) schrieben auf die Blätter, klebten die Briefmarke in die Ecke und verschickten sie vom Postamt am Naturhafen Paterson Inlet auf Stewart Island an Adressen in ganz Neuseeland und nach Übersee.

Die neuseeländische Post teilte die Begeisterung für diese Souvenirs nicht. 1906 mahnte sie, dass »das Verschicken von Blättern, die lose aufgegeben werden und darauf geschriebene Mitteilungen enthalten, in das Vereinigte Königreich oder im Transit durch das Vereinigte Königreich verboten ist«. 1912 wurde dieses Verbot auf »alle Adressen« ausgeweitet. 1915 lautete der Hinweis schließlich: »Lose aufgegebene Blätter sind verboten und werden, sofern sie verschickt werden, zur Entsorgung an das Amt für unzustellbare Briefe weitergeleitet.«

Ich rief Alan an und erzählte ihm von meinem Fund. Wie sich herausstellte, war der Brief von seinem Sohn und offensichtlich nie verschickt worden. Ich war sehr froh darüber, seinem Vater das Buch und die Blatt-Postkarte zurückzugeben. Alan erzählte William, dass man das Blatt gefunden hatte, und ich erhielt eine wunderbare E-Mail von seiner Mutter Sheila: »Danke, Ruth. William hat sich wahnsinnig gefreut!«

Kürzlich habe ich ein Buch in einem Secondhandladen gekauft: *A Field Guide to the Birds of New Zealand* von Falla, Sibson

und Turbott. Es ist eine Neuauflage von 1972 des 1966 veröffent-
lichten Werks und in mittelmäßigem bis gutem Zustand. Als ich
die Seiten durchblätterte, fand ich ein Stückchen Papier, auf dem
eine mit Bleistift geschriebene Nachricht stand:

Hallo Luke, ich schreibe Dir, um mich bei Dir zu
enschuligen [sic], dass ich am Zweiten nicht zum Helfen
gekommen bin. Ali hat nur freitags frei und wir werden
zusammen die Tongariro-Überquerung wandern.
Mögen die Winde dir wohlgesonnen sein! Ich hoffe, dieses
Buch ist nützlich, gib es Ali einfach zurück, wenn es dir
passt. Danke für die Gastfreundschaft gestern Abend
auf dem Schiff.

Vera.

Ich legte den Brief zurück in das Buch, wo er so viele Jahre
gewesen war. Er wird in dem Buch bleiben, wenn es verkauft wird.
Immer wenn ich solche Schätze finde, versuche ich mir vorzustel-
len, wer die Leute waren und wo und wann sie den Brief geschrieben haben. Wer waren Vera und Ali? Sind sie die Tongariro-
Überquerung erfolgreich gewandert? Wäre es nicht unglaublich,
wenn sie *dieses* Buch lesen und bemerken würden, dass ihr Brief-
chen all die Zeit überlebt hat …?

DIE NÄCHSTEN TRAGÖDIEN

Als Journalist verbrachte Peter immer mehr Zeit damit, in Australien herumzureisen und für Artikel zu recherchieren. Mitte der 1970er nahm er einen Auftrag an, der ihn für zwei Wochen in den Bundesstaat Northern Territory führte.

Ich schlief tief und fest in unserer Wohnung, als eines Nachts die Stille durch ein lautes Klopfen an der Tür gestört wurde. Die Polizei stand vor meiner Haustür. Eine Polizistin legte mir den Arm um die Schulter und schob mich zu einem Stuhl. Nach ein paar Fragen, um zu bestätigen, wer ich war, erzählte sie mir, warum sie hier waren. »Wir wurden gerade darüber informiert, dass Ihr Ehemann tot ist.«

Ich glaubte ihr nicht. Ich hörte nur Teile der Unterhaltung, während sie ruhig die Details des Autounfalls erläuterten. Ehrlich besorgt saßen sie bei mir, sprachen mit mir und machten mehrere Tassen Tee, bevor sie organisierten, dass eine Freundin herkam und sich um mich kümmerte. Ich saß steif auf der Sofakante.

Keine Tränen, keine Emotion, kein Anzeichen, dass ich sie überhaupt gehört hatte.

* * *

Peters Eltern erhoben Anspruch auf seinen Leichnam und machten sehr deutlich, dass sie mit mir nichts zu tun haben wollten, da ich Katholikin war und sie Protestanten. Sie erkannten mich nicht einmal als Peters Partnerin an, und erst recht erkannten sie unsere Ehe nicht an.

Das Einzige, was mir von unserer Beziehung blieb, war meine Schwangerschaft. Ich wollte unbedingt einen kleinen Jungen.

Depressionen bahnten sich ihren Weg in mein Leben. Ich konnte nicht arbeiten, konnte nicht schlafen. Ich war kraftlos, eine wandelnde Hülle. Trotzdem rief ich nicht zu Hause an. Ich brachte es nicht über mich, meinen Eltern davon zu erzählen. Eines Nachts, als es besonders schlimm war, rief ich bei der Telefonseelsorge an. Doug Kerr, ein Anwalt, der mit dem Sorgentelefon zu tun hatte, sorgte dafür, dass ich zu seiner Familie ziehen konnte, und innerhalb weniger Tage war ich von Liebe umgeben. Ich fühlte mich sicher. Liz, seine wunderbare Ehefrau, hatte bereits vier kleine Mädchen und war wieder schwanger. Ich will mir nicht ausmalen, was ohne die direkte Unterstützung dieser Familie aus mir geworden wäre.

Wehen zu bekommen, die körperliche Realität, ein Kind auf die Welt zu bringen, durchbrach den depressiven Nebel um mich herum – nicht bloß durch Schmerz, sondern auch durch Erleichterung. Niemand konnte mir diesen wertvollen Moment nehmen:

Ich hatte den Sohn auf die Welt gebracht, den ich mir so sehr erhofft hatte.

Als der Arzt ihn auf meinen Bauch legte, berührte ich seinen Kopf und spürte die feuchte Wärme. Seine winzigen Finger umschlossen meine, als würde auch er unsere besondere Verbindung suchen. Ich sah voller Staunen zu, wie er sich bewegte – einen Schmollmund zog, die Stirn krauszog und seine Zunge herausstreckte.

»Joshua«, flüsterte ich. »Du bist Joshua.«

Unsere glückliche Blase hielt nur wenige Stunden. Der Arzt kam an mein Bett, und Liz war bei ihm. Sie sah besorgt aus. Sie hielt meine Hand, als der Arzt erklärte, dass Joshua eine Rhesus-Erkrankung hatte. In der Schwangerschaft wandern die Antikörper der Rhesus-negativen Mutter in die Plazenta und bekämpfen die Rhesus-positiven Zellen des Babys, wodurch es krank wird. Joshua, mein zweites Kind, war furchtbar krank und benötigte fachärztliche Versorgung. Sein Herz versagte, er brauchte dringend eine Bluttransfusion und musste sofort ins Southport Hospital an der Küste bei Brisbane verlegt werden. Ich konnte erst am nächsten Tag folgen, wenn ich mehr Kraft hatte.

Liz, eine Krankenschwester und ein Priester standen mit dunkler Miene am Ende meines Bettes, während ich mich an Joshua klammerte und sein kleines blasses Gesicht anstarrte. Ich versuchte mir jedes winzige Detail einzuprägen, jedes noch so kleine Merkmal. Die Taufe war kurz, und der katholischen Lehre nach war er nun »ein Kind Gottes«. Ich sah den Priester voller Hass und Wut an, als ich ihn anfuhr: »Er ist ein Kind Gottes, seitdem er gezeugt wurde!«

Der Priester nickte und sagte mit einem müden Lächeln: »Sollte diesem Kleinen irgendetwas zustoßen, wird er direkt in den Himmel kommen. Gewiss ist das das Wichtigste.«

»Raus!«, schäumte ich vor Wut. »Raus! Er wird leben!«

»Wir müssen auf alles vorbereitet sein, was Gott auch immer vorhat.«

Ich drückte Joshua an mich. Es war, als würde ich versuchen, ihn zurück in meinen Bauch zu holen, um ihn zu verstecken und zu beschützen.

Normalerweise gibt es bei einer ersten Schwangerschaft kein Risiko einer Rhesus-Erkrankung, die meisten Fälle treten bei der zweiten oder bei folgenden Schwangerschaften auf. Entsetzt verstand ich, dass Joshuas Rhesusfaktor das Resultat der Vergewaltigung war, weil er mein zweites Kind war. Selbst mein Blut war beschmutzt.

Meine Wange berührte Joshuas. Sie war weich und warm. Ich wippte vor und zurück, vor und zurück, mein Jammern klang wie das traurige Heulen des Windes. Schmerz breitete sich langsam in meinem Körper aus.

Die Krankenschwester kam zu mir und streckte die Arme nach Joshua aus. Ich starrte sie an, wobei ich sie durch meine Tränen hindurch kaum sah, und klammerte mich noch immer an mein winziges Baby. Sie lehnte sich entschlossen vor und nahm ihn sanft fort.

Das war das letzte Mal, dass ich Joshua sah. Er starb nur wenige Stunden später. Ich war noch im Krankenhaus, als er beerdigt wurde, und ich durfte nicht zur Beerdigung gehen. Ich konnte mir nur ein kleines Kreuz aus Holz auf dem Gemeinschaftsfeld leisten. Mein einziger Beweis seines kurzen Lebens ist seine Sterbeurkunde:

Joshua Alexander. 13 ½ Stunden alt. Oktober 1970.
Royal Women's Hospital.

Todesursache:
(1) Interstitielles Lungenemphysem, Pneumothorax,
Mediastinalemphysem
– Hyalines Membransyndrom
(2) Hämolytisch-urämisches Syndrom aufgrund einer
Rhesusinkompatibilität

* * *

Die paar kurzen Monate voller Glück waren durch grausame und kräfteraubende Ereignisse überrollt worden.

Ich bezweifle, dass ich die Ereignisse von 1970 bis 1972 noch einmal überleben würde, doch damals war ich jung, und vielleicht hatten mich die Vergewaltigung und die Tatsache, dass ich meinen Sohn 1963 hergeben musste, in gewisser Weise auf diese neuesten Einschläge vorbereitet.

Die Ruth, die ich allen gegenüber spielte, war nur die Oberfläche. Die innere Ruth war völlig aufgewühlt. Und doch erwachte plötzlich wieder mein Überlebensinstinkt, wie bei einem wilden Tier, und ich bereitete mich darauf vor, wieder aufzubrechen und so schnell ich konnte zu flüchten. Ich stand nach Peters Tod und nun nach Joshuas unter Schock, ich wusste nur, dass ich fortmusste, so weit wie möglich weg von den Albträumen. Ein Stellenangebot in Papua-Neuguinea war für mich der Anlass, einen Monat später umzuziehen.

Bevor ich ging, besuchte ich Joshuas Grab und pflanzte eine Zwergrose vor das weiße Holzkreuz. Die winzigen roten Blüten zeigten mutig ihre Farbe in ihrer neuen Umgebung voll Tod und Trauer.

Ich ging und schwor mir, niemals zurückzukehren.

ANKUNFT IN RABAUL

Meine Mutter und mein Vater waren nicht begeistert, als ich sie anrief und ihnen mitteilte, dass ich nach Neuguinea gehen würde. Dad sagte, dort würde man mich auffressen und sie würden mich nie wiedersehen. Ich sagte ihm, er habe die falschen Bücher gelesen.

Ich kam am 25. Juni 1971 in Rabaul an.

Rabaul liegt am östlichen Ende der Insel Neubritannien und wurde 1914 zur Provinzhauptstadt des australischen Mandatsgebiets Neuguinea, nachdem Australien es von den Deutschen erobert hatte. Die Stadt liegt in der Simpson-Harbour-Bucht, die durch die Gazelle-Halbinsel geschützt ist, weshalb sie als eine der sichersten Hafenstädte im Südpazifik galt. Im Zweiten Weltkrieg wurde Rabaul durch die Nähe zum japanischen Territorium der Karolinen, damals der Standort einer wichtigen Marinebasis Japans, strategisch bedeutend. Wir erkundeten oft die verlassenen Tunnels, Einsatzzentralen und Schlafbereiche, wo noch zurückgelassene Ausrüstung, Flieger, Landungsfahrzeuge und Waffen zu entdecken waren.

Trotz seiner dramatischen Geschichte wurde Rabaul aufgrund des großen, geschützten Hafens nach dem Krieg wieder ein wichtiger Umschlagplatz im Südpazifik.

Wir lernten alle Pidgin-Englisch sprechen, doch je mehr ich über das Gesellschaftssystem in Papua-Neuguinea lernte, desto mehr schämte ich mich. Viele der »Expats«, wie sie uns nannten, behandelten ihre Bediensteten mit Geringschätzung bis hin zu Grausamkeit. Ich verstand rasch, dass viele der Expats aufgeblasene Säufer waren, die dort ein Leben voll kolonialer Selbstgefälligkeit auslebten, ihre Hausjungen und -mädchen misshandelten und oft eine oder zwei einheimische Geliebte hatten.

Rabauls Gesellschaft war in Klassen und Rassen unterteilt, und selbst innerhalb der Kolonialgemeinschaft gab es Hierarchien und Ausgrenzung. Rabaul wurde schlichtweg als weiterer Teil Australiens angesehen, also glaubten sie, die komplette Kontrolle über alles zu haben. Fast die ganze Infrastruktur, darunter die Commonwealth Bank, die ANZ Bank und die Telecom, waren von Australiern gegründet worden. Wir benutzten australisches Geld, erhoben uns und sangen »God Save the Queen«, wenn wir ins Kino gingen, und wir hatten alle Bedienstete. Diese Leute hätten nicht überlebt, wenn sie nach Australien oder Neuseeland zurückgegangen wären, denn ihr oberflächlicher Lebensstil wäre sehr schnell in sich zusammengefallen.

Die Arbeit, die man mir angeboten hatte, war eine sechsmonatige Schicht im Hotel The Ascot, das einen Vertrag mit Ansett Airlines hatte. Wir lieferten Frühstück für den Frühflug nach Port

Moresby und bereiteten auch die Mahlzeiten für die Fluglotsen und die Bewohner eines Junggesellenquartiers zu. Meine Tage fingen entsprechend sehr früh an und endeten spät, mit einer kurzen Pause tagsüber.

Einer der Junggesellen, der als Buchmacher bekannt war, kam zum Essen zu uns. Er mietete einen Laden im chinesischen Teil von Rabaul, wo man illegal auf Pferderennen wetten konnte. Als er hörte, dass ich Karten spielte, wollte er, dass ich mich seinem »Team« anschließe. Ich hatte nichts Besseres zu tun, also willigte ich ein, und er brachte mir bei, wie ein Schreiber dem Buchmacher zuarbeitete.

Der Schreiber eines Buchmachers notiert die laufende Summe des Geldes, das auf alle Pferde gesetzt wird. Ich schrieb die Wettscheine, notierte alle Wetten, die abgeschlossen wurden, aktualisierte die Tafeln, vermerkte die Änderungen auf dem Feld, wenn ein Pferd gestrichen wurde, und berichtete über den Zustand der Rennbahn. Das Chaos zwischen dem Lärm von schlechtem Radioempfang und vielen Anrufen von Buchmachern aus ganz Australien lag mir. Es war immer unglaublich laut, hektisch und aufregend – und komplett illegal.

Neuguinea wuchs mir ans Herz, die Arbeit, das Volk der Tolai und das Sozialleben. Langsam fing ich an, mein Leben wieder aufzubauen.

Rabaul liegt auf einer vulkanisch aktiven Region, und der Tavurvur, südöstlich der Stadt, ist ein aktiver Stratovulkan. Wir mussten lernen, mit dem Geruch Rabauls zu leben, ein Geruch wie nirgendwo sonst – Schwefel gemischt mit Betelnuss und dem allgegenwärtigen Duft der Frangipani-Blüten. Kleine Erdbeben waren Teil unseres Alltags, wir gewöhnten uns einfach daran. Einen Monat nach meiner Ankunft gab es jedoch ein starkes Beben. Am 27. Juli 1971 wurden ganze 8,3 auf der Richterskala gemessen, was auf der Insel für großflächige Schäden und für mehrere Flutwellen sorgte. Es war eines der schlimmsten Erdbeben in der Geschichte von Papua-Neuguinea.

Wir wurden sofort in höhere Lagen evakuiert. Von dort aus sahen wir zu, wie die riesigen Tsunamis in die Stadt rauschten, das Travelodge-Hotel und die gesamte Haupteinkaufsgegend fluteten und Autos und Boote ins Meer hinauszogen. Die kleine Insel in der Mitte des Hafens wurde komplett weggespült, und kurz sahen wir sogar die Schiffswracks am Meeresboden.

(Viel später, 1994, brach der Tavurvur aus, außerdem auch der Vulcan, ein anderer aktiver Vulkan auf der Westseite des Hafens. Rabaul wurde komplett zerstört.)

Zu der Zeit, als ich dort war, sah sich die australische Regierung mit einer immer besser organisierten Bewegung konfrontiert, die auf das Recht zur Selbstverwaltung drängte. Der Gemeinderat der Gazelle-Halbinsel, der bisher ausschließlich aus Papua-Neuguineern bestand, sollte nach vielen Überlegungen und Beratungen ethnisch gemischt werden. Dies widersprach den Wünschen vieler Einheimischer. Die von Tolai organisierte Mataungan Association startete eine Gegenkampagne und weigerte sich, Steuern zu zahlen, bis der Rat wieder ausschließlich Papua-Neuguineer zuließ. Es kam zu Gewaltausbrüchen und Verhaftungen.

Wir hatten uns gerade von dem starken Erdbeben erholt, als am 19. August 1971 Jack Emanuel, der Australische Bezirkskom-

missar und Leiter der Kolonialverwaltung der Stadt Rabaul, ermordet wurde. Er hatte viele Jahre in der Gegend gedient, sprach
Kuanua, und man sagte ihm nach, er habe einen besonderen Platz
in der Tolai-Gemeinschaft. Eine Gruppe von zehn Stadtleitern
war mit traditionellem Gesichts- und Haarschmuck Emanuel und
der Polizei gegenübergetreten, als er gerufen worden war, um bei
einem Streit um Land zu vermitteln. Die Lokalzeitung schrieb,
dass einer der Männer kurz mit Emanuel gesprochen habe, bevor
sie alle in den Busch gegangen seien.

Als Emanuel später nicht zurückkam, ging eine kleine Gruppe von Polizisten den Buschweg hinunter, um nach ihm zu suchen. Sie fanden seine Leiche: Er war mit einem alten japanischen
Bajonett aus Kriegszeiten erstochen worden. Manche beschuldig-
ten die Mitglieder der Mataungan Association, doch ihr Mitwir-
ken konnte nie bewiesen werden.

Ich erinnere mich an den Tag, an dem es geschah: überall in
der Stadt Polizisten in Schutzausrüstung. Man sagte uns, wir sollen drinnen bleiben und die Türen abschließen, wenn wir keiner
unverzichtbaren Arbeit nachgingen. Wir wussten nicht, wem wir
trauen konnten, nicht einmal den Einheimischen, mit denen wir
zusammenarbeiteten.

Als das Land anfing, sich auf die mögliche Selbstverwaltung
vorzubereiten, war es Teil meiner Aufgabe, einheimischen Mädchen beizubringen, wie man das Frühstück zubereitete und die
Hauptmahlzeiten für die Junggesellen kochte. Es herrschte politi-
scher Aufruhr, doch ich hatte Arbeit zu erledigen. So lernte ich
den dunkelhaarigen, sanften Matt kennen, einen australischen
Fluglotsen, der mit einem Dreijahresvertrag in Papua-Neuguinea

war. Er war schüchtern und still, hatte ein freundliches Lächeln und gutmütige, braune Augen. Obwohl wir in so vielerlei Hinsicht verschieden waren, kamen wir zusammen.

Ich warnte ihn, dass eine Beziehung mit mir nicht leicht werden würde und dass ich ein emotionales Wrack sei, doch er verliebte sich trotzdem. Er war umgänglich, brachte mich zum Lachen und gab mir den Glauben daran zurück, dass mein chaotisches Leben sich ändern konnte. Er war alles, was ich brauchte und wonach ich mich sehnte. Ich verliebte mich auch in ihn.

Mein befristetes Visum lief bald ab. Matt wollte, dass ich blieb – man hatte mir mehr Arbeit angeboten, und es gab für mich eigentlich keinen Grund zu gehen, aber ich wusste, dass ich wieder auf der Flucht war. Ich hatte nicht den Mut, mich niederzulassen, weil ich mich für eine schlechte Wahl hielt, wenn es um Beziehungen ging. Alles, was ich berührte, schien kaputtzugehen, und weiterer Schmerz erschien mir unausweichlich. Dem konnte ich mich nicht stellen.

Ein Teil von mir wollte nicht gehen, aber als eine kleine, 9 Meter lange Schaluppe namens *Islander* in den Hafen segelte, heuerte ich ohne Zögern als Crew an. Mike, der Besitzer des Bootes, war allein von Madang nach Rabaul gesegelt, wollte jedoch einen Helfer, weil er über den Norden Papua-Neuguineas weiter nach Westirian und Java wollte.

Ich hatte von vornherein eine Bedingung: Ich würde nicht das Bett mit ihm teilen. »Du hast verdammtes Glück, mich als Crew zu haben«, sagte ich zu ihm. »Also verbock es nicht. Ich werde nicht zögern, das Boot zu verlassen und dich zurückzulassen, ganz egal, wo wir sind.« Mike versprach es und blieb seinem Wort treu. Wir passten als Team äußerst gut zusammen und wurden enge Freunde.

Ich erzählte Matt, dass ich zurückkehren würde, sobald wir Singapur erreicht hätten. Er akzeptierte, dass ich gehen musste, und sagte, er würde auf mich warten. Erst jetzt verstehe ich, was für eine unglaubliche Einsicht und Verständnis er gehabt haben muss. Er ließ mich ziehen, obwohl es ihm das Herz brach.

GESCHICHTEN
AUS DEM BUCHLADEN:
Das Glück der Erde

Es war Samstag, und in beiden Wee Bookshops war viel los. Die Leute saßen draußen und blätterten Bücher durch, Kinder saßen in der Sonne und lasen, ein Hund war neben einer Schale Wasser an einen Wohnwagen gebunden, und in einem Kinderwagen lag ein schlafendes Baby.

Das australische Paar kam direkt auf mich zu. »Sie haben nicht zufällig Bücher über Pferderennen? Ihr Buchladen ist wirklich klein, wahrscheinlich also eine dumme Frage.«

Ich wusste, dass ich keine Bücher über Pferderennen im Laden hatte, aber ich hatte eines in meiner eigenen Bibliothek, in dem es um ein Pferd namens Fine Cotton ging. Seit meiner Zeit als Schreiber für den Buchmacher in Rabaul habe ich ein gewisses Interesse an Pferderennen beibehalten. Ich interessierte mich für dieses eine bestimmte Pferd und den mit ihm verbundenen Schwindel, weil ich im Stadtteil Kings Cross in Sydney arbeitete, als er 1984 passierte, und ich von einigen der Leute, die darin verwickelt waren, gehört hatte.

Eine von John Gillespie geleitete Besitzergemeinschaft besaß Fine Cotton. Sie kauften ein anderes Pferd, das fast genau wie Fine Cotton aussah, aber ein viel besseres Rennpferd war.

Zum Leidwesen der Besitzergemeinschaft verletzte sich das neue Pferd, Dashing Solitaire, und war nicht imstande, am Rennen teilzunehmen. Sie hatten bereits so viel Geld investiert, also suchten sie ein anderes Pferd. Da ihnen die Zeit davonlief, kauften sie schließlich ein Pferd, das mehrere Klassen über Fine Cotton lag.

Es gab nur ein Problem: Die Pferde hatten verschiedene Farben. Fine Cotton war ein achtjähriger brauner Wallach mit weißen Abzeichen an den Hinterbeinen, wohingegen Bold Personality ein siebenjähriger rotbrauner Wallach ohne Abzeichen war.

Nichts leichter als das. Mitglieder der Besitzergemeinschaft kauften ein paar Flaschen mit Haartönung und gaben ihr Bestes. Als sie am Renntag das Peroxid vergessen hatten, mit dem sie Bold Personality die Hinterbeine bleichen wollten, griffen sie stattdessen zu weißer Farbe.

Hätten sie mit dem Schwindel Erfolg gehabt, hätte die Besitzergemeinschaft über eine Million Dollar kassiert. Doch sie scheiterten kläglich, und sechs Personen erhielten ein lebenslanges Pferderennen-Verbot. John Gillespie und Trainer Hayden Haitana erhielten eine Freiheitsstrafe.

Ich zeigte das Buch dem australischen Sammler, der erfreut und verblüfft war. Er hatte Hunderte Bücher in seiner Sammlung, aber dieses hatte er nicht.

»Das ist sehr aufregend. Ich bin so froh, vorbeigeschaut zu haben. Wie viel?«

Ich wusste, dass ich jeden Preis hätte verlangen können und er ihn gezahlt hätte, aber ich wusste auch, dass das Buch ein gutes Zuhause haben würde.

»Wie wären zehn Dollar?«

»Abgemacht, kleine Lady. Das ist ein richtiges Schnäppchen!«

BITTE SORGT EUCH

In den Monaten, die ich auf der *Islander* verbrachte, schrieb ich wieder Tagebuch, doch es ging verloren, als die *Crusader*, eine Jacht, auf der ich Jahre später segelte, im Golf von Bengalen mitsamt der ganzen Crew sank. Ich hatte große Bedenken, was die Fähigkeiten des Skippers anbelangte, und war so klug, einige Monate vorher die *Crusader* zu verlassen.

Zum Glück hatte mein Vater einige meiner Briefe aufgehoben. Meine Eltern verfolgten meine »Abenteuer und Unglücksfälle« durch meine Briefe. Als Mutter kann ich erst jetzt nachvollziehen, wie sie sich ständig um mich gesorgt haben müssen. Manche meiner Briefe brauchten Monate nach Neuseeland, viele trafen nie ein. Kurz bevor ich Neuseeland verließ, heiratete meine Schwester den Handwerker Colin – ein zuverlässiger, ehrlicher Mann. Zumindest eine von uns führte ein geordnetes Leben.

Ich war verzweifelt, als wir Rabaul verließen, hin- und hergerissen zwischen dem Wunsch zu bleiben und dem Drang zu gehen, bevor ich noch eine Beziehung sabotierte.

16. September 1971
Liebe Mum und Dad, Jill und Colin, Tante usw.
entschuldigt die Handschrift und die Salzflecken auf dem
Papier, aber ich schreibe dies auf dem Meer. Wir haben
Rabaul endlich um 6:30 am 12. September verlassen,
sind den ganzen Tag gesegelt und haben in der Nacht vor
einer winzigen Stadt Anker geworfen ...

Am Ende des Briefes schrieb ich:

Nun muss ich weitermachen, bitte sorgt euch,
mir geht es gut,
Alles Liebe, Ruth xxxx

Ich hatte das entscheidende Wort »nicht« vergessen. Heute kann ich darüber lachen, aber was musste Mum gedacht haben, als sie meine Anweisung »bitte sorgt euch« las?!

Ein neues Abenteuer hatte begonnen. An Bord verfielen wir in eine entspannte Routine, standen so lange Wache, wie wir wollten, und aßen, wenn wir hungrig waren. Langsam spürte ich, wie die Einsamkeit und die Ruhe tief in mein Inneres sank. Die *Islander* war klein, und man konnte kaum stehen. Es gab einen Herd mit zwei Platten und einer kardanischen Aufhängung (er blieb also immer waagerecht, selbst wenn das Boot schaukelte), einen Kartentisch, der für alles Mögliche benutzt wurde, zwei schmale Kojen, eine winzige Toilette und einen Segelschrank nahe der Ankerkette und den Tauen. Um zum Motor zu gelangen, musste man die Bodenbretter der Plicht anheben, was auf See gar nicht so einfach war.

Von Wewak aus segelten wir nach Vanimo, der kleinen Hauptstadt der Provinz West-Sepik in Papua-Neuguinea und dem nordwestlichsten Hafen des Landes, nur 22 Kilometer von der Grenze Indonesiens entfernt. Damals lebten 180 Europäer dort, zusammen mit über 1000 Militärs im Heereslager des Royal Pacific Islands Regiment, das die Grenze vor dem steten Strom papuanischer Flüchtlinge schützte, die aus Westirian kamen.

1971 segelten nur sehr wenige Jachten von Papua-Neuguinea nach Westirian. Die indonesische Regierung hatte die Grenze gerade erst unter strengen Kontrollen geöffnet, die für uns ein Problem waren. Wie sich herausstellte, waren unsere Karten fehlerhaft, da die Namen der Häfen in der Gegend sich geändert hatten, nachdem sie nicht mehr in niederländischer Hand waren.

Bei unserer Ankunft in Vanimo kamen Zollbeamte an Bord und durchsuchten unser Boot gründlich. Am Ende der Inspektion sagte einer von ihnen: »Euch fehlt jetzt eine Flasche Whiskey – die hier nehme ich mit.« Wir protestierten nicht. Sechs bewaffnete indonesische Soldaten waren auf dem Kai stationiert, die Gewehre über der Schulter und Schlagstöcke an den Gürteln. Wir hatten eine geladene Waffe mit Kaliber .22 an Bord, gut versteckt unter Mikes Koje, doch die hatten sie nicht gefunden.

Die Zollbeamten eskortierten uns zur Einwanderungsbehörde, dort wollten wir die nötigen Formulare ausfüllen, um Westirian durchsegeln zu dürfen. Von dort aus brachte die bewaffnete Begleitung uns zur Quarantänebehörde, wo wir weitere Formulare ausfüllten, und schließlich zur Marinebehörde. Es waren nur wenige Bewohner zu sehen, das Militär war überall präsent. Wir gingen zum Markt, kauften aber nichts, da vieles von dem Essen verfault war. Wir trafen zwei UN-Mitarbeiter, die uns davon abrieten, das Wasser zu trinken oder unseren Wassertank in Westirian (heute Westneuguinea) aufzufüllen, weil es voller Moskitolarven und Cholera-Bakterien sei. Sie sagten uns auch, dass wir so schnell wie möglich weitersegeln sollten, weil es hier gefährlich war und Erpressung und Diebstahl an der Tagesordnung waren.

Nachdem wir Geld gewechselt und die nötigen Unterlagen zusammen hatten, segelten wir nach Jayapura, eine arme Stadt, die von Cholera und Malaria gebeutelt war und keine Post besaß. Der einzige Weg, um unsere Briefe nach Hause zu schicken, war über die Vereinten Nationen, die mit ihren eigenen Flugzeugen hin- und herflogen. Mum erzählte mir später, dass viele meiner Briefe nie eingetroffen seien und von manchen die Briefmarken entfernt worden waren. »Bitte sorgt euch« sollte sich als vorausschauende, wenn auch zufällige Warnung herausstellen.

Als wir in Jayapura waren, bekamen wir Besuch von den Ehefrauen des indonesischen Hochkommissars und eines hochrangigen Marineoffiziers. Sie wollten sich die *Islander* ansehen und kamen in hübsch bestickten Jacketts, passenden Hosen, zierlichen Sandalen, viel Schmuck und makellosem Haar und Make-up. Es war offensichtlich ein großer Anlass für sie. Die Stufen vom Kai zu unserem 2,4 Meter langen Beiboot waren steil und rutschig, daher gab ich mir besondere Mühe, ihrer Englisch sprechenden

Wache zu erklären, wie sie an Bord steigen sollten. Als unser erster Gast sicher saß, drehte ich mich um und sah entsetzt, wie ihre Begleiterin vom Kai in das Beiboot sprang.

Ich konnte nichts tun. Das Beiboot kenterte sofort, und wir drei plantschten im schmutzigen Wasser. Die Wachen sprangen an Land auf und ab und richteten ihre Waffen auf mich. Ich erinnere mich nicht daran, wie ich es fertiggebracht habe, die beiden Frauen zurück auf den Kai zu befördern. Ich erinnere mich nur daran, eine von ihnen über die Seite des Beiboots gehängt zu haben, während ich mit der anderen zu den Stufen schwamm. Als beide sicher an Land waren, ruderte ich allein zu unserem Boot zurück, und ein unkontrolliertes nervöses Lachen schüttelte mich.

Der Hochkommissar war wutentbrannt. Er stürmte den Kai hinunter und behauptete, ich hätte versucht, seine Frau und ihre Begleiterin zu ertränken. Mike und ich standen an Deck der *Islander* und gerieten in Panik. »Scheiße«, sagte Mike. »Wenn wir aus dem Schlamassel rauskommen, haben wir ein verdammtes Glück!« Und das hatten wir. Ein Dolmetscher der Vereinten Nationen griff schließlich ein und entschärfte die Situation. Der Hochkommissar entschuldigte sich und machte uns ein Friedensangebot: zwei Kartons scheußliche Zigaretten und ein halbes Dutzend Dosen fürchterlich schlechtes Bier, die wir sofort über Bord warfen, als wir auf See und außer Sicht waren.

Ein englischer Plantagenleiter, der in Jayapura für die Vereinten Nationen arbeitete, hatte uns gefragt, ob wir ihn nach Manokwari, weiter die Küste runter, mitnehmen könnten. Er lebte dort, aber ohne einen verlässlichen Seetransport vor Ort hatte er nur selten die Gelegenheit hinzukommen. Wir waren froh, dass Peter Foster sich uns anschloss – auch wenn es bedeutete, dass wir mit den Kojen rotieren mussten. Er sprach zahlreiche Sprachen, was sich auf der nächsten Etappe als äußerst nützlich erwies.

Ein Unwetter vor Biak wehte uns weit vom Kurs ab. Nachdem wir die ganze Nacht gegen stürmische Winde und die raue See angekämpft hatten, waren wir erleichtert, Numfoor, eine kleine Insel vor der Küste von Manokwari, zu sehen, die uns Schutz bot. Während des Zweiten Weltkriegs hatten die Japaner dort eine Flugbasis mit drei Fluglandeplätzen erbaut.

Als wir uns der Insel näherten und den Anker auswarfen, tauchten aus dem Nichts Kanus auf und umzingelten uns. Bei genauerem Hinsehen bemerkten wir, dass einige der Männer Menschenschädel um die Taille gebunden trugen – was für ein Begrüßungskomitee! Mike konnte nur noch panisch flüstern, doch Peter, unser mehrsprachiger Passagier, schaffte es, uns etwas frisches Essen und Wasser zu organisieren.

Die Einheimischen luden uns ein, an Land zu kommen, doch Peter riet uns leise, dass wir die scheinbar nette Einladung nicht annehmen sollten, weil dieses Volk dafür bekannt war, noch Kopfjägerei zu betreiben. »Wie bitte?«, stammelte Mike. »Du machst verdammt noch mal Witze! Wir leben in den 1970ern, nicht in den 1870ern!« Peter war sich nicht sicher, ob der Stamm noch Kannibalismus betrieb, aber er wisse, dass die Köpfe indonesischer Militärs hochgeschätzt seien.

Selbstverständlich blieben wir an Bord und waren äußerst dankbar für Peters Gesellschaft.

In Manokwari wurden wir von UN-Mitarbeitern begrüßt, die uns Lebensmittel brachten, darunter erfreulicherweise Kaffee und Zucker, und außerdem noch Treibstoff. Sie waren auch so nett, unsere Post zu verschicken. Wir erzählten ihnen von unserer Begegnung auf Numfoor, und sie bestätigten uns, dass dort noch Kopfjägerei praktiziert werde und es regelmäßig Überfälle auf indonesische Truppen gebe. Der Kopf eines Feindes werde in ihren Dörfern als prestigeträchtige Trophäe angesehen.

In dem Brief, den ich nach Hause schickte, bevor wir Westirian verließen, schrieb ich: »So, Dad, du hattest recht, ich habe jetzt den Beweis – hier gibt es wirklich Kannibalen!« (Meine armen Eltern ...)

Wir verabschiedeten uns, dankten Peter und setzten die Segel für Sorong, den letzten Hafen, bevor wir weg vom Äquator durch die Seramsee nach Ambon und dann weiter nach Java segelten. Wir machten an vielen kleinen Inseln Halt, darunter Bali, bis wir in Surabaya ankamen. Die Behörden hatten uns erst wenige Wochen zuvor gewarnt, dass in dieser Gegend eine amerikanische Jacht von Piraten attackiert und versenkt worden war. Die Crew hatte überlebt. Sie hatten das Schiff mit ihren Rettungsbooten verlassen dürfen und wurden von einem einheimischen Fischerboot eingesammelt. Das waren beunruhigende Nachrichten, insbesondere nach der Begegnung mit dem Kopfjägerstamm. Es war der Beginn immer häufiger vorkommender Fälle von Piraterie um Indonesien, was diesem Schiffsweg den Ruf einbrachte, einer der gefährlichsten der Welt zu sein.

Wir entschlossen uns, zur Sicherheit dicht an der Küste von Java zu bleiben, während wir uns Jakarta näherten. Die Segelbedingungen waren perfekt, daher steuerten wir den Norden der Insel Bawean an, in der Absicht, mit günstigem Wind direkt nach Jakarta zu segeln. Ich war auf dem Vordeck, als Mike vom Steuer aus rief: »Hol das Segel ein!« Ich nahm an, ich hätte ihn falsch verstanden – es schien keinen Grund zu geben, das Hauptsegel einzuholen und das Boot zu verlangsamen. Dann erschlaffte das Hauptsegel, weil Mike die *Islander* in den Wind steuerte. Die Fock sank auf das Deck. Mikes Stimme klang nun bestimmter: »Hol das verdammte Segel ein, Ruth!«

Als ich das Großfall losgemacht hatte, bemerkte ich, dass ein 6 Meter langes Sperrholzboot, das mit einem Außenborder angetrieben wurde, mit vier Männern an Bord neben uns aufgetaucht war. Sie waren alle bewaffnet – drei mit Automatikgewehren und der Vierte stand hinter einer befestigten Waffe, die für mein vergleichsweise ungeschultes Auge wie eine Bazooka aussah. Unsere angeblich sichere Route hatte nicht funktioniert: Piraten hatten uns gefunden.

Nachdem wir von den Behörden gewarnt worden waren, hatten Mike und ich uns vorgenommen, dass wir Piraten, sollten wir welchen begegnen, höflich an Bord willkommen heißen und vor allem immer lächeln würden. Wir hatten unsere Pässe, unser Geld und wichtige Papiere sicherheitshalber versteckt.

»Mist, Ruth, lächle verdammt noch mal weiter!«, sagte Mike mit zusammengebissenen Zähnen. »Hilf dem Kerl an Bord!« Sein Gesicht war eine schmerzverzogene Grimasse. Er befestigte ihr Tau an unserer Steuerbordseite, während ich einem der Männer an Bord half. »Selamat datang, selamet datang«, wiederholte ich immer wieder und hieß ihn so an Bord willkommen. Das war so ziemlich alles, was ich auf Indonesisch konnte, also wiederholte ich es einfach, bis Mike mir sagte, ich solle den Mund halten.

Mike bot unseren »Gästen« eine Flasche Whiskey an. Sie nahmen sie lächelnd entgegen und tranken direkt aus der Flasche. Zwei weitere Männer kamen an Bord und fingen an, das Boot zu durchsuchen, wobei sie sich nahmen, was sie wollten: Kleidung, Taue, Lebensmittel, Bettwäsche, den Rest von Mikes Whiskey, unser Sturmsegel, einen Behälter mit Treibstoff, sogar einen Kochtopf und einen Eimer. Wir saßen einfach in der Plicht und sahen reglos zu, während die Männer ihre Waffen auf uns gerichtet hielten. Nachdem sie alles in ihren kleinen Flitzer verfrachtet hatten, schüttelten sie uns höflich die Hände und dankten uns. Ich ging nach unten, um meine Kamera zu holen, die wie durch ein Wunder noch immer hinter dem Kartentisch lag. Mit Gesten fragte ich, ob ich ein Foto schießen könne.

»Himmel, Ruth – lass sie einfach gehen!«, sagte Mike wütend. Dann bemerkte er, dass die vier für mich posierten und die Waffen von uns weg richteten. Einer von ihnen lächelte sogar für die Kamera. Ich schoss schnell ein Foto.

»Terima kasih, thank you«, rief ich ihnen zu. Und damit starteten sie den Motor, winkten und rasten gen Norden davon.

»Verstehst du denn nicht?«, sagte ich zu Mike. »Jetzt haben wir ein Foto von ihnen, mit dem wir zu den Behörden gehen können!«

Wir überprüften das Boot. Es ging uns gut, wir lebten noch und hatten genug Lebensmittel, um bis Jakarta zu kommen. Wir hatten Segel, unsere Karten, den verbauten Kompass, Geld und Pässe. Mike trauerte um den Alkohol – »Mist, kein Whiskey!« –, aber wir wussten beide, dass wir Glück gehabt hatten.

Wir segelten in den sehr vollen Hafen von Jakarta, wo wir von großen Frachtern aus aller Welt umringt wurden und schließlich vor dem Jachtclub ankerten. Die *Islander* war die einzige Jacht dort, doch wir wurden vom amerikanischen Skipper eines 97 Tonnen schweren Motorboots begrüßt. Er bot uns eine heiße Dusche und eine Mahlzeit an, was sich nach dem, was wir erlebt hatten, geradezu surreal anfühlte.

Als wir zur *Islander* zurückkehrten, sahen wir, dass wir wieder bestohlen worden waren. Wir hatten naiverweise gedacht, wir würden vor dem Jachtclub sicher sein. Mikes gesamte Kleidung war weg, Teile meiner Kleidung ebenfalls, darunter meine Unterwäsche. Hinzu kam, dass wir unser Fernglas, das Tonbandgerät, das übrige Besteck und den letzten Behälter Treibstoff verloren hatten, den uns die Piraten großzügigerweise gelassen hatten. Zum Glück hatten sie unsere Pässe, Unterlagen, Kameras und unser Geld nicht gefunden.

Am nächsten Tag ging ich in die Stadt, um meinen Film entwickeln zu lassen, damit ich die Piraterie und den Diebstahl melden konnte. Mein Foto der Piraten war recht gut, aber nicht scharf genug, um die Männer zu identifizieren, vielleicht jedoch die Waffen und das Boot. Die Polizei hörte zu, aber sie waren eindeutig nicht interessiert. Ich zeigte ihnen auf einer Karte, wo die Piraten uns genau aufgehalten hatten. »Dort, es war dort am helllichten Tag!«

Einer der Polizisten seufzte und legte den Finger auf die Karte. »Und von dort aus können sie Richtung Malaysia, Sulawesi und sich auf einer der Hunderten Inseln entlang unserer Küste verstecken«, sagte er. »Wo sollen wir Ihrer Meinung nach mit der Suche anfangen?« Er sah mich an und wartete auf eine Antwort.

»Sie sind gen Norden davon.«

»Direkt zu einer Proa, um abzuladen, Bezahlung zu kassieren und zu verschwinden, bis das nächste leichte Ziel auftaucht.«

Diese »Proas« – kleine Auslegerkanus – hatten wir häufig gesehen, nachdem wir Westirian verlassen hatten, manche mit Segeln, andere mit Außenbordmotoren. Die wenigen, die sich uns genähert hatten, wirkten freundlich. Ich kam mir dumm vor, als mir klar wurde, dass es hoffnungslos war. Es war ein perfekt organisiertes Verbrechen.

»Und was ist damit, dass unser Boot direkt vor dem Jachtclub ausgeraubt wurde?«, fragte ich.

Wieder hätten sie nicht weniger Interesse zeigen können. »Hier gibt es über fünf Millionen Menschen!«, sagte ein Polizist achselzuckend. »Seien Sie froh, dass Sie noch ein Boot haben.« Er gab mir meinen Pass und das Foto der Piraten zurück, dann winkte er mich offenkundig verdrossen zur Tür hinaus.

* * *

Am 1. Dezember 1971 kamen wir endlich in Singapur an. Hier herrschte reger Betrieb – und es war sicher! Nachdem wir es durch den Zoll und die Passkontrolle geschafft hatten, eilte ich an Land, um zu Hause anzurufen, da ich seit sechs Wochen keine Post bekommen hatte. Mum erzählte mir, dass sie krank gewesen sei, es ihr aber besser gehe. Ich hatte keine Ahnung, dass bei ihr in Wahrheit Krebs festgestellt worden war.

Ich holte meinen Stapel Briefe bei der Post ab, darunter ein Brief von Matt in Rabaul, der mir schrieb, dass es dort mehr als genug Arbeit gebe und dass er auf mich warte, damit wir heiraten konnten. Ich rief ihn an und erklärte ihm, dass wir das Boot slippen und reparieren lassen wollten. Ich musste Arbeit finden, weil ich kein Geld hatte, und nein, ich würde ihn nicht für meine Flüge zahlen lassen. Ich zögerte meine Rückkehr nach Papua-Neuguinea hinaus.

Nachdem die *Islander* aus dem Wasser war, kehrte Mike nach Australien zurück, um für drei Monate zu arbeiten. Man hatte mir in Singapur Arbeit in einer Escortagentur angeboten, die außergewöhnlich gut bezahlt war. Bronwyn, eine große, vollbusige Australierin von einer anderen Jacht, die vor dem Changi Sailing Club ankerte, erklärte mir, dass die Agentur, für die sie arbeitete, mehr europäische Frauen brauchte.

»Muss ich mit den Typen Sex haben?«

»Das ist ganz dir überlassen. Du kannst einfach nur ihre Partnerin für den Abend sein, essen gehen, tanzen, und dann nach Hause. Aber wenn du Sex mit ihnen hast, verdienst du massenhaft Geld. Es ist wirklich nicht so schlimm, Ruth. Leichtes Geld!«

Die Begleitung zu sein klang in Ordnung, und ich war wirklich pleite, also meldete ich mich an. Als die zuständige Frau mein Aussehen mit »klein, keine Titten, keine schöne Kleidung, vielleicht taugt sie nichts« kommentierte, widersprach ich nicht. Bronwyn organisierte mir einige Kleider, was sich nach Monaten, die ich in T-Shirts und Shorts gelebt hatte, merkwürdig anfühlte.

Mein erster Ausflug war ein gemeinsames Date mit Bronwyn und zwei chinesischen Geschäftsmännern. Wir wurden von einem Taxi abgeholt und in ein Hotel gebracht. Ich war extrem nervös, aber Bronwyn sagte immer wieder: »Denk einfach an das Geld!«

Sie luden uns zum Essen ein, und glücklicherweise sprachen beide Englisch, daher schafften wir es, eine Unterhaltung zu führen. Bronwyn flirtete unverhohlen mit dem älteren der beiden Männer. »Er wird mehr Geld haben«, flüsterte sie mir zu.

Dann wollten die Männer tanzen gehen. Bronwyns Mann hatte das Gesicht in ihrem fantastischen Dekolleté vergraben und seine Hüften rieben sich an ihr, während sie sich langsam über die Tanzfläche schoben. Ich hingegen hielt meinen Partner auf Armeslänge entfernt. Er war etwas größer als ich, hatte Mundgeruch, fettiges Haar und um die zehn Hände.

»Schläfst du mit mir?«, fragte er.

»Nein.«

»Wie viel, damit du mit mir schläfst?«

»Für kein Geld der Welt!«

»Ha, so billig!«, lachte er. Ich merkte, dass er mich falsch verstanden hatte.

»Ich meine, dass ich nicht mit dir schlafen werde!«

»Ich bezahle dich in Diamanten, vielleicht ändert das deine Meinung«, sagte er grinsend.

Ich wich zurück, griff nach Bronwyns Arm und schleppte sie von der Tanzfläche.

»Ich will nach Hause. Ich kann das nicht«, sagte ich zu ihr.

Sie gab mir ganz ruhig eine Karte, die ich dem Taxifahrer geben sollte, und sagte, sie würde bleiben und mich am Morgen treffen.

Ich war froh, dass die Agentur für die Taxifahrt zahlte, und war kurz darauf zurück auf der *Islander*. Ich zog die widerliche Kleidung aus, schlüpfte wieder in meine Shorts und ein T-Shirt, setzte mich aufs Deck und betrachtete die hellen Lichter der Skyline von Singapur.

Am nächsten Morgen erhielt ich meine Bezahlung von der Agentur. Man sagte mir, dass ich nicht mehr gebraucht würde. »Ich habe Ihnen doch gesagt, Sie taugen nichts«, sagte die Dame scharfzüngig und knallte mein Geld auf den Tisch. Ich hatte viel verdient, was bedeutete, dass der Druck für einige Tage geringer war, doch meine sehr kurze Karriere als Escortdame war vorüber.

GESCHICHTEN
AUS DEM BUCHLADEN:
Lex, der Buchladenmitarbeiter

Lex, sechs Jahre alt, ist ein regelmäßiger Gast in meinem Buchladen. Sein kleiner Bruder Joe folgt ihm manchmal, und sein kleines Schwesterchen kommt mit Mum her. Seinen Eltern, Sara und Dean, gehört ein Ferienhaus nur drei Häuser die Straße runter.

Lex hatte entschieden, dass er ein Buchladenmitarbeiter werden wollte. Genau genommen erklärte er mir, ich könne den größeren Buchladen »besitzen« und er würde den Kinderbuchladen »besitzen«, weil ich ganz offensichtlich Hilfe benötigte.

Nachdem er mir geholfen hatte, die Tische und Bücherregale draußen aufzustellen, rückte Lex seinen kleinen Holzstuhl neben die Tür seines Ladens, von wo aus er beobachten konnte, was sich in meinem Buchladen tat.

An seinem ersten Arbeitstag kam er nach sehr kurzer Zeit herüber, um mich darüber zu informieren, dass er einen Tresen und einen Computer wie meinen benötigte.

»Im Kinderbuchladen ist nicht genug Platz für einen Tresen, Lex«, antwortete ich.

Er sah mich sehr ernst an. »Na, dann zumindest einen Computer. Den brauche ich.«

»Was, glaubst du, mache ich am Computer, Lex?«

Er antwortete strahlend: »Das weiß ich nicht, aber du kannst es mir beibringen!«

Inzwischen hatten wir Kundschaft. Lex lief rasch in seinen Buchladen, positionierte seinen Stuhl an der Tür und behielt die zwei kleinen Mädchen ganz genau im Blick, während sie sich umsahen.

Als die Mädchen rüberkamen, um zwei Bücher zu kaufen, folgte Lex ihnen.

»Darf ich ihr Geld nehmen?«, schlug er vor. »Die Bücher sind aus meinem Buchladen.«

Ich erklärte ihm, dass es vermutlich besser sei, wenn ich das Geld verwaltete, weil ich die Bücher aus meiner Datenbank nehmen musste.

Als wir eine Pause zwischen den Kunden hatten, fragte ich Lex, ob er was von Geld verstand.

»Nein, aber du kannst es mir beibringen.«

»Wie gut kannst du lesen, Lex?«

»Ich kann nicht viele Wörter lesen, aber ich kann die Bilder anschauen, und Mum und Dad lesen mir vor. Mum hat mir gesagt, ich soll jeden Abend Bücher mitbringen.«

»Wie wäre es, wenn du alle begrüßt und dich mit den Kindern in deinem Buchladen unterhältst?«

Er war mit seiner angepassten Aufgabenstellung einverstanden. Dann ging er zwischen den zwei Buchläden hin und her und wartete auf unsere nächsten Kunden. Als zwei Männer kamen, schlenderte Lex zu ihnen und brüllte selbstsicher: »Hallo!« Dann rannte er in den Kinderbuchladen und nahm auf seinem Stuhl Platz.

Ein junges Mädchen kam, um drei Übernachtungsparty-Kuscheltiere abzugeben: das rosa Kaninchen Pinky, das Kamel Camo und die Katze Mornington. Lex nahm die Kuscheltiere stolz entgegen, erklärte ihr, dass diese nun ein Bad nehmen mussten, und brachte sie dann zu mir.

Zweiter Morgen: Lex kam in einem hübschen blau karierten Hemd und Socken und Schuhen anstatt barfuß. Er erklärte mir, dass das seine Uniform sei. »Du siehst toll aus«, sagte ich. Er half mir, die Läden vorzubereiten, und dann erklärte ich ihm, warum sich alle »wegen Covid eintragen« mussten.

»Ich weiß! Sonst werden alle krank und ich kann nicht wieder zur Schule gehen.«

»Genau. Von heute an sagst du also zu den Kunden: ›Hallo, bitte tragen Sie sich ein.‹«

Ein Paar hielt an, und noch bevor sie aus dem Auto ausgestiegen waren, tauchte Lex neben ihnen auf, sah ihnen direkt in die Augen und verkündete: »Hallo, bitte tragen Sie sich ein.« Dann drehte er sich abrupt um und rannte mit einem breiten Grinsen zu seinem Buchladen zurück.

Gelegentlich verließ Lex sein Hoheitsgebiet und kam rüber, um zu schauen, wie es in meinem Buchladen lief. Er schlich sich an einen Kunden heran, der ein Buch über Landwirtschaft durchblätterte, und sagte: »Das habe ich gelesen.« Auf die Frage, worum es gehe, antwortete Lex, der auf einer Seite ein Foto eines Schafs gesehen hatte, sogleich vollkommen ernst: »Schafe.«

Lex arbeitete eineinhalb Stunden jeden Morgen, wenn er zu Hause nichts zu tun hatte. Er hatte seinen Tanten, Onkeln, seinem Großvater und allen möglichen Leuten erzählt, dass er nun Geld verdiente, weil er Buchladenmitarbeiter war. Wenn jemand ihn fragte, ob er noch andere Jobs machen würde, schüttelte er den Kopf und sagte: »Nein, Ruth braucht mich.«

BRIEFE AUS DER HEIMAT

Weihnachten stand vor der Tür, als ich mich als Hüterin für Schiffe anbot, deren Besitzer und Crew über die Feiertage nach England, Australien oder die USA zurückwollten. Dazu gehörte, das Slippen kleiner Jachten zu organisieren und sie vor ihrer nächsten Fahrt über den Ozean – entweder über den Indischen Ozean nach Afrika oder den Golf von Thailand hinauf – vorzubereiten. Mike wollte mich wieder als Crew auf der *Islander*, um im neuen Jahr nach Afrika weiterzusegeln.

Nach zahlreichen Anrufen von Matt entschloss ich mich, nach Rabaul zurückzukehren und zu heiraten. Ich wollte den Flug selbst zahlen, was nicht günstig war, weil ich über Australien fliegen musste. Von Singapur bis Melbourne kostete es 385 Neuseeland-Dollar, und dann musste ich nach Brisbane fliegen, weiter nach Port Moresby und Rabaul in einer Douglas DC-3 für weitere 475 Neuseeland-Dollar. Als ich erfuhr, dass bis Mitte Januar keine

Flüge nach Papua-Neuguinea verfügbar waren, entschied ich mich, die Zeit damit zu überbrücken, nach Kuala Lumpur und vielleicht Bangkok zu trampen.

Nachdem ich auf dem Thieves' Market in Singapur neue Kleidung gekauft hatte, packte ich meinen Seesack und die über 1500 Dollar an Ersparnissen und stieg in den Nachtzug nach Kuala Lumpur, wo ich für 33 Cent die Nacht in einer Jugendherberge wohnte.

Dann wollte ich nach Bangkok trampen, und rasch wurde ich von einem malaysischen Geschäftsmann in einem Mercedes mitgenommen. Wie genial war das denn!

Der Vietnamkrieg dauerte nun schon zwölf Jahre, und obwohl die neuseeländischen Truppen 1970 und 1971 abgezogen worden waren, endete der Krieg erst 1975, als die USA, die die Republik Vietnam im Süden unterstützten, schließlich geschlagen waren. Es war der erste Krieg, in dem Neuseeland nicht an der Seite seines üblichen Verbündeten England gekämpft hatte. Stattdessen spiegelte unsere Beteiligung die zunehmend engeren Verteidigungsbeziehungen mit den USA und Australien wider.

Neuseelands Einmischung in Vietnam war höchst umstritten und sorgte für Proteste und Verachtung in der Heimat und im Ausland. 1971 protestierten etwa 30.000 Menschen überall in Neuseeland, was eine erneute Überprüfung unserer Außenpolitik und schließlich den Abzug erzwang.

Ich erreichte Butterworth, einen australischen Luftwaffenstützpunkt im malaysischen Penang, wo einige amerikanische Militärs zum sogenannten R & R (*rest and recreation*, also Ruhe und Erholung) stationiert waren. Und wenn ich schon in der Nähe war, wollte ich versuchen, nach Kambodscha zu gelangen, in der Hoffnung, die Politik hinter dem Krieg zu verstehen. Ich rief zu Hause an, bevor ich Butterworth verließ, um meine Familie wissen zu lassen, dass Bangkok mein nächstes Ziel war, wo ich Post einsammeln konnte, und beantragte außerdem ein Visum, um nach Kambodscha einzureisen.

Bangkok wuchs nach dem Zweiten Weltkrieg durch die Unterstützung Amerikas und Investitionen der Regierung rasant. Während des Vietnamkriegs erholten sich Tausende US-Militärs in Pattaya, ungefähr 100 Kilometer von Bangkok entfernt. Das verwandelte das kleine Fischerdorf schnell in eines der größten Rotlichtviertel der Welt. Soldaten nannten die Pausen manchmal »I & I« (*intoxication and intercourse*, also Rausch und Intimverkehr). Mein dreitägiger Aufenthalt am Pattaya Beach war verstörend. Ich sah die jungen Männer und Frauen auf dem Straßenstrich und in den Bars arbeiten. Drogen waren leicht erhältlich, und ich rauchte dort zum ersten Mal Hasch. Als Nichtraucherin fand ich diese Erfahrung glücklicherweise widerlich.

Bei meiner Ankunft in Bangkok ging ich direkt zur Post, um meine Briefe abzuholen. Auf dem Stapel lag ein Telegramm aus der Heimat, das eine Woche zuvor angekommen war:

Deine Mum ist sehr krank komm nach Hause
Liebe Grüße deine Tante

Ich rief sofort an. Mum hatte Krebs im Endstadium.

Fünf Tage später verließ ich Singapur mit dem Flugzeug. Ich war über drei Jahre nicht zu Hause gewesen.

* * *

Dad, der seine typische Schiebermütze trug, holte mich am Flughafen von Christchurch ab. Er sah blass aus, und seine blauen Augen waren gerötet. Mein einziges Gepäck war mein Navy-Seesack, den er sich mühelos über die Schulter warf. Wir sprachen kaum ein Wort. Mum war seine erste und einzige Liebe. Sie hatten jung geheiratet, waren perfekt miteinander verschmolzen und lebten füreinander. Mum war erst sechsundvierzig.

Sie wohnten nun in Riccarton. Dad arbeitete Nachtschichten beim Keramikhersteller Crown Lynn, damit er jeden Tag bei Mum sein konnte. Er funktionierte nur noch, er pfiff nicht mehr, er wurde still und schwermütig.

Mum war immer klein und voller Energie gewesen, mit lebhaften Augen und wundervollem rotem Haar. Sie wartete auf mich auf dem Sofa, und als ich zur Tür hereinkam, stiegen ihr Tränen in die Augen. Es war der erste Tag der vier kostbaren Monate, die wir teilen würden.

Sie wohnten in einer sonnigen Zweizimmerwohnung. Obwohl Dad nachts arbeitete, schlief er tagsüber kaum, daher wechselte er in die Tagschicht, als ich zurück war und wir eine Routine etabliert hatten. Die Liebe meiner Eltern füreinander war offensichtlich: Er brachte ihr Blumen, las ihr Gedichte vor, kämmte ihr Haar. Ich fand sie oft Arm in Arm im Bett liegend vor. Immer wenn ich Mum ihre Morphinspritze gab, schlief sie ein, während

Dad sie fest umschlungen hielt. Seine Tränen bahnten sich still ihren Weg auf das Kissen.

Meine Tante und mein Onkel lebten auf der anderen Seite von Christchurch, oft fuhr ich abends hinüber. Auch hier, bei Mums einziger Schwester, herrschte tiefe Trauer. Meine Cousins Ken und David und Onkel Ivan halfen mir durch diese Monate. Sie halfen mir, zur Ruhe zu kommen, und umgaben mich mit Liebe. Nach allem, was ich durchgemacht hatte, seitdem ich sechzehn war, war ich doch nicht auf die Schuldgefühle vorbereitet, die ich spürte, als mir klar wurde, dass Mum und Dad meinen Schmerz geteilt und sich ständig um mich gesorgt hatten.

»Fast alle deine Briefe schlossen mit ›Macht euch keine Sorgen um mich‹«, erzählte mir meine Tante. »Deine Mum rief immer sofort an, wenn ein Brief kam, und las ihn mir vor, erleichtert, von dir zu hören. Wir verfolgten dein Leben auf einer Karte. Es war uns alles so fremd. Du warst so anders als Jill, Ken und David. Deine Mum gab sich die Schuld. Du musst mit ihr reden, Ruthie.«

Also redeten wir. Jeden Tag redeten wir. Wir lachten und wir weinten, und endlich verstand ich, wie tief die Liebe meiner Mutter wirklich war. Mum erzählte mir von ihrer Kindheit, als sie in Lyttelton aufwuchs, im Schatten der Berge. Ihr Vater, mein Großvater, war Fischer gewesen. Sie erinnerte sich an Nächte, in denen ihre Mutter am Fenster saß und vor Sorge ein winziges Spitzentaschentuch in den Händen knüllte, während die Kerze herunterbrannte, bis endlich die Lichter der Fischerboote zu sehen waren. Sie erzählte mir ihre Liebesgeschichte, wie sie meinen Vater kennengelernt hatte, erzählte von den ersten Jahren ihrer Ehe und davon, wie Jill und ich zur Welt gekommen waren. Es war früh klar, dass ich ständig in irgendwelche Schwierigkeiten geriet. Vielleicht weil Dad und ich uns so gut verstanden: Unser Charakter ähnelte sich.

Ich sah zu, wie ihr Körper abbaute, ihr Geist aber zwischen Anfällen von Schmerz und den Morphinspritzen flink und klar blieb. Ihr sanftes Lächeln, das auf ihrem Gesicht erschien, sobald ich beim Vorlesen ihre Hand hielt, hat sich für immer in mein Gedächtnis eingeprägt. Erinnerungen können mit den Jahren oft ausgeschmückt werden – Details verändern sich, wenn auch unabsichtlich, manche Fakten werden hinzugefügt, andere vergessen, und die umgeschriebene Geschichte wird zur Wahrheit. Aber wenn ich mich an die Zeit mit meiner Mutter erinnere, als ich Zeugin ihres langsamen Todes wurde, erinnere ich mich klar und deutlich an ihre Tapferkeit und ihre innere Stärke. Wie sie mit einer sanften Bewegung meine Tränen wegwischte und ihre Hand, der Blick voller Liebe, an meine Wange legte. Meine Mutter wusste besser als sonst jemand, warum ich ein so riskantes Leben führte. Sie gab mir den Freiraum davonzurennen.

Wenn die Vorhänge im Schlafzimmer von Mum und Dad und im Wohnzimmer zurückgezogen waren, fiel die Morgensonne warm in die Räume. Dad sagte dann immer: »Wieder ein schöner Tag für dich, Liebling! Die Sonne gibt sich alle Mühe!« Er prüfte, ob Mum es bequem hatte, und dann gab er ihr einen leichten Kuss. Mit einem »Ich bin weg, Ruthie. Bis heute Abend« schloss er leise die Tür, die Brotdose unter dem Arm, und ging zur Arbeit. Er pfiff nun wieder, doch wir alle wussten, dass es nur die Schmerzen der täglichen Verabschiedung von Mum dämpfen sollte.

* * *

Ich hatte noch immer vor, Matt zu heiraten, aber es gab noch keinen Termin. Mum half mir, mein Hochzeitskleid aus einem blassgelben Stoff mit winzigen Blüten darauf zu schneidern. Sie saß im Bett und nähte die Spitze von Hand mit kleinen, feinsten Stichen an den Ausschnitt. Das Kleid war lang, tailliert und das wundervollste Kleid, das ich je besessen habe.

Nur zwei Grundstücke weiter stand an einer Ecke, die von drei aufeinandertreffenden Zäunen gebildet wurde, eine Stechpalme, der einzige Baum in der Straße. Er war vor vielen Jahren gepflanzt worden, als die Gegend noch voller Bäume, grün und lebendig war. Die alten Holzhäuser waren immer weiter abgerissen worden, die Bäume, Sträucher und Gärten für neue Bauprojekte planiert. Fügsame Besitzer wurden ausbezahlt und kauften sich Seniorenwohnungen, in denen viele von ihnen das Alter einsam verlebten.

Die Stechpalme war einer der wenigen Bäume, die die Planierraupen überlebt hatten, und wurde nun Zeugin des »neuen Lebensstil«, der sich kalt und eintönig ankündigte, mit endlosen Reihen trister Blöcke aus Ziegeln, Beton und Stein. Dann wurden Zäune erbaut, hoch und kahl schützten sie das wenige an Privatsphäre, das den Besitzern gestattet war. Die unteren Äste der Stechpalme waren entfernt worden, damit die Zäune eng am Stamm vorbeigezogen werden konnten, was ein Nachwachsen kaum möglich machte.

Mum setzte sich jeden Morgen im Bett auf, sodass sie zur Stechpalme, dem stillen Beobachter, hinüberblicken konnte. »Guten Morgen, Stechpalme«, sagte sie immer. »Wir haben beide eine weitere Nacht überlebt.« Sie liebte es, zuzusehen, wie die Sonne die Farbe der Blätter veränderte, wie die Vögel kamen und gingen. Die Stechpalme war wie ein Leuchtturm für sie.

Am späten Nachmittag hörte Mum Dads Pfeifen, und ich konnte die Freude auf ihrem Gesicht und die Röte ihrer Wangen sehen. Ich half ihr auf das Sofa, das Haar gekämmt und die dünne Haut ihres Gesichts und ihrer Hände eingecremt.

»Wie geht es meinem Liebling heute?«, fragte Dad immer, wenn er zur Tür hereinkam, wohlwissend, dass mit jeder Minute ein bisschen mehr Leben schwand. Nicht nur ihres, sondern auch seines.

Eines Abends sagte er: »Ich habe gerade vom Nachbarn gehört, dass sie die Stechpalme fällen werden. Wirklich schade darum – die tut doch keinem etwas.«

Mum war fassungslos, ihr kamen die Tränen. »Sicher nicht!« Mum und der Baum hatten die letzten paar Monate in Harmonie gelebt. Der Gedanke, dass er sterben sollte, war zu viel für sie.

»Ruthie, finde heraus, was da los ist«, bat sie mich.

Ich ging zu dem Haus, eines der letzten ursprünglichen Holzhäuser, und klopfte an die Tür. Ich wurde von einer älteren Dame begrüßt, die eine Schürze umgebunden hatte und die Brille tief auf der Nase trug. »Was kann ich für dich tun, Liebes?«

»Es geht um die Stechpalme. Ich habe gehört, sie wollen sie fällen lassen.«

»Traurig, nicht wahr? Aber scheinbar können die neuen Besitzer eine weitere Wohnung auf das Grundstück stellen, wenn der Baum entfernt wird. Ich habe das Grundstück verkauft – ich kann mich nicht mehr um das Haus oder den Garten kümmern.« Sie wirkte resigniert.

»Können wir den Baum irgendwie retten?«, fragte ich.

»Nein. Sie haben mir gesagt, dass er zu alt ist, um ihn umzupflanzen, und scheinbar ist es günstiger, ihn zu fällen. Aber sie werden es nicht tun, bis ich fort bin. Zumindest das mussten sie mir versprechen.«

Ich erzählte ihr von Mum und wie wichtig ihr der Baum war. Dann ging ich, bevor die ältere Dame meine Tränen sehen konnte.

Dad schüttelte den Kopf, als ich ihm davon erzählte. »Sag es deiner Mutter noch nicht.«

Er wollte für die letzten paar Wochen ihres Lebens allein mit Mum sein, also buchte ich meine Flüge nach Papua-Neuguinea. Matt war überglücklich. Wir hatten geduldig zehn Monate gewartet. Und wir hatten ein Datum für die Hochzeit ausgesucht, die wenige Tage nach meiner Ankunft in Rabaul stattfinden sollte.

Ich brachte Dad bei, wie er Mum ihre Morphinspritze gab. Ich machte viel Wirbel darum, wie er ihre Kissen aufstellen, ihre Hände und Füße massieren sollte und wie er alles für den Arzt dokumentieren musste. Er nahm sich Urlaub.

An dem Tag, als ich abreiste, fühlte ich mich leer, erschöpft und niedergeschmettert. Mum hatte mir gesagt, dass sie es so wollten: Zeit, um sich zu verabschieden. Sie war glücklich, dass ich mich schlussendlich mit einem so besonderen Mann wie Matt niederließ. »Wie viele Männer hätten so lange gewartet, Ruthie?«, fragte sie mich. »Er liebt dich. Also geh jetzt und erwidere seine Liebe.«

Mein Onkel und meine Tante fuhren mich zum Flughafen, Dad blieb an der Haustür zurück. Er sah gekrümmt, ausgezehrt und niedergeschlagen aus. Wir umarmten uns, und er dankte mir. Dann sagte er auf seine gewohnt schroffe Art: »Los mit dir!« Mit einem angedeuteten Lächeln und traurigem Blick drehte er sich um und schloss die Tür.

KAPITEL 15

HEIMLICH DAVONGEMACHT

Neuseeland wieder zu verlassen, und dieses Mal in dem Wissen, dass meine Mutter starb, war, als würde sich eine Tür schließen, die alles Licht aussperrt, und mit ihm alle meine Gefühle. In vielerlei Hinsicht hieß ich die Dunkelheit willkommen, sie erlaubte mir, die schmerzhaften Erinnerungen beiseitezulegen und weiterzumachen.

Mein Gegenmittel gegen Trauer waren mehr Abenteuer und mehr Risiken. Ich fürchtete nichts. Das Schlimmste, was passieren konnte, war, dass ich sterben würde.

Mir war bewusst, dass Chaos zur Norm geworden war. Die einzige Möglichkeit voranzukommen war, meine Vergangenheit auszublenden, mich auf die Zukunft zu konzentrieren und weiterzumachen.

Matt wartete am Flughafen von Rabaul auf mich. Sein Lächeln war so offenkundig ehrlich und voller Liebe. Ich fiel ihm in die Arme und weinte Tränen der Freude, der Scham … und der

Verwirrung. Wir waren so verschieden. Er war drei Jahre jünger als ich, hatte fast ein Jahr auf mich gewartet und unsere Beziehung nie infrage gestellt. Für unsere Hochzeit am 1. Juni 1972, in drei Tagen, war alles organisiert. An jenem Tag wurde ich im Kreise unserer Freunde seine Ehefrau.

Meine Mutter starb vier Tage später am 5. Juni, doch ich erfuhr es erst, als ich am 7. ein Telegramm erhielt:

Mum ist friedlich am Montag um 5 Uhr gestorben schöne
Beerdigung heute liebe Grüße Dad Jill Colin und Tante

Manche Ereignisse prägen sich so deutlich ein, dass sich keine Spinnweben oder Nebelschleier über die Erinnerung daran legen. Ich weiß noch, wie ich mit Matt auf der Bettkante saß, das Telegramm in der Hand, und wie ich dann die Augen schloss, um mich an Mums Gesicht zu erinnern, ihre Stimme zu hören, ihre Berührung zu spüren, sogar ihren Geruch wahrzunehmen.

Obwohl wir uns voneinander verabschiedet hatten, war ich verzweifelt. Ich wusste, dass Mum nicht friedlich gestorben war. Ich hatte ihr Leiden miterlebt, besonders bevor ich gegangen war.

Der Tod war ein so häufiger Besucher in meinem Leben. Ich hatte gelernt, den Schmerz auszublenden, bevor er mich zerriss und mich in Depressionen stürzte.

Die Flugverkehrsbehörde stellte Matt und mir ein Haus zur Verfügung, zu dem ein »Haus Boy« namens Peter gehörte, ein einheimischer Tolai. Das Wort »boi« wurde von den britischen Kolonisten für indigene Männer benutzt und von den Expats übernommen. Es wurde in den 1950ern verboten und durch die englische Schreibweise »boy« ersetzt. Ich war dagegen, einen Diener zu haben, doch es wurde erwartet: Wir gaben einem Einheimischen Arbeit, Lohn und Unterkunft. Peter lebte in einer Betonhütte mit Lehmboden in unserem Garten. Er kochte draußen und wusch sich mit einem Eimer hinter der Hütte. Es schien falsch, dass wir in einem Haus mit zwei Schlafzimmern, allen Annehmlichkeiten und Komfort lebten.

Viele Einheimische kauten Betelnuss, die süßen Steinkerne der Betelpalme, die aufputschend wirken. Es wurde »buai« genannt und gekaut mit einem Senfstängel, der in gebrannten Kalk (Calciumoxid mit Wasser gemischt) gedippt wurde. Die Betelnüsse färbten ihre Münder rot, ließen die Zähne verrotten und führten zu Mundhöhlenkrebs. Es ist immer noch ein beliebter Brauch. Der Weltgesundheitsorganisation zufolge tritt weltweit fast einer von fünfhundert Fällen von Mundhöhlenkrebs und Krebs des mittleren Rachenraums in Papua-Neuguinea auf.

Rabaul ist nie wirklich eine Stadt der Tolai gewesen – es war eine Stadt voller Expats, erbaut, um Kolonialmacht zu beweisen. Papua-Neuguineer und Chinesen lebten am Stadtrand, wo sie ihre eigenen Geschäfte und Baracken hatten. Da ich während meines ersten Aufenthalts in der chinesischen Gemeinde viele Freunde gefunden hatte, wurde ich rasch wieder willkommen geheißen. Manche hofften, ich würde wieder meine Rolle als Schreiberin aufnehmen und die Kartenabende besuchen, aber ich war nun eine verheiratete Frau und musste auf Matts Ruf Rücksicht nehmen. Es fühlte sich zu riskant an, wieder für einen illegalen Buchmacher zu arbeiten.

Kurz nach unserer Hochzeit kamen der Fluglotse Rod Thomas und seine Ehefrau Pam nach Rabaul. Pam und ich freundeten uns rasch an und sind bis heute enge Freundinnen. Obwohl wir sehr verschieden waren, war Pam mir mit meiner »patzigen, selbstbewussten ›Wir machen hier keine Gefangenen‹-Art«, wie sie es beschrieb, eine große Unterstützung. Sie war glamourös, hatte langes blondes Haar, eine tolle Figur und einen fantastischen Kleiderschrank (sie arbeitete in einem kleinen Modegeschäft in Rabaul). Pam war immer für mich da, doch trotz unserer Verbundenheit erzählte ich ihr nie meine ganze Geschichte. Es gab für mich zu viel aufzuarbeiten, und ich wollte nur vorwärts blicken und immer in Bewegung bleiben.

Ich arbeitete anfangs im Cosmopolitan Hotel, doch dann bot man mir eine Stelle als Assistenzpflegerin und Fahrerin der orthopädischen Chirurgin Dr. Marion Radcliffe-Taylor (»Mattie«) an, einer Neuseeländerin, die seit mehr als zwanzig Jahren in Rabaul lebte. Sie hatte ihr Studium 1922 abgeschlossen, »in einer Zeit, als Ärztinnen noch als fragwürdig angesehen wurden«, erzählte sie mir einmal. Sie hatte im Dunedin Hospital als Chirurgin gearbeitet und war dann nach London gereist, in der Hoffnung, die britische Zulassung als Chirurgin zu erhalten. Als sie herausfand, dass in London keine Frauen die Vorlesungen besuchen durften, ging sie nach Edinburgh. Sie kehrte mit ihrer Qualifikation kurz nach Neuseeland zurück, um dann nach Westaustralien weiterzuziehen. Nach einer gescheiterten Ehe reiste sie 1954 nach Papua-Neuguinea. Als überzeugte Feministin war sie wütend darüber, dass Frauen nicht den gleichen Lohn für die gleiche Arbeit erhielten, also eröffnete sie ihre eigene Praxis in Rabaul und spezialisierte sich auf Orthopädie.

Mattie und ich wurden tolle Gefährtinnen, beide gewillt, die Grenzen auszureizen, und beide nicht bereit, die »Norm« zu akzeptieren. Ich erkannte damals, dass ich eine Feministin war. Frauen überall auf der Welt traten für gleiche Bezahlung ein, stellten von Männern dominierte Karrieren infrage und, ja, warfen ihre BHs weg. »Warum um alles in der Welt trägst du einen BH, Ruthie?«, fragte Mattie mich einige Wochen nachdem ich angefangen hatte, für sie zu arbeiten. »Tu ihn weg!« Und das tat ich, außer wenn ich helle, durchsichtige Kleidung trug oder Sport machte. Glücklicherweise hatte ich einen kleinen Busen.

Mit dem Auto fuhren wir über die ganze Insel Neubritannien und boten Sprechstunden an, brachten Babys zur Welt und richteten gebrochene Knochen. Mattie führte kleinere Operationen durch und verteilte Medikamente. Die Weltgesundheitsorganisation hatte sie beauftragt, Wasserproben zu nehmen, da sie die Verbreitung zweier Moskitoarten untersuchten, von denen eine Denguefieber und die andere Malaria übertrug. Beides war ziemlich weit verbreitet. Wir nahmen Tabletten mit Chininsulfat, um gegen Malaria vorzubeugen, doch gegen Denguefieber gab es keine vorbeugenden Medikamente. Ein Großteil unserer Arbeit bestand darin, die Dorfbewohner zu unterrichten, wie sie sich schützen und ihr Wasser sauber halten konnten.

Ich wurde als die »liklik meri dokta« (kleine Dame Doktor) bekannt, während Mattie der »gutpela tumas dokta« (bester guter Doktor) war. Obwohl alle Mattie kannten, hatte ich klare Anweisungen, dass ich nicht anhalten durfte, wenn ich je jemanden anfahren sollte, weil man uns im Gegenzug aus Rache umbringen würde. Wir fuhren stets mit verriegelten Türen.

Nach der Wahl von 1972 bildete Michael Somare eine Koalitionsregierung, die versprach, das Land in die Selbstverwaltung und schließlich in die Unabhängigkeit zu führen. Viele Expats reisten aus Rabaul ab, aus Angst, dass für die »Kolonialdiktatoren« die Stunde geschlagen hatte. Abgesehen von einigen kleinen Aufständen ging das Leben für uns aber normal weiter. Wir wurden nie bedroht. Mattie war begeistert, die Unabhängigkeit des Volkes, das sie über die Jahre ins Herz geschlossen hatte, zu erleben.

Mattie bot fünf Tage die Woche Sprechstunden an. Sie war eine außergewöhnliche Frau: voller Energie und entschlossen, den Leuten zu helfen. Oft arbeitete sie ohne Bezahlung. Es war eine interessante und manchmal aufregende Arbeit, bis Mattie Enzephalitis bekam und dringend nach Australien geflogen werden musste. Sie kehrte nie zurück, was für sie niederschmetternd gewesen sein muss.

Nachdem Mattie Rabaul verlassen hatte, entschied ich mich, ein kleines Café neben dem Travelodge-Hotel zu eröffnen. Meine erste Ausgabe war ein Anwaltshonorar:

Für meinen professionellen Aufwand, Sie beim Kauf
des Cafés im Travelmal-Gebäude zu vertreten,
einschließlich der Vorbereitung der Abtretungsurkunde
und, nach Erfüllung aller Beteiligten, der Anmeldung
des Unternehmensnamens, und Sie darüber zu
unterrichten.

Es belief sich auf 38,54 Neuseeland-Dollar. Die Stempel-gebühr betrug einen Dollar.

Die hochoffizielle Abtretungsurkunde war ein riesiges, drei-seitiges Dokument mit dem Stempel von Rabaul Motel Pty Ltd und wurde am 8. Juli 1974 unterschrieben.

Das Café Appletiser war eröffnet! In den ersten zwölf Wochen nahm ich über 7000 Dollar ein – Nettogewinn 1080 Dollar. Das durchschnittliche Jahresgehalt lag Mitte der 1970er in Australien bei etwa 7000 Dollar, daher war ich unglaublich glücklich. Ich hatte nur sechs Stunden am Tag geöffnet und backte alles selbst. Im Café wurde es oft sehr voll, häufig war es bis auf den letzten Platz belegt.

Cat Stevens, Diana Ross, The Beatles und Elvis Presley spiel-ten im Hintergrund, und ich kochte das Essen in der winzigen Küche, in der nur Platz für zwei Personen war. Die Mittagszeit war verrückt und oft chaotisch. Ich lernte zwei einheimische Mädchen als Aushilfen an. Meine liebste Unterstützerin und Freundin Pam erinnert sich an einen Tag, an dem ich ihr sagte, sie solle mitten im Ansturm die Tür schließen und den Leuten mit-teilen, ich hätte geschlossen. Es könnte einer der Tage gewesen sein, an denen uns das Essen ausgegangen war, weil eines der Mädchen vergessen hatte, auf dem Markt Lebensmittel zu kaufen.

Während dieser Zeit erhielt ich positive Neuigkeiten von mei-nem Vater. Dad hatte einige Freundinnen, nachdem Mum gestor-ben war. Er war ein Romantiker und umwarb sie hingebungsvoll und entschlossen. Er tendierte dazu zu lügen, was sein Alter be-traf. Als ich Brenda, seine erste Freundin, kennenlernte, war sie offensichtlich überrascht zu erfahren, dass ich nur wenige Jahre jünger war als sie. Von da an nannte sie meinen Vater ihren »Ritter in rostender Rüstung«! Brenda war Marathonläuferin und hatte einen hübschen Deutschen Schäferhund. Wenn sie Marathons lief, wartete Dad mit dem Hund an der Ziellinie und erfüllte sein Versprechen, sie treu zu unterstützen, solange er nur nicht mitlaufen musste.

Nach Brenda lernte Dad Joan über ihren Bruder Gibby, einen Freund aus der Zeit in Naseby, kennen. Dad legte sich so richtig ins Zeug und umgarnte Joan mit Blumensträußen, Pralinenschachteln, die er in ihren Briefkasten legte, und wohlkoordinierten Spazierfahrten. Joan war seit einigen Jahren verwitwet, und Gibby glaubte, dass Dad der Richtige sein könnte, um Joans Leben wieder auf die richtige Spur zu bringen, und umgekehrt. Und es funktionierte!

Ich war in Rabaul, als wir die Hochzeitseinladung erhielten. Es war eine große Überraschung, ich hatte nicht einmal gewusst, dass er eine ernsthafte Beziehung führte. Matt und ich flogen zur Hochzeit nach Christchurch. Matt würde auf seiner ersten Reise nach Neuseeland das erste Mal meine Familie kennenlernen. Dad strahlte. Er lachte stets, erzählte Witze und führte im Haus Tänzchen auf. Ich hatte ihn seit Ewigkeiten nicht mehr so glücklich gesehen. Joan war eine sehr ernste Frau und eine fromme Katholikin, daher heirateten sie in der Kirche. Sie war eine furchtbare Köchin, aber Dad half mit, und zusammen wurden sie ein tolles Team.

Meine eigene Liebesgeschichte mit Matt lief gut. Unsere Beziehung war stark und wir unterstützten uns gegenseitig. Ich spielte Squash, war in der Hockeymannschaft South Pacific Lager und gründete die Rabaul Rangers, einen Ableger der Pfadfinderinnen für Teenager. Und ich schrieb Kindergeschichten für die Lokalzeitung, den *Island Trader*. Wir hatten ein tolles Sozialleben und machten Urlaub auf den Salomon-Inseln, in Australien und Tasmanien.

Ich hatte alles, was sich eine junge Frau nur wünschen konnte, darunter und ganz besonders einen unglaublich verständnisvollen Ehemann.

Mein Leben war erfüllt, und keine Sekunde blieb ungenutzt. Das Café war so weit gewachsen, dass ich einen weiteren Expat angestellt hatte, der mir beim Backen und der generellen Leitung des Geschäfts half. Doch mitten in all dem glücklichen Tun spürte ich, wie ich ins Rutschen kam. Ich konnte nicht verstehen, warum ich plötzlich nicht schlafen konnte. Ich trank viel. Bacardi mit Cola, Golden Dreams und billigen Wein. Lag es daran, dass Matts Vertrag bald auslief und wir anfingen, ein Leben in Australien zu planen? Oder weil wir darüber sprachen, eine Familie zu gründen? Zum ersten Mal verspürte ich Angst.

Innerhalb kürzester Zeit veränderte sich mein Leben vollkommen. Das Kartenhaus, das ich über meiner Vergangenheit erbaut hatte, fiel – wieder einmal – zusammen. Anstatt es mit Matt aufzuarbeiten und mit meinen Freunden zu reden, verkaufte ich das Café, packte vier hölzerne Teekisten und verließ Rabaul von heute auf morgen.

Ich war wieder auf der Flucht.

GESCHICHTEN
AUS DEM BUCHLADEN:
Bitte beachten Sie das Schild

In Manapōuri habe ich an der Ecke Home Street und Hillside Road ein Schild stehen, auf dem »GEÖFFNET« steht. Dasselbe steht auch auf der Tafel vor den Buchläden.

Eines Morgens saß ich am kleinen Tisch im Hauptladen. Die Regale in den Läden waren voll, die Regale draußen waren voll, und die Türen beider Buchläden standen weit offen.

Eine Amerikanerin mittleren Alters kam, blieb im Türrahmen stehen und lehnte sich herein. Bevor ich etwas sagen konnte, fragte sie: »Haben Sie geöffnet?«

Ich zögerte einige Sekunden lang, da sie mich ja durch die geöffnete Tür im Laden sah. Ich lächelte und sagte: »Ja.«

»Oh!« Sie sah überrascht aus. Ich war überrascht, dass sie überrascht war. Und dann die Nachfrage: »Verkaufen Sie Bücher?«

Was antwortet eine Buchhändlerin, umringt von Büchern, auf eine solche Frage? Mein Hirn ratterte, und am liebsten hätte ich geantwortet: »Nein, das hier ist eine Metzgerei.« Stattdessen sah ich sie nur an.

Schließlich drehte sie sich um und ging.

GEH NICHT GELASSEN IN
DIE GUTE NACHT

In der Absicht, nur eine Nacht zu bleiben, bevor ich mir in Sydney oder Melbourne Arbeit suchen würde, checkte ich in einem Hotel in Brisbane ein. Die Teekisten mit meinen Habseligkeiten wurden nach Sydney verschifft, wo sie auf unbestimmte Zeit gelagert werden sollten. Den einen großen Koffer, den ich bei mir trug, hatte ich mit Kleidung und ein paar wenigen mir kostbaren Dingen vollgestopft. Genug, dachte ich, für einen Neuanfang. Ich war achtundzwanzig.

Ich war planlos, der Trennungsschmerz noch ganz frisch, und meine Gedanken wurden immer mehr von der Erinnerung an Joshua und den imposanten Friedhof, auf dem sein winziger Körper begraben lag, beherrscht. Ich verspürte den erdrückenden Schmerz dieser Erinnerungen. Hier war ich wieder, zurück in Brisbane. Wie konnte ich da nicht sein Grab besuchen gehen?

Ich war fast allein im Bus zum Friedhof, der einzige weitere Passagier unterhielt sich angeregt mit dem Fahrer. Der starke Regen in der sonst sonnigen Stadt hielt die Menschen drinnen, obwohl es ein Feiertag war. Meine Hände knüllten mein blassblaues Taschentuch immer wieder zusammen, Zeichen meines wachsenden Unbehagens.

Die Reifen quietschten, als der Bus auf der klatschnassen Straße anhielt. »Ihr Halt, Madam«, rief der Fahrer zu mir nach hinten.

Ich stieg die Stufen hinunter und spannte meinen Regenschirm auf. Obwohl ich für einen Herbsttag gekleidet war, zitterte ich. Der Regen prasselte gegen meine hohen Lederstiefel, und der Saum meines langen Regenmantels wurde durch die Nässe dunkler.

Ich hatte mir große Mühe gegeben, im Bus ruhig und kontrolliert zu sein, doch kaum war ich ausgestiegen, wurde ich von meinen Gefühlen überwältigt. Ich fing an zu schluchzen und schnappte mit jedem Atemzug nach Luft. Ich warf den Regenschirm beiseite, der Wind erfasste ihn und wirbelte ihn über die Straße. Meine Schritte beschleunigten sich zu einem langsamen Joggen, und mit zunehmender Verzweiflung lief ich immer schneller Richtung Friedhof. Doch als ich den Hügel erklommen hatte, spürte ich einen Widerwillen, meine Füße wurden schwer. Mit Mühe hob ich den Kopf und wischte die Mischung aus Regen und Tränen weg. Der katholische Friedhof tauchte vor mir auf.

Von der Straße aus hatten die Leute gewiss den Eindruck, dass dies die Ruhestätte der Elite sei. Große Schreine aus Back-

MEIN ABENTEUERLICHES LEBEN

Meine Eltern, Howard und Freda, an ihrem
Hochzeitstag 1944

Ich (links), Mom und Schwester Jil

Ferienspiele in der Pile Bay: ich (links) und Jil (rechts) mit unseren Cousins Ken und David

Ich in meiner Navy-Uniform, Mitte der 1960er-Jahre

An Bord der *Islander*
im Südchinesischen
Meer, 1971

Die Piraten, die an Bord
der Islander kamen, als
wir nach Jakarta segelten

Ich und Jerry mit einem
Wallaby, das ich Ende der
1970er großgezogen habe

Boris, der Eber, genießt mit
mir und Michael, meinem
Geschäftspartner, die Sonne

Ich auf der *Magic*, der 30-Fuß-Jolle,
die ich 1981 gekauft habe

Jerry und ich segeln auf der *Magic* entlang
der Ostküste Australiens

Mitte der 1980er-Jahre war ich für Fiordland
Travel auf dem Lake Manapouri Skipperin auf
einem Touristenschiff

Mein geliebter
Sohn Andrew

Lance und ich an unserem
Hochzeitstag, 7. Oktober 2011

Mein winziger Buchladen

stein standen imposant mit falschem Stolz dicht am Weg. Verschlossene Glastüren hielten Vandalen fern, luden jedoch Neugierige ein, den Reichtum der hier begrabenen italienischen Familien zu betrachten. Die Ruhestätten der Giovannis – Bruno, Maria und Anna – waren mit langen, kalten Marmorplatten versehen.

Hinter einer grünen Wiese lagen in gebührendem Abstand die normalen Gräber der einfachen Leute mit ihren stilleren Zeichen von Trauer, Liebe und Kummer. Steinengel, Kreuze und gelegentliche Statuen der betenden Gottesmutter verdeutlichten, dass dies katholische Gräber waren.

So außerordentlich groß der Friedhof auch war, ich wusste genau, wo Joshuas Grab zu finden war. Ich wurde immer wütender, als ich an den teuren Totenhäusern, den imposanten Schreinen, den prachtvollen Grabmälern und den hübschen weißen Steinwegen vorbeilief. Hangabwärts folgten die ordentlich aneinandergereihten Gräber, nicht einsehbar von der Straße aus. Am Fuß des Hügels war das Gemeinschaftsgrab für die Leute, die sich keinen eigenen Grabplatz leisten konnten. Zwei kleine Reihen schlichter weißer Kreuze zeichneten sich verlassen gegen den bewölkten Himmel ab.

Ich war inzwischen komplett durchnässt, mein Haar klebte in schweren Strähnen an meinem Gesicht und Hals. Gebückt, als würde ich eine enorme Last tragen, ging ich langsam den Hügel hinunter. Je weiter ich kam, desto weicher wurde der Boden, bis er sich schließlich gänzlich aufzulösen schien. Die nasse Erde schmatzte unter mir, meine Stiefel waren verschmiert mit Matsch.

Schließlich kam ich bei ihm an. Ich blieb stehen, hob den Kopf und schloss die Augen. Meine Wut war wie weggespült, die Tränen ließen nach. Ich öffnete die Augen, blickte zu seinem kleinen Kreuz hinunter, das schief in dem sumpfigen Boden steckte. Die Zwergrose, die ich gepflanzt hatte, kämpfte ums Überleben. Ich beugte mich hinunter, um das Kreuz zu berühren und die Worte auf dem winzigen Messingschild zu lesen.

Joshua 13 ½ Stunden alt.

Kurz und knapp, genau wie sein Leben. Ich warf den Kopf in den Nacken und schrie zum Himmel hinauf. Alle Kraft verließ mich, und wie ein alter Säufer sank ich auf die Knie und weinte. Der Schmerz, die Trauer und der Verlust, vor denen ich versucht hatte fortzulaufen, hatten mich eingeholt und übermannt. Ich heulte auf und schrie die Tausenden Toten, die um mich herum lagen, an, schrie in die Stille des ruhigen Morgens. Niemand konnte meinen Schmerz teilen. Ich fühlte mich so allein.

Ich erinnere mich nicht daran, wie lange ich dort blieb, zusammengekauert im Regen weinend, doch schließlich fing ich an zu zittern. Meine matschverschmierten Hände waren weiß, meine Fingernägel blau gefärbt. Ich fühlte mich völlig von der Welt um mich herum losgelöst.

Die schiere Verzweiflung erfüllte mich, und ein unkontrollierbarer Drang erfasste meinen gesamten Körper. Ich schlang die Arme um das Holzkreuz, das Kreuz meines Joshua, meine Finger kratzten an dem Holz, und ich versuchte, es aus dem Boden zu ziehen. »Du kommst mit mir mit!«, schrie ich. »Du bleibst nicht in diesem verdammten Sumpf!« Der dicke Matsch gab schließlich nach, und das Kreuz glitt aus der Erde, die Rosen auch. Niemand sah meine gebrochene Gestalt mit dem Kreuz den Hügel wieder hinaufschwanken. Wahnsinn hatte sich in meinen Kopf hineingefressen. Zurück auf der Kuppe drehte ich mich um und blickte hinunter. Joshuas Grabstätte lag nun kahl da, ein kleiner Flecken Nichts. Nur seine winzige Leiche blieb zurück, versteckt im Sumpf angeblichen Friedens.

Ich stolperte auf die Straße. Es muss ein fürchterlicher Anblick gewesen sein, doch falls sich jemand umdrehte und starrte, so bemerkte ich es nicht – und es interessierte mich auch nicht. Mein einziger Gedanke war, dass ich endlich etwas Greifbares hatte, das mich mit Joshua verband.

Ich stolperte und stürzte. Das Kreuz lag auf meinem Körper. Mit Mühe rappelte ich mich auf, beide Arme umklammerten das weiße Kreuz. Ein vorbeifahrendes Auto hielt an, eine Frau kurbelte das Fenster herunter und starrte mich mit großen Augen an: »Können wir Ihnen helfen?«

Der Fahrer stieg aus und kam zu mir hinüber. Er schüttelte den Kopf, als er meine nasse Kleidung und mein matschverschmiertes Gesicht und die schmutzigen Hände sah. Ich zitterte und weinte hemmungslos.

»Komm schon, Mädchen. Wir helfen dir.«

Meine leeren Augen sahen direkt durch ihn durch, unfähig, sich auf ihn zu fokussieren.

»Was hast du da?«, fragte er sanft. »Ein merkwürdiges Ding, um es mit sich herumzutragen.«

Ich wehrte mich nicht, als er mir auf die Rückbank half, und hielt das Kreuz fest, als ob es ein krankes Kind wäre. Er hatte Mühe, es in das Auto zu bekommen, es lag halb auf meinen Knien und stand hoch bis unter das Dach.

»Wo sollen wir sie hinbringen?«, fragte seine Frau leicht panisch.

»Ins Krankenhaus – oder vielleicht zur Polizei. Versuch, mit ihr zu reden. Vielleicht sagt sie etwas.«

»Ich weiß nicht, warum du angehalten hast. Sie gibt mir ein ungutes Gefühl. Sie sieht verrückt aus. Und was soll das mit dem Kreuz?«

Er fuhr vorsichtig durch den Regen, der Blick ständig in den Rückspiegel, den er so gedreht hatte, dass er mich sehen konnte, wie ich zusammengekauert auf der Rückbank saß.

»Stan, siehst du, was auf der Plakette steht?«, fragte die Frau, als könnte ich sie nicht hören. »Joshua 13 ½ Stunden alt. Glaubst du, das war ihr Sohn?«

»Vielleicht … frag sie.«

»Das gefällt mir nicht. Setz sie einfach ab«, flüsterte die Frau zu laut. »Das geht uns nichts an. Stan! Halt den Wagen an!« Sie wurde hysterisch.

Widerstrebend fuhr er ran, drehte sich um und sah mich, den traurigen Anblick auf dem Rücksitz seines Autos, an. »Ich will dir helfen«, sagte er sehr langsam und deutlich. »Verstehst du das? Möchtest du hier aussteigen?« Er sah mich mit ehrlicher Besorgnis an, und dann streckte er die Hand über seinen Sitz und nahm

meine Hand. Mein erster Impuls war, vor der Berührung weg-
zuzucken, doch dann drückte ich seine Hand fest.

»Ich bringe dich, wohin du willst, aber du musst es mir sagen«, sprach er weiter.

Ich spürte die Wärme und Kraft seiner Hand. Ich bekam wieder einen klaren Kopf, und plötzlich erkannte ich, was ich getan
hatte. Ein sanftes Gefühl von Frieden und Klarheit legte sich wie
ein Dunst über mich.

»Können Sie mich bitte zur Nudge Road bringen?«, fragte ich.

Von meiner Stimme überrascht drehte die Frau sich um und
sah mich verängstigt an. Doch der Mann lächelte und nickte
freundlich. »So gut wie erledigt, Mädchen.«

Ich sah die Frau direkt an. Unsere Blicke trafen sich. »Ich bin
nicht verrückt. Zumindest jetzt nicht.«

Als wir bei meinem Motel ankamen, nahm Stan das Kreuz
und stand neben der offenen Autotür, damit ich aussteigen
konnte.

»Ich trage es für dich rein. Das sieht nicht so merkwürdig
aus«, flüsterte er mir laut zu. Seine Frau starrte uns an.

Wir gingen zusammen zu meinem Zimmer im Erdgeschoss.
Stan schritt langsam neben mir und trug das Kreuz, als würde er
so etwas jeden Tag machen.

»Kann ich sonst noch etwas für dich tun?«, fragte er, als er
das Kreuz gegen einen kleinen Tisch lehnte. »Wirst du zurechtkommen?«

»Ja, ich glaube schon. Er war mein Sohn. Joshua war mein
Sohn.«

»Das habe ich mir gedacht. Was wirst du nun tun?«

»Ich brauche Zeit zum Nachdenken.« Ich ging zu ihm und umarmte ihn fest. »Vielen Dank, Stan.«

Er erwiderte meine Umarmung: ein großer Mann mit einer festen Umarmung. »Wie heißt du?«

»Ruth.«

»Nun, Ruth. Das war eine Erfahrung, die ich nie vergessen werde. Pass auf dich auf, Mädchen.«

Ich fiel ins Bett und schlief viele Stunden.

Als ich aufwachte, ging ich los und kaufte einen riesigen Kartoffelsack. Ich legte das Holzkreuz hinein, band den Sack fest mit einem Seil zu und fuhr mit dem Sack und meinem Koffer zum Flughafen, um den Flieger nach Melbourne zu bekommen. Von Melbourne aus nahm ich einen Flug nach Canberra, einfach nur deshalb, weil das der nächste Flug mit einem freien Platz war.

* * *

Zum nächsten Ort zu ziehen und mir ein neues Leben aufzubauen war für mich zur selbstverständlichen Gewohnheit geworden. Ich hatte das System mit der Zeit perfektioniert. Ich checkte in einem Hostel in Canberra ein, kaufte mir eine Zeitung, und innerhalb weniger Stunden hatte ich ein Vorstellungsgespräch in einem Hotel in Queanbeyan, abseits des Stadtzentrums und direkt hinter der Grenze im Bundesstaat New South Wales.

Der Küchenchef führte mit mir das Bewerbungsgespräch für die Stelle als Küchenhilfe für die Frühschicht und Köchin für das Frühstück. Ich würde von 4 Uhr bis 7.30 Uhr dem Konditor zur Hand gehen und mich dann bis 9.30 Uhr um das Frühstück kümmern. Danach würde ich helfen, Salate und Desserts für das Mittagessen vorzubereiten. Die Schicht ging bis 14 Uhr. Ich wusste, dass es hektisch sein und meinen Kopf ablenken würde, was der einzige Weg war, wie ich weitermachen konnte. Der Job passte perfekt zu mir, und ich bekam ihn.

Ich fand eine günstige Unterkunft: eine kleine Wohnung hinten in einer Garage. Es war ruhig, und, wichtiger noch, ich konnte allein sein. Als Nächstes organisierte ich mir ein Transportmittel. Es gab so früh keine Busse, doch ich hatte einen Laden gesehen, der gebrauchte Motorräder verkaufte. Warum nicht?, dachte ich. Ich war noch nie eins gefahren, aber der Preis stimmte.

Der Besitzer verkaufte mir eine Honda Z50J, und nach einer einzigen Fahrstunde ließ er mich darauf nach Hause fahren. Ich war so aufgeregt, dass ich das Gas zu weit aufdrehte, als ich das Motorrad das erste Mal startete. Das Vorderrad hob vom Boden ab und ich raste völlig außer Kontrolle, auf dem Hinterrad balancierend, vom Hof. Diese Lektion habe ich schnell gelernt.

Der Konditor, mit dem ich arbeitete, Marek, war Pole, und sein Englisch war in etwa so gut wie meine Motorradkünste. Trotz unserer eingeschränkten Verständigung arbeiteten wir gut zusammen, wenn wir Teig für Pie machten, Kuchen und Kekse backten und leckeren kalten Pudding anrührten. Wir bereiteten täglich auch die Füllung für Hunderte von Pies vor, die Hälfte mit Fleisch, die restlichen mit Apfel.

Marek glaubte, ich würde mich mit den riesigen Rührgeräten, den großen Pfannen und den wuchtigen Tabletts schwertun, doch ich bewies ihm das Gegenteil. Am dritten Morgen gab er mir ein eigenes 45-Zentimeter-Nudelholz. Die gesamte Länge einschließlich der Griffe betrug sogar 66 Zentimeter, und die Griffe waren mit Kugellagern versehen. Das Nudelholz wog über ein Kilo, doch ich war fest entschlossen, damit klarzukommen.

Marek und ich lernten einander kennen, und wir arbeiteten rasch und still zusammen. Unser Rhythmus wurde nur dann unterbrochen, wenn er mich gut gelaunt mit Mehl bewarf. Wir sprachen kaum, beide in unsere Gedanken versunken. Ich habe mich oft gefragt, ob Marek auch so gequält war wie ich: zwei geschundene Seelen, die morgens um 4 Uhr Pies backten.

»Rutt«, sagte er mit seiner eigenen Art, meinen Namen auszusprechen, als er eines Morgens die Zutaten für belgische Kekse vermengte. »Du erinnerst mich an Gewürze. An manchen Morgen an Chili, Ingwer, Pfeffer oder Curry, an anderen an Zimt oder Kardamom.«

»Und heute Morgen? Was bin ich heute?«, fragte ich.

Er sah mir direkt in die Augen. »Du hast eine Zwiebel gegessen, so wie ich«, antwortete er. »Kein Gewürz, nur voller Tränen.«

Er hatte recht. An vielen Morgen wollte ich weinen, bis keine Tränen mehr übrig waren. Ich dachte an Joshuas Tod, den Tod meiner Mutter, daran, wo mein adoptierter Sohn sein mochte, und natürlich an Matt, den Ehemann, den ich verlassen hatte. Ich war voller Schuldgefühle und tat mich schwer damit, etwas an mir zu finden, was ich mochte. Ich trank nicht, rauchte nicht und nahm keine Drogen, obwohl sie im Hotel leicht erhältlich gewesen wären. Ich aß nur aus Notwendigkeit.

Ich hatte mein Leben auf das Nötigste reduziert: mein Motorrad, mein Job und lange Ausflüge in die Bücherei. Ich verschlang die Klassiker: O. Henry, George Eliot, Oscar Wilde, Chaucer und die düsteren und bewegenden Gedichte von Dylan Thomas:

Geh nicht gelassen in die gute Nacht,
Brenn, Alter, rase, wenn die Dämmrung lauert,
Im Licht, das stirbt, sei doppelt zornentfacht.

Thomas schrieb dieses berühmte Gedicht in seinen Dreißigern, veröffentlicht wurde es 1951, nur zwei Jahre bevor er an einer Lungenentzündung starb. Seine Worte haben mich in einer wirklich dunklen Zeit am Leben gehalten. Ich funktionierte nur noch, war depressiv und hatte ständig Suizidgedanken, die mir nicht aus dem Kopf gehen wollten. Ich hatte allen Mut verloren. Ich war voller Wut.

An dem Morgen, als Marek mir sagte, er werde kündigen und seine eigene kleine Bäckerei eröffnen, warf ich eine ganze Schüssel Mehl nach ihm. Er stand da und sah mich an, sein Kopf und die Schultern weiß bepudert, die Augen weit aufgerissen, wie eine Schneeeule.

»Rutt! Peperoni! Du solltest dich für mich freuen.«

Kopfschüttelnd flüsterte ich: »Du bist mein Anker, Marek.« Er verstand nicht, was ich da sagte, aber ich sagte es ihm trotzdem. »Ich werde auch kündigen.«

Wir hatten einander bis zu diesem Morgen nie berührt, doch jetzt kam er auf meine Seite des riesigen Holztischs und zog mich an seine Brust. Wir hielten einander weinend im Arm, ohne die

Geschichte des anderen zu kennen, doch wir spürten beide, dass wir ähnliche Wege beschritten hatten.

Zwei Wochen und Tausende Pies später war mein Motorrad verkauft, und ich saß, mit meinem Koffer, einem großen, mit einem Seil zugebundenen Kartoffelsack und einem gut gefüllten Konto, im Bus nach Melbourne.

Ich hatte mir bereits eine Anstellung als Haushälterin in einem katholischen Pfarrhaus im Vorort Ashburton verschafft. Ich hatte einen neuen Ort zum Verstecken gefunden.

GESCHICHTEN
AUS DEM BUCHLADEN:
Cove, der Buchladenhund

Regan ist ein junger Krebsfischer, der zusammen mit seinem Hund Cove, einem schwarzen Mischling mit hübschen weißen Socken, einer weißen Schwanzspitze und einer weißen Brust, in Manapōuri lebt. Cove ist vierzehn Jahre alt. Wir nennen ihn den Eine-Million-Dollar-Hund, weil er ein regelmäßiger Gast beim Tierarzt ist. Ich glaube sogar, inzwischen gehört ihm das halbe Gebäude!

Wenn Regan auf Krebsfang geht, passen wir oft auf Cove auf. Er hat sehr schnell gelernt, dass, wenn die Glocke am Buchladen bimmelt, jemand darauf wartet, dass ich die Tür öffne. Aber, noch wichtiger, dass da jemand ist, der ihn streichelt und ihm sagt, wie hübsch er ist. Oft ist er vor mir dort. Wenn ich in den Laden komme, liegt er schon vor seinem neuen besten Freund und wird gekrault.

Alle machen Fotos von Cove. Eine alleinreisende Frau fragte einmal, ob sie ihn sich einen Tag lang ausleihen könne, da sie überzeugt war, er hätte sich in sie verliebt. Ich brachte es nicht übers Herz, ihr zu sagen, dass er zu allen so war. Er ist ein solcher Buchladen-Liebling, dass er sogar seine eigene Fanpost bekommt.

Eines Tages kam ein Brief in meinem ersten Buchladen, dem 45 South and Below Bookshop, an, adressiert an »Cove, c/o 45 South and Below Bookshop, PO Box 40, Manapōuri«.

Als Nächstes brachte ein Kurier ein Päckchen, adressiert an »Ruth und Cove, 1 Home Street, Manapōuri«, von einem hunde-

liebenden Kunden namens Kev, der selbst zwei Hunde besaß –
eine alte schwarze Labrador-Dame namens Nina, die taub und
blind war, und Arthur, einen jungen English Pointer. Ken hat eine
Biografie geschrieben über den Wirt Murray Flynn aus Bluff, den
Eigentümer des Flynn's Club Hotel. Das Buch mit dem Titel *Cal-
ling My Bluff* war nur in kleiner Auflage erschienen, und die letzten zwei Ausgaben gingen an die Bücherei in Invercargill. Als Ken
aus Invercargill hierherkam, um Bücher zu kaufen, war er ganz
verzaubert von Cove, also schickte er ihm einen Kauknochen aus
getrockneter Schweinehaut.

Dann kam ein Brief von Aleida und Grant, die in Havelock
lebten:

*Der Besuch in Ihrem Laden und das Stöbern hat uns
sehr gefallen. Und ganz besonders Cove! Ich hoffe, er
kann noch lange die Menschen in Ihrem Laden begrüßen
(und viele Streicheleinheiten bekommen).*

Wir haben Coves Briefe alle beantwortet und Aleida sogar ein
Foto geschickt. Als Antwort bekam Cove eine Tüte Leckerlis.

Leider hat Cove inzwischen Arthritis und ist außerdem taub,
sodass er das Bimmeln der Ladentür nicht mehr hört. Aber er ist
immer an meiner Seite, wenn ich in den Buchläden bin, und an
sonnigen Tagen liegt er dösend auf dem Rasen.

DIE VILLA DES VERRÜCKTEN HUTMACHERS

Die St. Michael's Church in Ashburton, 12 Kilometer südöstlich von Melbournes Geschäftszentrum, wurde 1932 erbaut. Das Pfarrhaus, wo ich nun zusammen mit den Geistlichen lebte, stand neben der Kirche. Pfarrer Philip »Phil« Smith war ein sanfter, herzlicher Mann, Pfarrer Michael war jünger, voller Enthusiasmus und hatte ein unglaubliches Gesangstalent.

Ich war eine Einsiedlerin geworden, zufrieden damit, den ganzen Tag zu arbeiten und mich abends in meiner kleinen Wohnung zu verstecken. Pfarrer Smith ermutigte mich, auszugehen, mich dem örtlichen Schachklub oder dem Squash-Verein anzuschließen. Doch solche Beschäftigungen boten den Leuten nur Gelegenheit, mir Fragen zu stellen, die ich nicht beantworten wollte oder auf die ich die Antworten selbst nicht wusste, also zog ich mich immer mehr zurück. Alles, was ich von mir nach außen zeigte, war rein oberflächlich. In mir war es dunkel, auf die hektischen Tage folgten einsame Nächte und Schlaf voller wiederkehrender Albträume.

Doch irgendwie hatte ich in dieser Zeit einen Mann namens John kennengelernt, und zwischen uns entstand eine merkwürdige Freundschaft, in der ich den Ton angab. Er wollte eine feste Beziehung, ich nur einen Freund. Obwohl ich vor einer intimen Beziehung zurückschreckte, sehnte ich mich danach, im Arm gehalten zu werden und die Sicherheit zu genießen, dass es noch »jemand anderen« gab. Sonntags erkundeten wir zusammen Melbournes Vororte und hörten auf der Fahrt Musik, damit ich meinen Anteil am Gespräch nicht leisten musste. Wir gingen in Parks spazieren, schlenderten Strände entlang, besuchten Museen und Ausstellungen. Die einzige Form der Intimität zwischen uns war das Händchenhalten. John war geduldig und bereit, so lange mein stiller Freund zu sein, wie ich brauchte, um zuzulassen, dass die Beziehung sich zu mehr entwickelte.

John hatte schlimmen Hautausschlag. Sein Arzneischrank war voller Cremes, Tabletten und, wie mir aufgefallen war, einer Flüssigkeit, die ihm half einzuschlafen.

Es war Sonntag, mein freier Tag, und John war über das Wochenende mit Freunden weg. Ich kann mich nicht genau daran erinnern, was zu dieser Abfolge von Ereignissen geführt hat. Doch in Johns Abwesenheit nahm ich den Bus zu seinem Haus, schloss die Tür mit dem Ersatzschlüssel, von dem ich wusste, auf, ging direkt zum Arzneischrank und holte die Flasche mit dem Schlafmittel heraus.

Ich schloss die Tür hinter mir ab, ging zur Haltestelle und nahm den ersten Zug in die Stadt. Dort saß ich auf den Stufen zur St. Paul's Cathedral, ohne dass ich einen Plan hatte. Es war ein sonniger, klarer Tag. Ich beobachtete die vorbeigehenden Menschen, während ich die wenigen Dinge in meinen Taschen durchging. Ich leerte meine Taschen, warf einen Brief mit meinem Namen und meiner Adresse darauf weg und auch sonst alles, womit man mich hätte identifizieren können, bis nur noch etwas Geld und die Flasche Sedativum übrig waren.

Ein Bus hielt in der Nähe der Haltestelle Flinders Street, genau gegenüber der Kathedrale. Ohne zu zögern stieg ich ein, kaufte ein Ticket bis zur Endhaltestelle, die zufällig Frankston, ganz im Süden, war. Dort stieg ich in einen kleineren Bus, der nach Rosebud fuhr, einem kleinen Dorf am Meer.

Ich fühlte mich wie auf einem Karussell, das nicht anhalten wollte, sich immer weiter drehte und außer Kontrolle geriet. Kurz vor dem Ende der Busfahrt fing ich an, das Beruhigungsmittel zu trinken – zunächst langsam, denn ich musste irgendwo hinkommen, wo mich niemand finden würde. Es schmeckte bitter, also kaufte ich in einem Laden Pfefferminzkaugummi und trank weiter.

Am Strand von Rosebud gibt es kleine Dünen, die teilweise mit Gräsern bewachsen sind. Das Letzte, an das ich mich erinnere, ist, dass ich in einer Mulde in den Dünen lag, von der Straße aus nicht sichtbar, über mir der blasse, meerfarbene Himmel. Die Sonne ging gerade unter.

Einige Zeit später wachte ich ruckartig auf.

»Können Sie mich hören?« Jemand schüttelte mich, aber ich konnte meinen Blick nicht fokussieren.

Die Stimme klang weit entfernt, doch ich spürte, dass jemand mein Augenlid hochschob. Eine Person sprach mit mir, aber da ich keine Worte bilden konnte, war es leichter, einfach wieder in die Besinnungslosigkeit abzudriften. Die Stimme war jedoch hartnäckig. »Wie heißen Sie?« Da öffnete ich die Augen und richtete den Blick auf die Menschen, die mich umringten und die alle Weiß trugen. Es dauerte eine Weile, bis ich verstand, dass ich in einem Krankenhaus war und an Maschinen hing.

»Wie heißen Sie?«, fragte eine Krankenschwester langsam und deutlich, während sie meine Hand hielt.

»Ruth.«

An viel mehr kann ich mich nicht erinnern, bis ich richtig aufwachte und mich in einem kleinen Einzelzimmer an einem Tropf hängend wiederfand. Eine Krankenschwester lächelte mich an. »Hallo, Ruth. Sie sind im Krankenhaus in Melbourne, und heute ist Montag. Sind Sie hungrig?«

Ich brach in Tränen aus. Alles, woran ich denken konnte, war, dass ich nicht hatte gefunden werden wollen. Ich wollte nicht hier sein. Als eine andere Krankenschwester hereinkam und mir eine Spritze gab, sank ich rasch zurück in die Bewusstlosigkeit.

An die darauffolgenden Tage erinnere ich mich kaum, doch ich weiß noch, wie ich hoch oben in einem Gebäude an einem Fenster saß und auf die Innenstadt von Melbourne blickte. Ich hatte einen Skizzenblock auf den Knien und zeichnete mit einem Bleistift die Skyline mit all den mehrstöckigen Gebäuden. Ich habe die Zeichnung immer noch, inzwischen mit schwarzer

Tinte nachgezogen. Auf die Rückseite habe ich geschrieben: »Zwei Wochen nach Selbstmordversuch, im Krankenhaus in Melbourne.« Wo sind diese zwei Wochen hin?

Ich war auf der psychiatrischen Station und teilte mir mit drei anderen Frauen ein Vierbettzimmer. Gegenüber von mir war Maria, eine Italienerin, die mindestens zweimal die Woche Elektroschocktherapie erhielt. Unter der friedfertigen Erscheinung war sie ein brodelnder Kessel voller Wut und Gewalt. Nach einer Reihe von Schockbehandlungen ging sie gelassen wie eine alte Katze mit matten Augen und fettigem Haar nach Hause.

Neben ihr war Angie, eine junge Frau, die jeden Tag die Tageszeitung in kleine Streifen riss. Sie war drogenabhängig, eine Prostituierte und im Alter von achtzehn Jahren Mutter von zwei Kindern, die nun beide in staatlicher Obhut waren.

Und neben mir war Peggy, eine Engländerin mittleren Alters, die regelmäßig wegen Alkohol- und Drogenabhängigkeit aufgenommen wurde. Mit ihrer netten, umsichtigen, unverblümten, dreisten und hitzigen Art sorgte Peggy dafür, dass ich mich gleich bei meiner Ankunft willkommen fühlte. »Keine Sorge, Liebes, so schlimm ist es hier nicht. Sie flicken uns zusammen, damit wir rausgehen und es gleich noch mal tun können!«

Nach ein paar Tagen fing sie an, mich »Ghostie« zu nennen, weil ich stumm herumlief. Man hatte mir Stift und Papier gegeben, also fing ich an, alles aufzuschreiben – ich füllte Seite um Seite und beschrieb die merkwürdige neue Welt, in der ich mich befand.

Wir durften den Gang hoch- und runtergehen, aber nicht auf andere Stationen, von denen manche Männerstationen waren. Es war Pflicht, an der Gruppentherapie, an Entspannungskursen und einer Reihe von Aktivitäten wie Malen, Puzzeln, Schach, Stricken oder Korbflechten teilzunehmen. Ich wollte lesen, aber es gab kaum Bücher abgesehen von der Bibel.

Während der Gruppentherapiesitzung wurden wir ermutigt, über unsere eigene Situation zu sprechen. Viele von uns waren wegen chronischer Depressionen und nach Selbstmordversuchen dort. Ich hörte, dass ein junges Paar, das in den Dünen hatte kuscheln wollen, mich bewusstlos gefunden und Hilfe geholt hatte. Ich habe nie herausgefunden, wer sie waren oder wie sie es geschafft haben, mich ins Krankenhaus zu bringen. Anfangs war ich wütend auf sie, doch im Rückblick wünschte ich heute nur, ich könnte ihnen danken.

Jeden Morgen lief die Schwester zügig den schmalen Flur hinunter. Mit ihrer spitzen, monotonen Stimme rief sie in jedes Zimmer: »Zeit für Bewegung! Jetzt kommt hier Leben rein!« Das war für uns so erschütternd, denn die meisten wollten tot sein. Lebendig zu wirken passte nicht zu unserem Lebensentwurf.

Die Tür am Ende des Flurs wurde von einem untersetzten Aufseher bewacht, der in Weiß gekleidet war und an dessen Gürtel ein schwerer Schlüsselbund hing.

Der Flur füllte sich langsam mit einer Ansammlung von Leibern. Wir trieben in Richtung Aufenthaltsraum, wo unsere morgendliche Sporteinheit von einem Mitarbeiter mit falschem Enthusiasmus laut angesagt wurde. Der Raum wurde hauptsächlich für die Gruppentherapie genutzt. Hier schlugen die Verwirrten die Köpfe gegen die Wand, und die Verzweifelten versuchten vergeblich, die festgeschraubten Stühle hochzuheben, oder traten gegen die stählernen Beine der Tische, bis ihre Zehen so ramponiert waren wie ihre Herzen und Seelen.

Wir waren in verschiedensten Graden bekleidet oder unbekleidet. Manche trugen noch Schlafanzüge, manche Männer hatten einen offenen Hosenstall. Es fehlten Knöpfe, da Patienten sie geistesabwesend drehten, bis sie abfielen. Eine Frau war gekleidet, als würde sie gleich den Premierminister treffen. Sie trug ihre Handtasche, und ihr Gesicht war von übermäßiger Ernsthaftigkeit gezeichnet.

»Alle heute Morgen bereit für tiefe Atemzüge? Die Sonne scheint, also lasst uns lächeln … Ein schönes breites Lächeln. Dehnt eure Gesichtsmuskeln.«

Nur wenige von uns nahmen die Übungen ernst. Einige lachten und blödelten herum, während manche nur mit offenem, schlaffem Mund dastanden, den Kopf schiefgelegt. Die Angestellten schlugen sich wacker, und mit jeder neuen Übung riefen sie: »Gut gemacht! Tolle Arbeit! Was für ein Spaß!«

Wir hatten regelmäßige Sitzungen mit einem Psychiater. Ich habe den folgenden Brief aufgehoben, den ich an meinen geschrieben habe:

Vielleicht, nur vielleicht, ist nicht der Patient, sondern der Psychiater derjenige, der weniger normal ist. Aber was ist normal? Wenn man einem gewissen Vorbild entspricht? Wenn ja, was für einem Vorbild? Wer legt dieses Vorbild fest? Ich frage Sie daher erneut, ob es nicht möglich ist, dass der Psychiater eigentlich der Patient ist.

Er hat genauso ein Unterbewusstsein, das so aktiv und geheimnisvoll ist wie deins und meins, aber er hat einen entscheidenden Vorteil, er sitzt im Arztsessel. Die Party findet bei ihm statt, weil er die Fäden in der Hand hält, und niemand ist je unfreundlich zum Gastgeber. Wie viele Male hat er gedacht, dass er diese Gedanken auch hat, wenn einer der Patienten ungezwungen ausschweift. Hat er diese Ängste auch? Vielleicht sollte er in diesem Sessel sitzen, gegen die Tränen ankämpfen, den Lack vom Tisch kratzen und Papiertaschentücher zerreißen. Seine Albträume sind möglicherweise genauso lebhaft, er badet in Schweiß, und dann folgen lange schmerzhafte Stunden der Schlaflosigkeit. Auch diese gehören ihm.

Wer ist also der Patient? Es geht mir gut, Doktor, aber wie geht es Ihnen?

Wenn ich das jetzt lese, sehe ich deutlich, dass es mir nicht gut ging, aber wieder einmal versuchte ich, die Kontrolle zu gewinnen. Zu diesem Zeitpunkt wurden meine Medikamente erhöht.

John versuchte, mich zu besuchen, aber ich wollte ihn nicht sehen. Vielleicht fühlte ich mich schuldig. Der junge Pfarrer Michael aus dem Pfarrhaus, in dem ich gearbeitet hatte, besuchte mich jede Woche. Er war es, der mir eine Karte mit einem handgeschriebenen Zitat aus *Der kleine Schmusehase* von Margery Williams gab. Das Buch wurde zu einem meiner Lieblingsbücher. Ich habe seine Karte, die ich viele Male gelesen habe, heute noch, und sie rührt mich immer zu Tränen.

Ein Teil des Zitats lautet:

Es geschieht nicht alles auf einmal. Echt wird man allmählich. Es dauert sehr lange. Deshalb passiert es selten einem Spielzeug, das leicht zerbricht oder scharfe Kanten hat oder mit dem man sehr vorsichtig umgehen muss. Wenn du irgendwann echt wirst, ist normalerweise fast dein ganzes Fell schon weggeliebt, deine Augen fallen ab und deine Gelenke sind ganz locker und du bist schäbig. Aber das macht alles überhaupt nichts. Denn sobald du echt bist, kannst du nicht hässlich sein. Nur für Leute, die es nicht verstehen.

Mein stilles Verhalten war inzwischen wohlbekannt. Eines Tages sagte Peggy mir, sie habe genug. »Heute ist dein großer Tag, Ghostie. Du kannst uns all die Sachen vorlesen, die du aufgeschrieben hast«, lachte sie, als sie mich zur Gruppentherapie mitzog.

Nachdem der Arzt mit seinen Notizen für den Morgen fertig war, sah er in die Gruppe und fragte: »Hat sonst noch jemand etwas, das er gern teilen würde?«

Das war der Moment, in dem meine Quasi-Freundin Peggy mich direkt ansah. »Komm schon, Mädchen. Reden hilft.«

Ich flüsterte: »Ich sollte nicht hier sein.« Alle drehten sich um und sahen mich an. So viel hatte ich seit meiner Ankunft noch nie gesprochen.

»Ich sollte nicht hier sein. Ich bin nicht verrückt. Ich wusste, was ich tue.« Ich sah mich verständnissuchend um, doch ich blickte nur in leere Gesichter, manche mit Tränen, manche lächelnd. Ich sah den Wahnsinn all dessen ganz klar.

»Dann glaubst du also, dass Selbstmord zu begehen normal ist, Ruth?«, fragte der Arzt.

»Ja, unter manchen Umständen.«

»Verstehst du nicht, dass du deinen eigenen Mord geplant hast?«

»Doch.«

»Dann ist Mord also in Ordnung?«

»Das ist etwas anderes«, antwortete ich und sprach lauter. »Sehen Sie nicht, was Sie tun? Sie versuchen, mich dazu zu bringen, dass ich glaube, ich sei verrückt.«

Ich stand auf und wollte den Raum verlassen, hielt jedoch inne, als ich jemand anders sprechen hörte. Sein Name war Adam. Er war viel jünger als ich, und sein Leben war ein noch viel größeres Chaos als meins: ein Stiefvater, der ihn schon von klein auf sexuell missbraucht hatte, der Tod seiner Mutter, die er nie geliebt hatte und die ihn nie geliebt hatte, und das Leben als Prostituierter, um auf der Straße zu überleben. Adam hatte mehrfach versucht, Selbstmord zu begehen, doch er konnte die Ärzte nicht überzeugen, dass er gehen wollte. Wie wir alle stand er unter dem Einfluss von Beruhigungsmitteln, und er wurde außerdem einer Elektroschocktherapie unterzogen, was er hasste.

»Ich stimme ihr zu«, sagte er. »Es ist nicht Mord. Es geht viel weiter. Ich weiß es, denn ich bin dort gewesen. Viele Male.« Er sah den Arzt mit ernsten blauen Augen an. »Sie hat recht. Wir sind nicht verrückt, aber wenn wir hierbleiben, werden wir es.«

Einige andere Patienten nickten zustimmend.

»Ich sehe das so«, klinkte Peggy sich ein. »Das Klinikpersonal gibt sein Bestes, damit es uns besser geht. Wir bekommen drei Mahlzeiten am Tag, ein sauberes Bett für die Nacht, und wir können uns jeden Tag waschen. Besser als im Krieg in England. Es ist wie die Villa des verrückten Hutmachers aus *Alice im Wunderland*: Wir sind alle ein bisschen verrückt, selbst die Krankenschwestern und Angestellten.«

Nun mischten sich alle ein.

»Wer entscheidet über das Maß an Verrücktheit?«

»Ist es normal, verrückt zu sein?«

»Das bedeutet, dass man verrückt sein muss, um normal zu sein.«

»Wenn die Angestellten verrückt sind, müssen *wir* die Gruppentherapiestunde halten!«

»Ich mag es, irre zu sein. Im Wörterbuch steht, es bedeutet ›in begeisternder, aufregender Weise beeindruckend‹. Das ist nicht verrückt.«

Als ob in ihrem Kopf ein Alarm ausgelöst worden wäre, klatschte die Krankenschwester in die Hände und bat um Aufmerksamkeit. »Ich danke euch für diese Gruppendiskussion, die sehr interessant war und viele Fragen aufgeworfen hat, über die es nachzudenken gilt. Dr. Johnson hat nun etwas zu sagen, bevor alle zum Mittagessen gehen.«

Der Arzt blickte auf und lächelte. Er rückte seine Unterlagen auf den Knien zurecht, dann fing er an vorzulesen. »Peggy, Sie können dieses Wochenende nach Hause gehen. Vereinbaren Sie einen Termin mit mir in zwei Wochen. Dasselbe gilt für die folgenden Personen …« Er las einige Namen vor, bevor er weitersprach. »Am schwarzen Brett hängt eine Liste mit denjenigen von Ihnen, die am Wochenende Ausgang haben. Und heute Nachmittag gibt es für alle, die dazu in der Lage sind, einen Ausflug.«

»Wo gehen wir hin?«, fragte jemand.

»Es geht in den Zoo.«

Das schien angemessen.

* * *

Während der Zeit im Krankenhaus fiel mir auf, dass mein Puls gelegentlich unregelmäßig war – manchmal keuchte ich, fühlte mich außer Atem und schwach. Der Arzt sagte, es sei Arrhythmie, ausgelöst durch die Überdosis und kein Grund zur Sorge. Er verschrieb mir ein Medikament, das ich nehmen sollte, wenn sich ein Anfall ankündigte, und sagte, ich würde das mein restliches Leben haben.

»Sorgen Sie einfach dafür, dass Sie die Tabletten immer bei sich haben. Meiden Sie Stress, rauchen Sie nicht und trinken Sie keinen Alkohol. Und essen Sie gesund.« Ich rauchte nicht und trank nicht – in dieser Zeit nicht –, doch die letzten Jahre hatten ihren Tribut gefordert. Es war eindeutig nicht nur mein Kopf, der damit kämpfte, mit dem Stress zurechtzukommen, sondern auch mein Körper.

Das Krankenhaus war eine stressige Umgebung. Wir waren im fünften Stock, und aus naheliegenden Gründen waren immer alle Türen verschlossen. Adam prüfte sie trotzdem jeden Tag. Eines Tages fand er eine Tür zu einem Balkon, die übersehen worden war – entweder das oder er hatte einen Weg gefunden, das Schloss aufzubrechen. Das Ergebnis war das Gleiche. Ohne zu zögern lief Adam direkt auf den Balkon hinaus und sprang hinunter.

Als sie uns sagten, dass Adam bei einem Suizid gestorben war, freute ich mich für ihn. Für ihn war es der einzige Weg aus dem Krankenhaus, ohne daran einzugehen.

Zwei Wochen später wurde ich entlassen. Ich denke oft an die Leute, die ich dort getroffen habe und die mir auf ihre eigene Art so viel über das Leben und mentale Gesundheit beigebracht haben.

GESCHICHTEN
AUS DEM BUCHLADEN:
Das Erbe der Bücher und jener, die sie lieben

Zu sehen, welche Verbundenheit die Bücher zwischen den Kindern und ihren Müttern, Vätern, Großmüttern und Großvätern schaffen, ist eine ganz besondere Freude, die mir der Kinderbuchladen bereitet. Wenn ein Kind ein Buch in den Händen hält, das es unbedingt haben möchte, dann bekommt es nicht nur ein Buch geschenkt, sondern den Zutritt zu einem Reich voller Fantasie, Märchen und wahrer Geschichten, das ihm ein Leben lang offensteht.

Mit der Zeit werden sie vielleicht ihren eigenen Kindern vorlesen, möglicherweise aus dem Buch, das sie selbst als Kind im Wee Bookshop bekommen haben.

Eine Großmutter, Margaret, kommt fast jeden Tag mit einem, zwei oder drei ihrer vielen Enkelkinder vorbei. Sie sitzt da und liest ihnen vor, ermutigt die Kleinen, die Seiten vorsichtig umzublättern, und dann sitzt sie still bei ihnen auf einem kleinen Stuhl, während sie sich ein Buch aussuchen, das sie kaufen oder ausleihen wollen.

Leider ist Margarets zehnjähriger Enkelsohn Toby vor Kurzem an Krebs gestorben. Nachdem sie mir davon erzählt hatte, setzte ich mich auf die Eingangsstufe und war tief bestürzt. Ein anderer meiner Stammkunden war kürzlich verstorben, er war knapp über fünfzig, was auch noch jung war, aber dieser lächelnde kleine Junge, der Bücher liebte … das war zu viel. Nach einigem Überlegen entschied ich mich, eine Gedenktafel für Toby über der Tür zum Kinderbuchladen anzubringen. Ich suchte eine ovale Form aus mit einem Foto von Toby auf gelbem Hintergrund und den Worten: »Einer von Tobys Lieblingsorten: der Kinderbuchladen.« Ich besprach meine Idee mit Margaret und erhielt daraufhin folgenden Brief von Tobys Mutter:

Liebe Ruth

Mutter hat mir von Ihrer Unterhaltung erzählt – vielen Dank, dass Sie die Erinnerung an Toby und seine Liebe zum Lesen wachhalten! Tobys Brüder (Felix und Oliver) haben Ihnen Kekse gebacken.

Freundliche Grüße, Carolyn und Ben mit Felix, Oliver, Fern und für immer Toby

Für die Gedenktafel wählte ich die Farbe Gelb, weil ich wollte, dass sie Fröhlichkeit und nicht Traurigkeit ausstrahlte. Die Worte sollten kein Denkmal sein, sondern widerspiegeln, was Toby liebte. Nun wird er für immer Teil des Kinderbuchladens sein. Jeden Morgen sage ich beim Aufschließen: »Hallo Toby«, und denke an den glücklichen zehnjährigen Jungen, der Bücher einfach liebte.

EHE, MARIHUANA UND DIE MENAGERIE

Nach meiner Entlassung aus der Psychiatrie wurde ich in der St. Michael's Church wieder willkommen geheißen. Pfarrer Phil hatte jemanden eingestellt, der mich als Haushälterin ersetzte, aber er bot mir an, ich könne die Wohnung so lange nutzen, wie ich wollte. Ich hatte einen Stapel Post, der auf mich wartete, da man mir im Krankenhaus nicht erlaubt hatte, welche zu empfangen. Darunter waren Briefe von meinem Dad und seiner neuen Ehefrau Joan, von meiner Schwester Jill und von Steve, einem Freund, der Stammkunde in meinem Café in Rabaul gewesen war. Er arbeitete nun in Madang (immer noch in Papua-Neuguinea) und hatte mir geschrieben, weil die Büroleitung im Madang Hotel unbesetzt war und ich mich bewerben sollte.

Ich rief das Hotel an, und man gab mir die Stelle schon am Telefon. Ich ließ Joshuas Kreuz zusammen mit meinen Teekisten in Sydney einlagern, und als meine Einreiseerlaubnis kam, packte ich sofort meine wenigen Habseligkeiten und machte mich auf den Weg zurück nach Papua-Neuguinea.

Im Gegensatz zu meinen vielen Spontan-Umzügen fühlte sich dieser an, als würde ich nach Hause kommen. Ich war aufgeregt. Papua-Neuguinea war ein Ort, den ich verstand und auf viele Weisen liebte. Vielleicht war ich auch zu einer der Expats geworden.

Steve hatte eine kleine Wohnung, und ich zog bei ihm ein. Wir wussten beide, dass unsere Beziehung keine Zukunft hatte, aber sie war ungezwungen und ohne Erwartungen. Einige Monate nach meiner Ankunft lief sein Arbeitsvertrag aus, und er ging zurück nach Australien. Ich zog in die Unterkunft für Hotelmitarbeiter.

Im Madang Hotel gab es eine Kneipe, die von Expats und Männern besucht wurde, die in den Außenregionen von Neuguinea als Bauarbeiter, Lehrer, Seeleute oder Plantagenleiter arbeiteten. Einer von ihnen war Tony, ein blonder australischer Elektriker mit blauen Augen. Unsere Beziehung entwickelte sich langsam, und wir bauten eine enge Freundschaft auf. Doch es gab da ein Problem: Nachdem Steve gegangen war, blieb meine Periode zweimal aus. Ein kurzer Arztbesuch ergab, dass ich schwanger war …

Der Arzt in Madang hörte sich meine Krankengeschichte an und sagte mir sehr deutlich, dass die Bluterkrankung, die zu Joshuas Tod geführt hatte, auch dieses Baby betreffen würde – und jedes zukünftige. Die einzige Option war ein Schwangerschaftsabbruch und eine Sterilisation, sodass ich nicht wieder schwanger werden würde.

Ich war schockiert, aber da war auch ein Gefühl von Erleichterung, dass mir die Angelegenheit abgenommen wurde. Ich hatte Angst davor gehabt, ein weiteres Kind zu verlieren. Ich sah mich nicht länger als Katholikin und hatte eine starke feministische Einstellung entwickelt, also stimmte ich der Abtreibung zu. Der Arzt versicherte mir, dass dies meine einzige Option sei, und wollte sie so schnell wie möglich durchführen.

Zwei Tage später war ich nicht mehr schwanger, und meine Eileiter waren durchtrennt worden.

Tony, der nun in Madang lebte und arbeitete, stellte keine Fragen und war für mich da. Er holte mich vom Krankenhaus ab, kümmerte sich um mich und nahm mich in den Arm, wenn ich weinte.

Ich war neunundzwanzig, Tony sechsundzwanzig und das genaue Gegenteil von Matt, meiner letzten ernsthaften Beziehung. Tony hatte etwas Wildes und Abenteuerliches an sich, aber er kiffte auch. Ich hatte jegliches Rauchen mit vierzehn aufgegeben, nach einer sehr kurzen Experimentierphase, der mein Vater erfolgreich ein Ende bereitet hatte. Er hatte mich eine ganze Schachtel Matinée-Zigaretten, eine nach der anderen, rauchen lassen, bis mir speiübel war.

Ich lernte die coole, ruhige Welt des Marihuanas durch Tony neu kennen, der mir langsam und verführerisch Rauch in den Mund blies. Alles, was ich über »Dope« gehört und gelesen hatte, wurde nun infrage gestellt. Es war lange her, dass ich so etwas wie Frieden gespürt hatte, doch mit Marihuana erlebte ich eine Befreiung. Ich schlief tief und fest, ich hatte keinen Kater mehr und fühlte mich großartig!

Als Tonys Arbeitsvertrag auslief, entschieden wir uns, zurück nach Australien zu gehen und zu heiraten. Ich schrieb meinem Vater und auch Pfarrer Phil in Melbourne und erzählte ihnen von meinen Plänen. Ich habe Pfarrer Phils Antwort aus dem Juni 1976 immer noch:

Ich habe mich gefreut über deinen Brief und zu erfahren, dass es dir gut geht und du in der Freude und Erfüllung, dein Leben mit jemandem zu teilen, ganz aufgehst. Ich habe etwas gewartet, bevor ich antworte, doch dein Brief beinhaltete eine Menge für dich Typisches und in alldem einen Wunsch nach Vergewisserung, die ich gern in der Lage wäre, dir zu geben.

Du bist eigentlich keine »ganz normale« oder »junge Person«. Deine Sensibilität ist viel größer als die eines gewöhnlichen Menschen, deine Auffassungsgabe ist fein und das Ausmaß deiner Selbstlosigkeit außergewöhnlich. Könnte es jedoch sein, dass, wenn du diese nicht kontrollierst und eindämmst, deine Sensibilität wieder verletzt werden könnte?

Das Leben ist kein Zustand der Vollkommenheit, etwas, an das ich mich selbst immer wieder erinnern muss, doch die eigene Persönlichkeit muss fest verankert sein, wenn sie Frieden finden soll. In deinem Fall ist das Bedürfnis nach einem Zwillingsanker stärker als bei den meisten.

Wie richtig er lag. Als ich den Brief dieses Jahr erneut las, erkannte ich, dass tatsächlich all seine Bedenken Realität geworden sind. Mit der Entscheidung, Tony zurück nach Australien zu folgen, hatte ich wieder einen Anker ausgeworfen, der schon bald nicht mehr hielt.

Ich hatte viel über Matt nachgedacht, den ich ohne jede Erklärung verlassen hatte. Durch meine gute Freundin Pam in Rabaul wusste ich, dass er am Boden zerstört gewesen war. Ich hoffte aufrichtig, dass er glücklich werden und jemanden heiraten würde, der ihn so liebte, wie er es wirklich verdient hatte. Und trotzdem fühlte ich mich leer, furchtbar traurig und vollkommen verloren, als die Scheidung durch war.

Wie füllte man die Leere besser als mit einer neuen Beziehung? Ich blickte nicht zurück – es ging mit der nächsten Episode, dem nächsten Drama weiter.

Verheiratet mit Tony begann ich ein neues Leben.

* * *

Wir wohnten bei Tonys Eltern in Sydney, bis wir ein kleines Stück Land mit einem entzückenden Häuschen mit zwei Zimmern, einem großen Schuppen und zwei Kühen in der Hochebene bei Armidale fanden. Unser Grundstück lag am Ende einer unbefestigten Straße, umringt von Eukalyptusbäumen und einer großen Koppel, die zu einem kleinen Fluss führte. Wir waren auf Regenwasser angewiesen, das vom Dach in einem großen Tank aufgefangen wurde. Unsere einzige Toilette war draußen und recht weit vom Haus entfernt.

Ich liebte die Gegend, das Haus, die Kühe (von denen ich eine molk), und wir erweiterten unsere Familie rasch um einen Hund und zwei Katzen (damals wusste ich nicht, dass Katzen eine so entsetzliche Auswirkung auf die wilde Tierwelt haben). Ich hatte keine Angst vor den Riesenkrabbenspinnen, die eine Beinspannweite von bis zu 30 Zentimetern haben können, den giftigen Spinnen mit dem roten Rücken, die im Klohäuschen lebten, oder den Schlangen, die gelegentlich vorbeischauten und die, wie wir feststellten, vor uns mehr Angst hatten als wir vor ihnen.

Tony arbeitete als Elektriker, und ich fing bei einem Ingenieursbüro an, wo ich die Buchhaltung machte, mich um Lohnzahlungen und generelle Bürotätigkeiten kümmerte. Nach einiger Zeit in dem Beruf lernte ich mehr über Stahlrahmenkonstruktionen für Gewerbegebäude und bekam eine Vollzeitstelle als Bauzeichnerin. Es war eine aufregende, interessante Arbeit und der Anfang einer, zumindest zu Beginn, glücklichen Zeit in meinem Leben, nachdem ich so lange auf der Flucht gewesen war.

Tony und ich heirateten 1976 im Garten seiner Eltern. Bloß eine kleine Hochzeit für die Familie und das Kängurubaby, das ich aufzog und das zu diesem Anlass eine rote Schleife trug. Niemand aus meiner Familie kam. Wir trugen klassische Hippiekleidung, Tony eine Schlaghose und einen Kaftan und ich ein langes grün-weißes Kleid und Sandalen, die Haare mit Blumen geschmückt.

Seine Eltern schenkten uns sinnvolle, praktische Hochzeitsgeschenke: Laken, Töpfe, Handtücher und Rührschüsseln. Mein Vater schenkte uns eine große, weiße, schwangere Sau! Ich nannte sie nach ihm: Howard. Ich habe mich oft gefragt, wie viele Frauen wohl noch schwangere Schweine als Hochzeitsgeschenk bekamen ...

Howard entpuppte sich als sehr übellauniges Schwein, das Zäune zerstörte, im Wasserloch buddelte, sein Haus, Minuten nachdem Tony es aufgebaut hatte, zerlegte und generell ständig Aufmerksamkeit verlangte. Ich war überzeugt, dass sie Gesellschaft brauchte, also suchte ich in der Gegend nach jemandem, der Schweine hielt. Schließlich fand ich Michael, der drei Säue hatte, einen Eber namens Boris und, wichtiger noch, Platz für das Scheusal Howard.

Michael war aus Belgien und viele Jahre lang Fremdenlegionär gewesen, bevor er mit seiner Frau nach Australien zog, um hier zu leben. Er liebte Schweine. Er war gut in Form und in allen Dingen unglaublich präzise. Wenn etwas entschieden war, waren seine Konzentration und seine Arbeitsmoral unerschütterlich. Wir entschlossen uns, zusammen eine Freiland-Schweinefarm mit den vier Säuen und Boris aufzubauen. Boris war ein riesiger, sanfter schwarz-weißer Eber, der wirklich jeden und alles liebte. In seiner kleinen Welt führte er ein sorgenfreies, himmlisches Leben.

Wir gründeten eine Gesellschaft und meldeten die Schweinefarm unter dem Namen Waipapa an. Da wir nun registriert waren, konnten wir uns 3000 Dollar von der Bank leihen und kauften zu Boris' Freude mehr Säue. 1978 hatten wir 22 Säue, 3 Eber, 37 Absatzferkel und 49 Saugferkel.

Die Sterberate der Ferkel war hoch, weil sich die Säue rollten und sie dabei erdrückten, also konstruierte ich einen Stahlrahmen-Abferkelstand für zwölf Säue. Mein Design war schlicht:

einzelne Plätze drinnen, von denen es nach draußen in einen betonierten Bereich ging, damit die Säue die Sonne genießen konnten. Die wichtigste Ergänzung waren die Stahlgeländer, die auf etwa 20 Zentimetern Höhe innen entlang des Stallbereichs verliefen und von den Wänden abstanden. So konnte sich die Sau hinlegen, während es hinter ihr einen sicheren Bereich für die Ferkel gab. Die Gesamtkosten lagen bei über 6000 Dollar, doch die Sterberate der Ferkel wurde signifikant reduziert.

An den Wochenenden arbeitete ich auf der Schweinefarm und unter der Woche im Ingenieursbüro. Ich machte außerdem halbtags für einen Bauunternehmer die Buchhaltung. Da wir keine Kinder haben würden, war Tony davon ausgegangen, wir würden sehr viel Zeit miteinander verbringen, wenn wir verheiratet waren. Womit er nicht gerechnet hatte, war die Menagerie: zwei Katzen, zwei Hunde, eine Kuh und ein Kalb, gelegentlich ein Känguru oder ein Wallaby zur Pflege und etwa 150 Schweine!

Die ersten achtzehn Monate waren wir sehr glücklich. Tony war damit beschäftigt, etwas Marihuana anzubauen, und er rauchte regelmäßig. Ich teilte gelegentlich einen Joint mit ihm. Viele unserer Freunde waren Raucher, und wir backten oft Haschkuchen oder Haschkekse. Ich akzeptierte es einfach als Teil unseres Lebens.

In der Stadtverwaltung wurde eine interessante Stelle geschaffen: die Landesregierung finanzierte »Kommunalentwicklungsbeamte« für die ländlichen Gemeinden im Bundesstaat New South Wales. Ich erinnere mich daran, wie ich zum Vorstellungsgespräch ging. Ich hatte gerade eine übellaunige Sau mit ihren Ferkeln in einen Lastwagen verladen. Eigentlich wollte ich noch nach Hause gehen, um zu duschen und mich umzuziehen, doch ich war sehr spät dran. So blieb mir nichts anderes übrig, als in dreckigen Stallklamotten, Gummistiefeln und nach Schweinemist stinkend zum Bewerbungsgespräch zu gehen. Ich parkte den Lastwagen vor dem Büro der Stadtverwaltung, zog meine Gummistiefel an der Eingangstür aus und ging ein paar Minuten zu früh hinein.

Erstaunlicherweise verlief das Gespräch gut. Der Leiter der Stadtverwaltung kam sogar mit zum Lastwagen hinaus, um sich die Sau und die Ferkel anzusehen. Ich glaube, es könnte sein Interesse an Schweinen gewesen sein, das ihn zu meinen Gunsten abstimmen ließ: Ich war eingestellt als Upper Tablelands Community Development Project Officer. Da war ich nun bei der örtlichen Stadtverwaltung angestellt – und mein Ehemann baute Marihuanapflanzen an!

Ich engagierte mich sehr für die kleineren Gemeinden in der Gegend, und wenn ich ein Problem erkannt hatte oder man ein Anliegen vortrug, schuf ich die Infrastruktur, um das Problem zu lösen. Meine Arbeit bestand aus allen möglichen Dingen, wie Bergarbeiter zu unterstützen, öffentliche Telefonzellen in abgeschiedenen Gegenden aufzustellen, Jugendgruppen und Gruppen für geistige Gesundheit ins Leben zu rufen. Die Palette der Aufgaben war riesig, und ich liebte den Job.

Während dieser Zeit fing ich auch an, in Armidale an der University of New England zu studieren und zu Drogensucht, Alkoholismus und Frauengesundheit zu recherchieren. Wenn ich schon mit Drogen lebte, musste ich wissen, wie ich damit überleben konnte.

Noch vor unserer Heirat hatte mich Tonys Mutter gewarnt, dass ihr Sohn jähzornig sei, aber ich erlebte seine Wutausbrüche in den ersten achtzehn Monaten unserer Ehe nur gelegentlich. Er schlug mich nie, doch er warf Dinge, auch mal ein Bügelbrett. Er wurde ausfällig, fluchte und schrie, dann brach er zusammen und flehte um Verzeihung.

Als seine Gewaltausbrüche zunahmen, bekam ich Angst vor ihm, doch es war meine dritte Ehe, und ich war entschlossen, es diesmal besser anzustellen. Keiner unserer Freunde hätte mir geglaubt, wenn ich ihm erzählt hätte, was los war. Tony war beliebt, und nach außen hin führten wir eine gute Ehe.

Doch nach vier Jahren wurde es wirklich schlimm. Ich wusste, dass ich ihn zu meiner eigenen Sicherheit verlassen musste, und 1980 tat ich es. Seine Mutter unterstützte mich uneingeschränkt, denn sie hatte schon lange vermutet, dass unsere Ehe keine glückliche war.

Es war einer dieser vielen merkwürdigen Zufälle, die sich ereigneten, als ich dieses Buch schrieb: Wenige Monate bevor ich an diesem Kapitel arbeitete, bekam ich eine E-Mail von Tony. Ich hatte mehr als achtunddreißig Jahre nichts von ihm gehört, aber einer seiner Freunde hatte mich im Internet gefunden. Ich antwortete knapp und dachte nicht weiter daran. Doch als ich nun anfing, über unsere Ehe zu schreiben, zögerte ich: Wie viel wusste seine Schwester, die selbst erwachsene Kinder hatte, darüber, was passiert war? Wussten sie, warum wir uns getrennt hatten? Ich wusste, da ich mit seinen Eltern in Kontakt geblieben war, dass er wegen Rauschgiftdelikten im Gefängnis gewesen war. Ich hatte auch gehört, dass er eine Therapie gemacht hatte.

Ich schrieb ihm eine E-Mail und fragte nach seiner Telefonnummer, um ihm zu erklären, dass ich ein Buch über mein Leben schrieb. Die Antwort kam sofort: Er war bereit, mit mir zu reden.

Ich war nervös, denn ich wusste nicht, womit ich rechnen sollte. Ich wollte darüber schreiben, wie ich eine missbräuchliche Beziehung überlebt hatte, aber welche Auswirkung hatte das auf Tony und die Familie seiner Schwester?

Ich sprang ins kalte Wasser, rief die Nummer an, und zu meiner Erleichterung unterhielten wir uns mühelos. Er war der Tony, den ich damals in Madang kennengelernt hatte. Nach einer Weile fragte ich: »Was soll ich nun schreiben? Es war alles so furchtbar. Ich hatte solche Angst vor dir.«

»Schreib die Wahrheit«, antwortete Tony, was mich erstaunte.

»Aber was ist mit deiner Schwester, deinen Nichten und deinem Neffen? Was werden sie denken, wenn sie es lesen?«

»Ich war egoistisch. Ich wollte dich für mich haben. Dad mochte dich und sagte mir, du seist gut für mich. Es tut mir alles so leid.«

Als wir verheiratet waren, hatte er mir so oft gesagt, es tue ihm leid, dass es für mich bloß bedeutungslose Worte gewesen waren. All die Jahre später glaubte ich ihm nun das erste Mal. Ich fing an zu weinen und konnte in Tonys Stimme auch Tränen hören.

»Warum warst du so ein wütender Mensch?«, fragte ich ihn. »Bist du jetzt glücklich?«

»Ich bin zufrieden. Ich habe eine langjährige Beziehung beendet und lebe jetzt allein mit meinem Hund. Ich verliere nur noch selten die Beherrschung. Ich mache dir keine Vorwürfe, dass du gegangen bist.«

Wir redeten über eine halbe Stunde und lachten sogar zusammen. Ich verstand nun viel mehr und spürte, dass ich die Wut und das Misstrauen beiseitelegen konnte. Tony hatte nur mich gewollt, nichts und niemanden sonst. Er hatte Pläne für unsere Zukunft gehabt, doch ich war zu beschäftigt gewesen, um ihm zuzuhören. Ich wollte mehr. Mein Leben war voller Tiere, Leute, Arbeit, guter Zwecke, und Tony bekam, was übrig blieb. Je weniger Zeit ich mit ihm verbrachte, desto wütender wurde er. Und je wütender er wurde, desto weniger Zeit verbrachte ich zu Hause mit ihm. Der Kreislauf hatte sich in unser Leben geschlichen, bis es keinen Ausweg mehr gab.

»Es war ein Privileg, dich in meinem Leben gehabt zu haben, Ruth«, sagte er.

Nichts wird je ändern, was damals passiert ist. Doch was sich verändert hat, ist, dass Tony zufrieden ist und ich ihm vergeben habe. Er ist nun ein Freund, und wir haben viel zu bereden.

Das vorläufige Scheidungsurteil unserer Ehe wurde am 15. Dezember 1984 endgültig. Ich hätte damals liebend gern gewusst, dass eine so ehrliche Unterhaltung irgendwann, achtunddreißig Jahre später, möglich sein würde.

GESCHICHTEN
AUS DEM BUCHLADEN:
Die nächste Generation von Lesern

Viele kleine Mädchen lieben Märchen und ganz besonders Märchen, in denen Feen vorkommen. Sie sehen ein Buch mit einer Fee darauf und schließen es sofort in die Arme.

Ein junges Mädchen, eine begeisterte Leserin, kam eines Tages jedoch in meinen Laden und suchte etwas anderes. Sie entschied sich für zwei Spionage-Bücher, *Spy 101: Codes and ciphers* von Kris Hirschmann und *Das einzig wahre Handbuch für Agenten: Tricks und Täuschungsmanöver aus den Geheimarchiven der CIA* von Keith Melton und Robert Wallace.

Ich frage mich, wie viele Leser von Roald Dahl (Autor von *Charlie und die Schokoladenfabrik, Sophiechen und der Riese, Matilda* und vielen weiteren Büchern) wissen, dass er ein Doppelleben geführt hat: eines als Autor und das andere als britischer Spion. Er hat als Kampfpilot gedient und war Offizier der British Royal Air Force, bis er 1940 in der libyschen Wüste notlanden musste und schwer verletzt wurde. Nach sechs Monaten im Krankenhaus war er nicht mehr in der Lage zu fliegen, daher wurde er im Alter von fünfundzwanzig Jahren im April 1942 als Assistant Air Attaché zur britischen Botschaft nach Washington DC versetzt. In dieser Zeit arbeitete er in einer Abteilung des britischen Auslandsgeheimdienstes MI6 mit Ian Fleming zusammen, dem Schöpfer von James Bond.

James und der Riesenpfirsich, 1961 veröffentlicht, war Dahls erster Roman für Kinder, doch *Die Gremlins* (1943) gilt als seine erste Geschichte für Kinder. Sie ist von Pilotengeschichten inspiriert, die er während seiner Zeit bei der Royal Air Force aufgeschnappt hatte, und handelt von kleinen Kreaturen, die für das mechanische Versagen von Fliegern verantwortlich sind.

Doch wichtiger noch, beobachte mit funkelnden Augen
die ganze Welt um dich herum, weil die größten
Geheimnisse immer an den undenkbarsten Orten ver-
steckt sind. Diejenigen, die nicht an Magie glauben,
werden sie niemals finden.

Roald Dahl schrieb diese Worte in *Konrädchen bei den Klitzekleinen*, dem letzten von 34 Kinderbüchern, die er zwischen 1943 und seinem Tod 1990 schrieb.

Es überrascht mich oft, was für Bücher Kinder lesen. Holly ist an Naturkunde interessiert und natürlich an Spionen. Eine Menge Mädchen um die zwölf Jahre lesen die Brontë-Schwestern, und eine meiner dreizehnjährigen Stammkundinnen hat gerade *Tess von den d'Urbervilles* von Thomas Hardy gelesen. In meinem ersten Buchladen 45 South and Below habe ich kaum mal einen Klassiker verkauft. Heute komme ich mit dem Nachfüllen der Regale nicht mehr hinterher, was wundervoll ist.

A KIND OF MAGIC

1980 gab ich die Stelle bei der Stadtverwaltung auf, wir verkauften unseren kleinen Hof und ich meinen Anteil an der Schweinefarm. Ich packte meine Habseligkeiten und zog nach Sydney. Dieses Mal begleitete mich einer unserer Hunde, Jericho, eine hübsche, goldene Mischling-Dame, die mir die letzten paar Jahre ganz dicht zur Seite gestanden (und gesessen) hatte. Ich hatte gerade genug Geld, um mir eine eigene kleine Jacht zu kaufen, doch zuerst musste ich, wieder einmal, meine Habseligkeiten zusammen mit meinen anderen Sachen in Sydney einlagern.

Meine Großmutter väterlicherseits war Australierin gewesen. Ihr Mädchenname war Cable, und die Cables mussten eine wohlhabende Familie gewesen sein, denn ein Gebäude und eine Straße in Sydney waren nach ihnen benannt. Eine von Omas Cousinen, die wir als Tante Jacki kannten, hatte William Greville Cross geheiratet, einen Polizisten, der den Ruderclub der Polizei von New South Wales als Bugmann im Achter bei den Olympischen Spielen 1936 in Berlin vertreten hatte. Sie gewannen keine Medaille, aber er brachte einen Eichensetzling mit nach Hause, ein Geschenk, das Hitler allen Teilnehmern gemacht hatte.

Es gibt ein tolles Buch über die Achter-Teams der Olympischen Spiele von 1936: *Das Wunder von Berlin. 1936: Wie neun Ruderer die Nazis in die Knie zwangen* von Daniel James Brown. Die Geschichte handelt von den amerikanischen Ruderern, die alle aus der unteren Mittelschicht kamen und während der Weltwirtschaftskrise in der Schulzeit kaum für ihren Lebensunterhalt sorgen konnten. Ich fand Gefallen daran, etwas über die Herstellung der Ruderboote aus Zedernholz zu lernen und zu erfahren, wie wichtig die Abstimmung zwischen den acht Ruderern und dem Steuermann war. Der andere Teil des Buches handelt davon, wie Hitler den internationalen Rahmen der Olympischen Spiele dazu nutzte, von der Vernichtung der Juden durch die Nazis abzulenken.

Tante Jacki und Onkel Bill, beide über siebzig, lebten in einem stattlichen Haus, das sie sich in Northbridge gebaut hatten, mit Blick auf die Sailor's Bay. Onkel Bill war ein großer, kräftiger, ernster Mann, stets tadellos gekleidet, und jedes Outfit wurde durch eine elegante Seidenkrawatte vervollständigt. Als sie sich kennenlernten, war er ein fescher junger Polizist. Tante Jacki war in ihrer Jugend ein Model gewesen und wurde die erste weibliche Handelsreisende eines Erdölkonzerns in New South Wales. Sie fuhr einen Firmenwagen, rauchte lange Zigaretten und trug die neuste Mode. Ein Teil ihres Gehalts wurde in Aktien ausgezahlt, die sie verkaufte, als sie die Firma verließ. Mit dem Gewinn eröffnete sie im Zentrum von Sydney einen Antiquitätenladen.

Jacki war eine sehr hübsche, unabhängige Frau, bis sie sich in Bill verliebte, der sie ihr restliches Leben lang völlig dominierte. Da sie selbst keine Kinder bekommen konnten, adoptierten sie einen Sohn, den Tante Jacki innig liebte. Doch Bill, der ein strenger Vater war, warf ihn in jungem Alter aus dem Haus und verbot Jacki, ihn je wiederzusehen. Tante Jacki wurde Alkoholikerin.

Als ich wieder in Sydney war, besuchte ich sie oft. Sie waren ein exzentrisches Paar, lebten in einem Haus voller Antiquitäten und schliefen in getrennten Schlafzimmern. Onkel Bill hatte Gefallen an mir gefunden – seine Nichte, die viel über Boote redete und weit gereist war. Wenn ich in männlicher Begleitung kam, war Onkel Bill unhöflich zu ihm und mir gegenüber abweisend. Er hatte ein kleines Segelboot, mit dem er nicht mehr segelte. Er wollte es mir gern verkaufen, ich sah es mir an, doch es war nicht das, wonach ich suchte.

»Wonach suchst du, Ruth?«, fragte er.

»Etwas, das ich allein segeln kann«, antwortete ich. »Nichts zu Kompliziertes.«

Ich fand eine kleine Jacht mit Glattdeck: eine 9 Meter lange Jolle mit einem ordentlichen Satz Segel, ohne Toilette oder Dusche und somit mit weniger Löchern im Rumpf. Es gab keinen Platz für einen Kühlschrank, was mir keine Sorgen bereitete, da ich mittlerweile Vegetarierin war. Das Einzige, was mir nicht gefiel, war der Flossenkiel. Das Boot hieß *Magic*! Ich kaufte es.

Der Vorbesitzer half mir und meinem Freund Paul, sie vom nördlichen Sydney nach Coffs Harbour zu segeln. Dort begann ich, mich auf meinen Törn nach Cooktown an der nördlichen Küste von Queensland vorzubereiten. Ich schrubbte die *Magic*, kaufte Vorräte, listete alles auf, prüfte die Karten, das Funkgerät (damals gab es auf kleinen Booten kein Radar oder Navigationssystem), die Sicherheitsausrüstung, Seile, Anker und Takelage. Ich übte, das Beiboot vom Deck ins Wasser zu lassen und es wieder raufzuholen, um mich an die Takelage zu gewöhnen. Jerry schlief sicher eingerollt vorn auf den Segeln.

Der nächste Gast an Bord war ein winziges getigertes Kätzchen, das ich am Kai gefunden hatte. Ich nahm sie auf und nannte sie Ludmila Hoffman. Eines meiner Lieblingskinderbücher war *Ludmila and the Lonely* von Paul Gallico, das von einer einsamen Kuh handelte. Und ich hatte gerade einen Film mit Dustin Hoffman gesehen. Das Kätzchen »Hoffie« liebte es auf dem Boot. Sie konnte überall schlafen, selbst versteckt hinter Büchern im kleinen Bücherregal. Ich band eine quadratische Schale mit hohem Rand unten am Großmast fest, stellte sie auf Sackleinen und füllte sie mit Sand. Das wurde ihr Katzenklo. Was mich immer beeindruckte, war, dass Hoffie selbst bei richtig schlechtem Wetter hinaus in die Plicht kam, sich die Wellen und die Bewegungen des Bootes ansah und dann, wenn es kurz windstill war, von der Plicht direkt zu ihrem Katzenklo sprang. Nach einiger Zeit versah ich auch die Seiten mit Sackleinen, damit sie sich an etwas festkrallen konnte, wenn sie dort drin war.

Für Jerry wickelte ich ein altes Tau von einer Rolle und formte es zu einer festen kleinen Matte. Um die Matte zu reinigen, warf ich sie über die Reling, sodass sie eine Weile mit durchs Wasser gezogen wurde, und holte sie später wieder an Bord.

Paul hatte sich entschieden, uns zu begleiten, obwohl er sehr wenig über Boote wusste. Ich freute mich über seine Gesellschaft, und da es keine langen Überfahrten geben würde, dachte ich, er würde zurechtkommen. Paul stammte aus einer griechisch-orthodoxen Familie, und seine Mutter hatte ihm mehr als deutlich gemacht, dass nur ein »nettes griechisches Mädchen« als Ehefrau infrage kam. Wir waren trotzdem ein paar Monate lang ein Liebespaar.

Am 25. Mai 1981 verließen wir Coffs Harbour. Ich war ganz in meinem Element, bis ich sehr seekrank wurde. Die Tabletten gegen Reisekrankheit, die ich eingepackt hatte, wirkten überhaupt nicht. Jerry, Hoffie und sogar Paul amüsierten sich, während ich unter Deck lag, wohlwissend, dass ich mich nicht nur 24 Stunden lang übergeben würde, sondern noch Durchfall vor mir hatte. Hatte ich nicht gerade erwähnt, dass es keine Toilette an Bord gab? Ich musste also mit einem Eimer vorliebnehmen, der zwischen den zwei Einzelbetten stand – recht unkompliziert, außer man musste sich gleichzeitig übergeben …

Die ganze Ostküste entlang gibt es Sandbänke, daher muss man den richtigen Zeitpunkt erwischen, um einen Hafen oder Ankerplatz vom Meer aus anzusteuern, am besten spät mit der Flut. Der Kurs muss auf die Gezeiten des Ostaustralstroms abgestimmt werden, der südlich des Great Barrier Reef vorbeifließt. Es ist eine der stärksten Strömungen im Südpazifik mit bis zu 7 Knoten die Stunde. Wenn man eine kleine Jacht hat, die am liebsten mit 4 bis 5 Knoten unterwegs ist, muss man unbedingt Kurs halten. Je weiter wir gen Norden kamen, desto extremer wurde der Tidenhub: Manchmal machten die Gezeiten bis zu 4,5 Meter aus.

Paul, der seinen Luxus liebte, hatte an Bord einen Fernseher aufgestellt. In meinem Tagebuch finde ich zahlreiche Kommentare darüber, wie schlecht der Empfang war: Wenn wir vor Anker trieben, reagierte der Empfang entsprechend – und genauso Pauls Laune. Er war kein fröhlicher Seefahrer, aber er hielt tapfer durch. Ich glaube, ihm gefiel die Vorstellung, auf einem Boot zu leben, aber er hatte definitiv mit der Realität zu kämpfen, besonders auf einem so kleinen Boot. Er angelte jeden Tag, Hoffie und Jerry beobachteten ihn aufmerksam und waren genauso begeistert wie er, wenn er einen Fisch am Haken hatte.

An meinem fünfunddreißigsten Geburtstag ankerten wir zusammen mit anderen Booten im von Mangroven gesäumten Priel Grahams Creek nahe der südwestlichen Seite von Curtis Island. Der Wasserlauf ist etwa 9 Kilometer lang und fließt in das südliche Ende des Kanals The Narrows. Die Flut erreichte zeitweise 4,4 Meter und entwickelte eine starke Strömung, daher war es wichtig, die Einfahrt korrekt abzustimmen. Aufgrund von starkem Nebel mussten wir einen eintägigen Aufenthalt einlegen. Zudem kämpften wir mit riesigen Moskitos. Am nächsten Tag schlossen wir uns einer Gruppe kleiner Jachten und einiger Fischerboote an und schlängelten uns durch den Kanal zur Great Keppel Island.

Paul hatte inzwischen gemerkt, dass Segeln nichts für ihn war, und plante zu gehen. Ich wusste, dass ich besser dran sein würde, wenn ich ohne ihn segelte, daher war mir das ganz recht. Ich glaube, die Zeit, die wir zusammen auf der *Magic* verbracht haben, überzeugte ihn davon, dass wir kein gutes Paar abgaben, daher trennten wir uns. Ein paar Jahre später heiratete er ein nettes griechisches Mädchen.

Ich hingegen hatte auf den vielen nach Norden segelnden Booten zahlreiche Freunde gefunden – wir aßen zusammen, gingen zusammen an Land und halfen einander –, daher wusste ich, dass es keine große Sache war, allein mit Hoffie und Jerry zu sein.

Nachdem wir zuvor bis zu zehn Tage am Stück auf See verbracht hatten, war es für mich ein Kinderspiel, entlang der Ostküste von Queensland zu segeln, denn man konnte fast jeden Abend den Anker werfen, wenn man wollte. Und man hatte die Möglichkeit, schlechtes Wetter auszusitzen. Ich hatte gehört, dass in einer Angler-Lodge in der Nähe von Cape Tribulation, wo der Bloomfield River ins Korallenmeer nördlich von Cairns fließt, ein Koch gesucht wurde. Ich rief den Leiter an, und man bot mir eine Stelle für zwei Monate an. Ich musste nur dafür sorgen, dass ich in der letzten Augustwoche dort war.

Am 29. August ging ich mit der *Magic* im Bloomfield River vor Anker, nur um dann zu erfahren, dass die Lodge eine halbstündige Ruderfahrt mit dem Beiboot entfernt war und man sich durch Mangroven voller Stechrochen, Krebse und Salzwasserkrokodile schlagen musste. Das war bei Hochwasser nicht möglich. Scheinbar mochten Krokodile Hunde besonders gern, daher organisierte Peter, mein neuer Chef und Hundeliebhaber, ein kleines Boot mit Außenbordmotor, das ich benutzen konnte. Schließlich kamen Jerry, Hoffie und ich gesund und munter an.

Wir waren sieben Angestellte für bis zu sechs reiche Gäste, daher war die Arbeit einfach. Ich machte Frühstück und kochte Mittagessen, das die Gäste zum Angeln mitnehmen konnten, dann hatte ich frei, bis ich das Abendessen vorbereitete und servierte.

Ende Oktober machte ich mich gen Süden auf und hielt in Cairns, wo ich die *Magic* aus dem Wasser holte, weil ihr Rumpf geschrubbt werden musste. Der Bewuchs war enorm, und es gab einige Reparaturen und Wartungsarbeiten durchzuführen.

Einer der Küstenarbeiter hatte sich in Hoffie verliebt. Wenn sie nicht gerade auf seinen Schultern herumgetragen wurde, folgte sie ihm überallhin. Sie war vernarrt in ihn und verbrachte den ganzen Tag mit ihm, bevor sie für die Nacht auf die *Magic* zurückkam. Hoffie hatte deutlich zu verstehen gegeben, dass ihre Abenteuer auf See ein Ende hatten und sie an Land gehen wollte. Ich bin sicher, sie hat uns lange nicht so sehr vermisst, wie Jerry und ich sie vermisst haben.

Der Nordwind war eingetroffen, daher machten sich viele Jachten auf nach Süden. Bei beständigem Wind von 10 bis 12 Knoten entschied ich mich, in drei Tagen direkt von Cairns nach Mackay zu segeln, mit einem Zwischenstopp für eine Nacht in Bowen. Das Wetter war anfangs perfekt, doch ich steuerte in einen Sturm hinein.

Am 15. November wurde die Küstengegend um Mackay von einem Sturm in Zyklonstärke mit Blitzen und sintflutartigem Regen getroffen. Das Stromnetz wurde zerstört, und Boote kenterten im Hafen von Mackay. Als die Nacht anbrach, kämpfte die *Magic* gegen die hohe See an. Das gereffte Segel war vom Mast gerissen worden, und ich hatte nur den Besan, um sie auf Kurs zu halten, also motorte ich sie Richtung Süden zur Hafeneinfahrt.

Ich hielt nach dem Leuchtturm von Flat Top Island Ausschau, der die Flussmündung markierte und Untiefen des Shoalwater Point und das Riff bei Hay Point anzeigte. Normalerweise hätte ich den Leuchtturm leicht sehen müssen, als ich mich näherte, doch ich wusste nicht, dass das Licht gelöscht worden war. Ich brauchte eine Weile, um zu verstehen, was geschehen war, doch ich war nicht allzu besorgt, denn ich wusste, dass mich die Richtfeuer in den sicheren Hafen leiten würden.

Doch es war *nichts* zu sehen – kein Leuchtturm, keine Küstenlichter von der Stadt, keine Richtfeuer.

Immer wieder prüfte ich meine Karte. Ich musste nahe der Hafeneinfahrt sein. Der Wind und der Wellengang hatten nachgelassen, also entschloss ich mich, meinem Instinkt zu folgen und die Küste anzusteuern, wobei ich auf das Geräusch der an der Küstenlinie brechenden Wellen achtete und hoffte, Land zu erkennen. Zur Sicherheit segelte ich konsequent parallel zur Küste und hoffte, eine Veränderung im Wellenbild zu entdecken, die auf die Hafeneinfahrt hindeutete. Es dauerte fast zwei Stunden. Mein gesamter Körper war stundenlang verkrampft und verängstigt gewesen, doch ich hatte es geschafft.

Jerry, die unbedingt festen Boden unter den Pfoten wollte, sprang vom Boot und schwamm an Land. Sie kauerte sich hin und pinkelte gefühlte drei Minuten lang. Ich saß auf dem Deck der *Magic* und weinte.

Am Morgen kam der Hafenmeister zu mir. »Wo zur Hölle kommen Sie denn her?«

Wir unterhielten uns lange über die Ereignisse der Nacht.

Am 1. Dezember erreichte ich die Küstenstadt Coffs Harbour. In den sechs Monaten auf See hatte ich über 2800 Seemeilen zurückgelegt. Es war an der Zeit, wieder an Land zu gehen.

Dylan und seine Mutter Catherine kamen in den Buchladen, um sich umzusehen, weil das winzige Häuschen sie angezogen hatte. Dylan war elf Jahre alt und wurde zu Hause unterrichtet. Zu Hause zu sein bedeutete, dass er seinen Interessen gründlicher nachgehen konnte. Der Junge mit dem langen Haar und der höflichen, leisen Art entspannte sich, als wir uns über seine Lieblingsbücher unterhielten.

Er hatte die Lyrik kennengelernt, und ihm gefiel die altenglische Sprache und Schreibweise. Kindergedichte langweilten ihn, daher war das erste Gedicht, das er mit seiner Mama gelesen hatte, *Der Rabe* von Edgar Allen Poe. Im Fach Geschichte las er *Ivanhoe* von Sir Walter Scott, der nun einer seiner Lieblingsautoren war.

Anders als die meisten Elfjährigen fing er außerdem an, feines Porzellan aus England zu sammeln. Nachdem wir einander über ein Jahr kannten, wurden Lance und ich eines Nachmittags zu ihm nach Hause zum frühen Abendbrot eingeladen. Wir tranken Tee aus seinen hübschen englischen Tassen und verzehrten seine wunderbaren Scones mit Marmelade und Rahm, gefolgt von winzigen luftigen Biskuitkeksen mit Schokolade und Kokosnuss.

Dylan war ein so begeisterter Leser, dass ich ihm einen meiner alten Gedichtbände gab, *Poems of Owen Meredith (the Earl of Lytton)* mit einer Einleitung von M. Betham-Edwards von etwa 1927. Damit war der Grundstein für Dylans Sammlung gelegt. Als seine Familie kurz darauf nach Wellington fuhr, fand er eine seltene Ausgabe von Scotts *Die Poetischen Werke* – ledergebunden und etwa 1869 veröffentlicht – in einem Secondhandladen.

Als Dylan das zweite Mal kam, war er in Begleitung seiner Eltern und seiner Schwester Olivia. Er trug einen Anzug und eine Melone, sein langes Haar war zusammengebunden, und dieses Mal lächelte er mich gleich an. Weil er sich so sehr für Bücher interessierte, schlug ich ihm vor, dass er bei mir ein wenig über den Buchhandel lernen könnte. Das führte irgendwie zu einer Diskussion über Segelbücher und die Kunst der Schifffahrt. Dylan war kein gewöhnlicher Elfjähriger.

Lance war da genau der richtige Lehrer für ihn. Es entwickelte sich rasch eine Freundschaft zwischen Dylan und Lance, als sie sich durch einige von Lance' alte Navigationskarten arbeiteten. Dylan sog das neue Wissen auf und lernte schnell, wie man Karten las und Kurs aufnahm, wozu ein Verständnis für die Verwendung von Zirkeln, einem Parallel-Lineal, der Windrose und mehreren Seekartenabkürzungen nötig war. Danach widmeten sie sich den Leuchttürmen.

Ich habe mich schon immer für Leuchttürme interessiert. Wenn man sich nach Tagen auf See dem Land nähert, ist es eine Erleichterung, einen Leuchtturm zu sehen, der mit seinem gleichmäßigen Lichtstrahl die Dunkelheit durchbricht. Selbst wenn man nachts an einer Küste entlangsegelt, ist es beruhigend, sich seiner eigenen Position zu vergewissern, wenn man einen Leuchtturm sieht. Jeder Leuchtturm besitzt ein individuelles Lichtsignal, durch das man ihn erkennt.

Einige meiner Leser interessieren sich für Leuchttürme: wie sie gebaut wurden, die Geschichten ihrer Wärter und generell für die Geschichte der Leuchttürme. Ein reizender Engländer kam eines Tages mit einem freundlichen Lächeln und zum Plaudern aufgelegt in meinen Buchladen und stellte sich als John vor. Er fragte, ob ich Bücher über Leuchttürme in Neuseeland hätte. Ich hatte *Always the Sound of the Sea: The Daily lives of New Zealand's Lighthouse Keepers* von Helen Beaglehole, *New Zealand Lighthouses* von Geoffrey B. Churchman und *The Sea is My Neighbour: A Lighthouse keeper's story* von T. A. Clark auf Lager, das John kaufte.

John war Mitglied der Association of Lighthouse Keepers, der Vereinigung der Leuchtturmwärter, mit Sitz im Vereinigten Königreich, die sich für den Erhalt des kulturellen Erbes der Leuchttürme einsetzt. Er gab mir seine Karte, und ich habe seine Daten einer Reihe von Kunden weitergegeben, die dem Licht der Leuchttürme verfallen waren.

Das Buch *The Lighthouse Stevensons* von Bella Bathurst ist ein Muss, eine außergewöhnliche Geschichte über den Bau der schottischen Leuchttürme durch die Vorfahren von Robert Louis Stevenson, dem Autor der beliebten Bücher *Die Schatzinsel* und *Entführt*. Zwischen 1790 und 1940 planten, entwarfen und erbauten acht Mitglieder der Familie Stevenson die 97 bemannten Leuchttürme, die heute noch entlang der schottischen Küste stehen und unter Bedingungen und in Situationen funktionieren, die moderne Ingenieure überfordern würden.

Thomas Stevenson entwarf und baute 1854 den Leuchtturm mit dem wunderbaren Namen Muckle Flugga nördlich der Shetlandinsel Unst. Er leuchtete das erste Mal 1858, ist 20 Meter hoch und der nördlichste Leuchtturm Großbritanniens. Robert Louis

Stevenson besuchte ihn als junger Mann mit seinem Vater, und Unst wurde zur Inspiration für die Karte der *Schatzinsel*.

Für diejenigen, die sich für unsere südlichsten Leuchttürme interessieren, gibt es ein wunderbares Buch, das 2010 veröffentlicht wurde: *Lighthouses of Foveaux Strait: A history* von Angela Bain. Los! Jeder sollte sich einen Leuchtturm suchen. Jeder, der sich mit der Geschichte dieser unglaublichen Bauwerke befasst, wird schnell ein begeisterter Fan sein.

KAPITEL 20

»WIDERSETZT EUCH VIEL! GEHORCHT WENIG!«

Die *Magic* war in der Sailors Bay in Sydney sicher vertäut, genau gegenüber dem Haus meiner Tante und meines Onkels. Ich brauchte nun eine Unterkunft an Land und gut bezahlte Arbeit. Ich war (wieder einmal) mittellos.

Ein Freund in der Nähe von Coffs Harbour, der auf Jerry aufpasste, rief mich an, um mir zu sagen, dass sie von seinem Cattle Dog trächtig war und er sie behalten wollte. Ich wusste, dass eine Wohnung in Sydney kein Ort für einen Hund war, der ein aufregendes Leben auf See gewöhnt war, wo jeden Tag etwas Spannendes passierte, also stimmte ich schweren Herzens zu.

Als Erstes trat ich eine Stelle als private Krankenpflegerin einer älteren italienischen Dame an, die ich über die Jahre, die ich bei ihr war, sehr liebgewann. Doch drüben in Tasmanien passierten gerade aufregende Dinge, und ich wollte Teil davon sein. Ich hatte kürzlich einen amerikanischen Roman mit dem Titel

Die Monkey Wrench Gang von Edward Abbey gelesen. Der Begriff »monkey-wrenching« stand für die Protestform des zivilen Ungehorsams und der gewaltlosen Sabotage. Ich habe mein Buch noch: Es gilt immer noch als umstritten und ist in Neuseeland schwer zu bekommen, daher bringt ein amerikanischer Freund mir Exemplare mit, wenn er zu Besuch kommt.

Wenn jemand Interesse daran hat, Protestler zu werden, dann sollte er dieses Buch lesen. Es ist voller Tipps, außerdem irrsinnig komisch und beinhaltet wunderbare Literaturzitate, unter anderem von Richard Shelton oder Thoreau. Die weisen Worte Walt Whitmans fanden bei mir Anklang: »Widersetzt euch viel! Gehorcht wenig!«

Die Worte hingen mir lange nach, nachdem ich das Buch gelesen hatte. Ich entschied, dass es Zeit war, für etwas einzutreten, was ich wirklich liebte: die Meere, die Wälder, einheimische Tiere und Vögel. All diese Dinge schienen mich in meiner Essenz auszumachen.

Ich glaube, es war der Vater meiner Mutter, der die Liebe zu unserer Umwelt in mir erweckt hatte. Wir ruderten damals mit dem Boot von der Pile Bay zum Lyttelton Harbour, wo wir angeln gingen. Mal schwiegen wir, mal erzählte er mir Geschichten. Wenn wir genug Fisch für das Essen gefangen hatten, schob er die Ruder wieder in die Rudergabel, und wir machten uns auf den Nachhauseweg.

»Lass genug für morgen übrig, Ruthie«, war sein Motto beim Angeln. Wenn wir nach Pipimuscheln und Herzmuscheln gruben, Austern und Miesmuscheln von den Steinen sammelten, nahmen wir nur so viele, wie wir direkt essen konnten. Heute gibt es in der Bucht keine Schalentiere mehr, nur wenige vergleichsweise kleine Paua-Muscheln entlang der Küste.

Als ich bei der Navy war, nahm ich an einem kleinen Protestmarsch gegen Walfang auf der Queen Street teil, doch erst in den späten 70ern ging Neuseeland von regelrechter Begeisterung zu strikter Ablehnung des Walfangs über.

1978 verkündete die tasmanische Wasserkraft-Kommission ihr Vorhaben, im Franklin River ein Wasserkraftwerk zu bauen, um Energie zu erzeugen. Die Tasmanier waren geteilter Meinung, was das Vorhaben anbelangte. Viele unterstützten das Projekt aus wirtschaftlichen Gründen, während andere dagegen waren, weil die geplante Überflutung des Flusstals die ökologisch empfindliche Wildnis irreparabel schädigen würde.

Ich verfolgte die Debatte in der Zeitung und beobachtete, wie die Anti-Staudamm-Bewegung in Australien wuchs. Bob Brown, der Leiter der Tasmanian Wilderness Society, trat an die Spitze der Bewegung, um den Bau des Franklin Dam aufzuhalten. 1982 bereiste er Australien, um Unterstützer zu finden, und David Bellamy, der berühmte englische Umweltschützer und Botaniker, sprach zusammen mit ihm vor über 5000 Menschen in Melbourne und danach in Sydney. Nachdem ich sie reden gehört hatte, war ich bereit und willens mitzumachen, wo auch immer ich helfen konnte.

Für den 14. Dezember war eine Blockade des Bauplatzes geplant, dem Tag, an dem in Paris das UNESCO-Komitee die Tasmanische Wildnis, einschließlich der Wildflüsse Franklin und Gordon, zum Weltkulturerbe erklären sollte. Ich hatte vor, dort zu sein.

Zusammen mit vielen anderen internationalen Protestlern kam ich einige Tage vorher in Hobart an und erfuhr bald, dass Freiwillige am Bauplatz des Staudamms bei der Anlegestelle Warners Landing gesucht wurden. 2500 von uns versammelten sich dort, in der Absicht, das Abladen der Bulldozer aufzuhalten und den Zugang zum geplanten Bauplatz zu versperren.

Ich war voller Adrenalin, bereit für alles, was passieren mochte: Wir hatten nichts zu verlieren. Da war ein unglaublich starkes Gefühl von Kameradschaft – wir wussten, dass wir nicht allein waren, und das gab uns unfassbar viel Kraft. Es war, als hätte mich alles, was mir in den vergangenen Jahren passiert war, stärker gemacht – nicht mutig, sondern widerstandsfähig, gewillt, die Konsequenzen hinzunehmen.

In den wenigen Tagen, die ich dort war, wurden über 1500 Protestierende verhaftet (ich nicht). Bob Brown war unter ihnen und verbrachte neunzehn Tage im Gefängnis. Am Tag nach seiner Freilassung wurde er Mitglied des Parlaments von Tasmanien.

Laut einem Nachrichtenblatt von einer der Protestgruppen wurde selbst David Bellamy verhaftet:

Bellamy hat 1982 mit großer Begeisterung die besondere Reise nach Tasmanien angetreten, um sich dem wachsenden Protest der Tasmanian Wilderness Society anzuschließen und zu verhindern, dass ein Staudamm im Franklin River erbaut wird und Regenwald, Höhlen und Wildtiere überschwemmt werden. Seine Verhaftung bei der Blockade am Franklin River in Tasmanien sorgte weltweit für Schlagzeilen.

Wir wussten, dass es im März 1983 ein Staatsthema geworden war, als eine Kampagne in den nationalen Printmedien
zum Sturz von Malcolm Frasers Regierung beitrug. Bob
Hawke, der nachfolgende Premierminister, hatte versprochen,
den Bau des Staudamms zu verhindern, doch der Kampf dauerte bis zum 1. Juli an, als der Oberste Gerichtshof in der
Rechtssache Commonwealth versus Tasmanien zugunsten der
Bundesregierung entschied. Der Schutz des Franklin River war
besiegelt. Die vielen tausend protestierenden Menschen hatten
gewonnen.

1985 wurde ein weiteres Buch über »monkey-wrenching«
veröffentlicht, herausgegeben von Dave Foreman mit einem Vor-
wort von Edward Abbey. Ich bekam erst 2019 ein Exemplar davon in die Hände. *Ecodefense: A field guide to monkeywrenching*
behandelt dabei alles, angefangen von »tree spiking« (dabei werden Bäume mit Metallstäben versehen, sodass im Falle einer Ro-
dung die Kettensägen beschädigt werden) und dem Auslegen
von Nagelfallen auf der Straße über Plakatierung, Zerstörung
von Zäunen, Herstellung von Rauch- und Stinkbomben bis hin
zur Sabotage von Schlössern. Das Buch war in Australien ursprünglich verboten.

Hier ein Auszug aus der Einleitung der zweiten Auflage:

*4) Lesen Sie den Abschnitt über Sicherheit, studieren
Sie ihn, lernen Sie ihn auswendig und befolgen
Sie die Anweisungen gewissenhaft. Er wird Sie vor
dem Gefängnis bewahren, sofern Sie nicht einfach
Pech haben.*

5) Zu guter Letzt – gehen Sie los und tun Sie etwas.
Leisten Sie Ihren Beitrag für das Privileg, auf dieser
wunderschönen, grün-blauen, lebendigen Erde zu leben.
Das Sabotieren wird als strategische Verteidigung der
Wildnis nur Erfolg haben, wenn es viele Individuen an
vielen Orten begeistert und freudig unternehmen.

Ich war nun ein engagierter Öko, eine Saboteurin und Aktivistin. Doch zuerst musste ich mein Bankkonto wieder auffüllen.

GESCHICHTEN
AUS DEM BUCHLADEN:
Willkommen, Katherine Mansfield

Vor drei Jahren fand ich ein winziges Vogeljunges vor den Buchläden, es hatte die Augen geschlossen und war halb tot. Ich verbrachte Tage damit, es zum Fressen zu ermuntern und es zu wärmen, und schon bald bekam es am ganzen Körper weichen Flaum, was es ziemlich ulkig aussehen ließ. Ich wusste nicht, was für eine Art Vogel es war, bis später die neuen Federn das hübsche Muster einer Drossel aufwiesen. Wir nannten sie Birdie.

In den darauffolgenden Monaten lernte sie fliegen und sich selbst zu versorgen, und schließlich gewöhnte sie sich gänzlich an uns. Birdie saß oben auf meinem Computer, wenn ich schrieb, dann auf meiner Nähmaschine und sah neugierig zu, wie ich den Saum einer Jeans abnähte. Sie klammerte sich an die Gardinenstange über der Spüle und verlangte Futter. Wenn sie müde war, kuschelte sie sich zum Schlafen an Lance' Hals. Wenn ich die Wäsche aufhängte, flog Birdie hinter mir her und setzte sich auf die Leine, oder sie half mir, im Garten Raupen zu suchen. Sie war meine stete Begleiterin.

Wir liefen durch unseren kleinen Wald, als Birdie davonflog und einige Tage nicht zurückkehrte. Als sie wieder auftauchte, zwitscherte sie laut nach Essen, also stellte ich einen kleinen Teller mit Hack auf das Küchenfensterbrett. Sie verschlang es rasch und flog wieder davon. Jeden Tag kam Birdie durch das Fenster geflogen, fraß ihr Hack und verschwand dann. Es war wundervoll: Ich hatte diesen winzigen Vogel kurz vor dem Tod zu einer prächtigen Drossel aufgepäppelt, die nun frei war.

Dann, eines Tages nach etwa einer Woche Hack auf Nachfrage, kam sie nicht mehr zurück.

Drei Jahre später schloss ich meine Buchläden auf, verteilte die Bücher auf den Tischen und den Schulbänken, stellte das »GEÖFFNET«-Schild hinaus und setzte mich an meinen Computer. Eine Drossel näherte sich, blieb kurz vor der Türschwelle sitzen und verlangte mit lautem Gezwitscher meine Aufmerksamkeit. Ich war überrascht, denn Drosseln sind sonst sehr schüchtern, doch dieser Vogel starrte mich direkt an und verlangte eine Antwort.

Plötzlich begriff ich. »Bist du das, Birdie?«, fragte ich. Ich lief ins Haus und holte etwas Hack aus dem Kühlschrank. Wir hatten immer etwas aufgetautes Hack da, weil wir Mrs. Brown, ein Amselweibchen, das uns seit vier Jahren besucht, und ihren Gatten Mr. B., der manchmal auf einen »Imbiss« vorbeikommt, füttern.

Die Drossel freute sich sehr über das Hack, und nachdem sie gefressen hatte, nahm sie einen Schnabel voll Futter und flog über den Zaun in den Wald. Vielleicht war das Birdie und brachte ihren Jungen Futter?

Ich konnte nicht glauben, dass sie nach drei Jahren zurückgekommen war. Die nächsten paar Tage tauchte sie regelmäßig auf, fraß und brachte Futter zu ihren Jungen. Wenn ich sie ignorierte, wurde sie extrem laut. Es war zweifellos Birdie.

Ich benannte sie in Katherine Mansfield (kurz Katie) um, und sie ist nun unser Buchladenvogel. Sie stolziert furchtlos umher und zwitschert laut, wenn sie Hack haben möchte Alle lieben sie, und viele machen Fotos von ihr. Katie posiert immer wie ein professionelles Model und sieht direkt in die Kamera.

Wenn ich im Buchladen beschäftigt bin, sitzt sie manchmal auf der Türschwelle und sieht zu, wie ich mit den Kunden rede. Sie fliegt in die Küche, wo sie so viel Zeit als Jungvogel verbracht hat, folgt uns im Garten und badet in dem Teich, wo sie ihr erstes Bad genommen hat.

So vergingen einige Wochen, bis ihre Jungen offensichtlich flügge wurden, und nun ist das Hack, das wir ihr geben, nur für sie. Sie hat Zeit, mit Mrs. und Mr. B. im Baum vor unserem Wohnzimmerfenster zu sitzen.

KAPITEL 21

KAMPF FÜR »THE OPPOSITION«

Die Stadtmission von Sydney suchte für ihr Krisenzentrum für Jugendliche im Stadtviertel Kings Cross, das treffend »The Opposition« hieß, einen Jugend- und Sozialarbeiter. Ich fand eine geniale Unterkunft, ein zweistöckiges Haus mit Blick auf die Lavender Bay, das ich für einen Fernsehwerbungsproduzenten hütete, der ständig an anderen Orten filmte. Ich konnte nach Belieben über das Haus verfügen, und im Gegenzug für die geringe Miete erledigte ich den Haushalt. Ich kaufte mir ein Auto, holte meine eingelagerten Habseligkeiten, darunter Joshuas Holzkreuz, das noch immer in den Kartoffelsack gewickelt war, und fing an, am »Cross« zu arbeiten.

Kings Cross ist ein Viertel, das mit der schäbigeren Seite des Lebens in Verbindung gebracht wird. In meinen ersten paar Wochen der Einarbeitung ging es darum, sich mit der Gegend sowie mit den üblichen Gesichtern, die von der Straße hereinschneiten, vertraut zu machen. Kings Cross wurde ursprünglich Queens

Cross genannt, um das diamantene Thronjubiläum von Queen Victoria 1897 zu feiern. Das führte zu Verwechslungen mit dem Queen's Square (in der King Street!), also wurde aus Queens Cross 1905 Kings Cross, bekannt nach König Eduard II. Darlinghurst Road, William Street und Victoria Street wurden zu meinem Revier. Wenn ich nicht bei The Opposition war, lernte ich draußen die hässlichen Ecken der Gegend kennen.

Es dauerte nicht lange, bis ich das Vertrauen vieler der Mädels und Jungs, die auf dem Strich arbeiteten, gewann. Ich lernte schnell, dass man der Polizei nicht trauen konnte, besonders nicht dem Drogendezernat. Ich machte mir Visitenkarten und verteilte sie an alle, die ich traf. Darauf stand nur das Nötigste: mein Name, meine Nummer und die Anweisung »Ruf mich an, wenn du mich brauchst«. Ich war überrascht, wie effektiv die Karten waren, also stellte ich mehr davon her und verteilte sie viele Monate lang. Oft wartete schon jemand auf mich, wenn ich zur Arbeit kam, oder das Telefon klingelte und es hieß: »Noch ein Anruf für dich, Ruth.«

Wendy, eine zweiundzwanzigjährige Prostituierte, wurde meine Vermittlerin. Sie arbeitete seit Jahren auf der Straße und wusste alles: was vor sich ging, wer was tat und von wem man fernbleiben sollte. Wendy hatte Ansprüche. Sie war eine der wenigen, die keine Drogen nahmen. Ihr einziges Ziel war es, genug Geld zu verdienen, um sich ein Haus zu kaufen, und »scheiß auf den Rest«.

Eines Tages unterhielt ich mich mit ihr auf der Straße, als ein Polizeiwagen neben uns hielt. Bevor ich etwas sagen konnte, rief Wendy: »Verpisst euch!«

»Wie geht's, Wendy?«, fragte der Polizist. »Hast du eine neue Freundin?«

Ich ging zum Auto und gab ihm meine selbst gemachte Visitenkarte. »Ich bin Ruth und neu bei The Opposition. Und Sie sind?«

»Scheiße, noch so eine verdammte religiöse Irre«, höhnte er. »Du hältst nicht lange durch.«

»Versuchen Sie es mal mit Manieren, oder verhalten Sie sich zumindest anständig, wenn das zu viel verlangt ist«, antwortete ich.

Er sprang aus dem Wagen, öffnete die hintere Tür, schnappte meinen Arm und schubste mich auf den Rücksitz.

Ja, ich hatte Angst. Wendy hatte mich gewarnt, dass die Polizei korrupt war, und ich wusste um die Art, wie man behandelt wurde. Ich war erst die zweite Woche im Job und bereits polizeibekannt.

»Halt einfach den Mund und hör zu«, sagte der Cop, als ich im Auto saß. »Du hast hier nicht das Sagen. Mach einfach deine Arbeit und misch dich nicht ein.«

»Wo soll ich mich nicht einmischen?«, fragte ich möglichst unschuldig.

»Herrgott! Bleib einfach von der Straße weg. Setz dich in dein Drecksloch von Büro und mach Notizen! Irgendwas, aber glaub nicht dem Gesindel auf der Straße.«

»So, wie ich es sehe, sitzt das Gesindel genau vor mir«, antwortete ich ruhig und dachte dann, wo zum Teufel kam das denn her?!

Der Polizist fuhr herum und sah mich an. Ich starrte zurück und hielt den Blickkontakt. Was hatte ich schon zu verlieren?

»Wir behalten dich verflucht noch mal im Auge. Ein falscher Schritt, und du bist weg. Und jetzt raus, verdammt.«

»Vielen Dank für die Warnung«, sagte ich beim Aussteigen. »Haben Sie einen schönen Abend.«

Wendy war abgehauen, doch sie fand mich und umarmte mich. »Diese Schweine!«, sagte sie. »Geht es dir gut?«

»Ja, mir geht es sogar besser als gut!«

Das war der Anfang meiner zunehmend gefährlichen Zusammenarbeit mit der Polizei von Kings Cross und dem Drogendezernat.

* * *

Die Stadtmission von Sydney konnte eine geringe Anzahl von Betten, heißen Duschen, Abendessen und Beratungsangeboten zur Verfügung stellen, doch unsere wichtigste Aufgabe war es, denjenigen, die zu uns kamen, mit Freundschaft und Verständnis zu begegnen. Viele der Prostituierten wollten sich nur an einem ruhigen Ort erholen – und eine Umarmung. Ich war immer gut im Umarmen gewesen, daher fiel mir das leicht. Ich konnte dadurch auch oft schnell ihr Gewicht überprüfen (fast immer zu dünn) und den Geruch von Alkohol, Drogen oder Sex wahrnehmen. Mit diesen Informationen konnte ich ihnen etwas besser helfen.

Simon, ein junger Stricher, hatte mit vierzehn seine Mutter tot im Auto gefunden, nachdem sie in der Garage Suizid begangen hatte. Vom Geruch der Abgase hatte er sich fast übergeben, sagte er, doch er konnte nicht weggehen. Mit nun neunzehn Jahren war er einer der Jungen, die ihren Körper verkauften, an der hohen Backsteinmauer lehnten und darauf warteten, dass ein vorbeifahrendes Auto sie mitnahm. Für 20 Dollar blies er Männern einen, für 40 Dollar ließ er sich von ihnen ficken. Er hasste sich. Er war bereits Alkoholiker und trank billigen Port direkt aus der Flasche.

Ich traf Simon das erste Mal in der zwielichtigen Foster Lane, einer schmalen und unbeleuchteten Sackgasse. Große Geschäftshäuser ragten zu beiden Seiten der Gasse auf. Etwa in der Mitte fand ich auf der rechten Seite einen großen Müllcontainer mit einem schweren Klappdeckel. Müll von der Straße machte nur einen kleinen Teil des Inhalts aus. Der Rest waren Papier und Kartons, Wegwerfbecher, Ausdrucke und anderer Büromüll.

Ich lernte schnell, dass diese Art von Müllcontainern sich hervorragend als Schlafplätze für Obdachlose eigneten und nach dem Prinzip »wer zuerst kommt, bleibt die Nacht« benutzt wurden. In dieser Nacht war es Simons Schlafplatz. Er hatte fettiges, blondes Haar, fahle Haut und unglaublich traurige Augen.

Simon wurde Dauergast der Mission. Er holte sich etwas zu essen, duschte, unterhielt sich eine Weile und verschwand dann wieder auf der Straße. Das war kurz bevor Aids in der Gegend wütete, doch viele der Männer waren bereits positiv auf sexuell übertragbare Krankheiten und Hepatitis B getestet worden. Simon hatte beides. Nur wenige Monate nachdem ich ihn in dem Müllcontainer gefunden hatte, wurde er so schlimm zusammengeschlagen, dass er einsam in genau dieser Sackgasse starb.

Kathy hatte kurzes, schwarzes Haar und ein elfenhaftes Gesicht. Sie war winzig und trug grelles Make-up, das ihre trüben Augen künstlich aufhellte. Sie war aus Perth weggelaufen, weil ihr Stiefvater sie missbraucht hatte. Nachdem sie durch die Nullarbor-Ebene getrampt war, kam sie auf der Straße in Kings Cross an. Wendy brachte sie zu mir.

»Sie stand auf Sues Platz!«, sagte sie. »Zum Glück habe ich sie gesehen, bevor Sue zurück war. Sie hätte sie umgebracht.« Viele der Frauen hatten festgelegte Bereiche auf der Straße, für die sie hart arbeiteten. Es gab eine Rangordnung: Wenn man neu war, fing man dort an, wo das Geschäft schlechter lief, und man arbeitete sich hoch.

Kathy trug Jeansshorts, eine dünne, blaue Bluse, die unter ihrem Busen geknotet war, und hohe Schuhe. Ihre Beine waren nackt. Sie sah so jung aus. Wendy war entsetzt. »Sie muss verdammte vierzehn sein, so wie sie aussieht. Mach etwas, Ruth!«, verlangte sie. »Guck dir ihre verdammten Arme an – sie nimmt schon Drogen!«

»Ich bin achtzehn, ich sehe nur jung aus!«, rief Kathy, die eindeutig log.

Binnen weniger Wochen war Kathy auf dem besten Weg, sich selbst zu zerstören. Das Heroin kostete 75 Dollar für eine kleine Menge und war oft mit Rattengift gestreckt. Da sie so jung war und neu auf der Straße, war sie bei der Kundschaft beliebt und hatte bald einige Stammkunden. Anfangs bestand sie auf Kondomen, doch sie zahlten ihr mehr, wenn sie sie ohne ranließ.

Ich schaffte es, sie in einem Frauenhaus unterzubringen, doch innerhalb eines Monats war sie wieder auf der Straße. So ging es hin und her, und keiner von uns drang zu ihr durch, doch sie kam weiter zu uns und schlief oft vor Erschöpfung auf einem Stuhl ein.

Und dann war da noch Slime. Er kam die Stufen zu meinem Büro hoch und blieb in der Tür stehen. »Du bist Ruth?«

»Ja. Komm herein und setz dich, wenn du magst.« Er hatte eine gedrungene Statur, war schick gekleidet, hatte sauberes, dunkles Haar, seine Fingernägel waren runtergekaut und er war schlecht rasiert. »Und du bist?«

»Nenn mich einfach Slime.«

»Kein anderer Name?«

»Keiner, der dich zu interessieren braucht.«

»Okay.«

»Du hast einem meiner Freunde geholfen. Ich wollte dich mir nur ansehen und dir danken.«

»Und bist du zufrieden mit dem, was du siehst?«

Er nickte. »Ich habe deine Karte«, murmelte er und zog sie aus der Jackentasche. »Ich dachte, ich frage mal, ob du mich am Mittwoch zum Gericht begleiten kannst. Ist keine große Sache – ich bin wieder wegen Drogenhandel vor Gericht.«

Slime war der Kopf einer Gruppe von Dealern. Mit Prostitution hatte er nichts am Hut. »Der Mist ist nichts für mich. Ich helfe ihnen, den Scheiß zu überleben.« Seiner Ansicht nach tat er ihnen einen Gefallen. Von Slime lernte ich eine Menge über den Drogenhandel in Kings Cross. Er erzählte mir, wer die Zuhälter waren, wer die großen Dealer waren und von der Korruption innerhalb der Behörden. Manche der Dealer bezahlten die Polizei für ihren Schutz, erzählte Slime mir.

Er wollte, dass ich bei der Gerichtsverhandlung über seinen Charakter aussagte. »Sag einfach, dass du mich kennst und so weiter. Die Polizei will mich draußen auf der Straße und nicht im Knast.«

Ich saß einige Minuten stumm da. Das fühlte sich nach einem gefährlichen Terrain an. Wenn ich mitspielte, unterstützte ich praktisch die korrupte Polizei.

»Das kann ich nicht tun, Slime.«

Er sah auf seine Füße hinab und zuckte die Schultern. »Dann halt nicht. War einen Versuch wert.«

In der nächsten Woche half ich, das Abendessen auszugeben. Hinten in der Ecke war eine Gruppe Jungs, die zusahen, wie jemand Liegestütze machte: »… achtundzwanzig, neunundzwanzig, dreißig!« Ich ging hin und sah zu. Slime kam dazu und trat den Kerl, der nun am Boden lag. »Du glaubst, das waren Liegestütz? Falsch gedacht, du Scheißer.«

Slime fing an, auf dem Boden einarmige Liegestütz zu machen. »So macht man das. Nicht so ein Mist mit beiden Armen!«

Als er bei dreißig war, sah er zu mir hoch. »Hey! Ruth! Habe dich doch nicht gebraucht. Die Polizei hat die Anklage fallen lassen.« Er grinste, zwinkerte mir zu und ging.

* * *

Sallie-Anne Huckstepp war über zehn Jahre auf der Straße gewesen, als ich sie kennenlernte. Sie war eine gut aussehende Frau Ende zwanzig. Sallie-Anne hatte Bryan Huckstepp, einen Heroinabhängigen, mit siebzehn geheiratet. Um seine Sucht zu finanzieren, arbeitete sie als Prostituierte, erst in Kalgoorlie und dann in Sydney, wo auch sie heroinabhängig wurde. Die Ehe war zum Scheitern verurteilt. 1981 lernte sie Warren Lanfranchi kennen, einen Drogendealer und Handlanger von Arthur »Neddy« Smith, einem berüchtigten Verbrecher, der wegen Drogenhandel, Diebstahl, bewaffnetem Raubüberfall, Vergewaltigung und Verstrickung in mehrere Morde eine Gefängnisstrafe abgesessen hatte. Neddy war einer der Dealer, die Polizeischutz hatten. Detective Sergeant Roger Rogerson (der bei der Fertigstellung dieses Buches noch wegen Mordes im Gefängnis saß) hatte viele seiner Verbrechen gebilligt. Sechs Monate nachdem Sallie-Anne zu Warren gezogen war, wurde er angeschossen und von Rogerson ermordet, angeblich in Notwehr. Doch Sallie-Anne glaubte, dass es eine Falle gewesen war, und verlangte eine Ermittlung. Sie ging mit dem Fall an die Öffentlichkeit und trat in den Fernsehsendungen *60 Minutes* und *A Current Affair* auf, wo sie behauptete, dass eine von Rogerson angeführte Gruppe korrupter Polizisten in Sydney den Drogenhandel kontrollierte und Kriminelle, die ihnen in den Weg kamen, verschwinden ließ.

Mitte 1984 gab Sallie-Anne mir einen Umschlag, der Informationen enthielt, wie illegale Drogen nach Australien gelangten, einschließlich Namen der beteiligten Personen, darunter schillernde Persönlichkeiten, bekannte Anwälte, Top-Cops und Leute aus den Medien. Sallie-Anne wusste, dass ihr Leben nun in Gefahr war. Im Falle ihrer Ermordung sollte ich die Informationen publik machen. Ich versprach ihr, mein Bestes zu tun.

Der Druck auf Rogerson und Mitglieder der Sittenpolizei sowie des Drogendezernats wuchs. Sallie-Anne machte beim

Dezernat für interne Ermittlungen der Polizei von New South Wales detaillierte Aussagen und warf ihnen Korruption, Manipulation von Beweismitteln, Erpressung und Mord vor. Es sollte schließlich alles der Royal Commission für den Polizeidienst von New South Wales (auch als Wood Royal Commission bekannt) vorgelegt werden, doch das geschah erst 1995 – für Sallie-Anne leider zu spät.

GESCHICHTEN
AUS DEM BUCHLADEN:
Frank, der Wanderer, der Züge liebt

Ein sehr fitter, braungebrannter deutscher Mann in Shorts, einem Wollpullover und ausgetragenen erstklassigen Wanderschuhen kam mit einem riesigen Rucksack in meinen Buchladen. Sein Name war Frank.

Er wollte ein Buch für seine nächste Wanderung, den Hump Ridge Track, und fragte, ob ich etwas über Züge hätte. Ich hatte zu dem Zeitpunkt nur ein Buch über Züge, aber ich sagte ihm, dass ich innerhalb der nächsten Woche zwei weitere bekommen würde. Es stellte sich heraus, dass Frank Autor, Buchhändler und Historiker mit einem eigenen Verlag in dem kleinen Dorf Berga war. Frank liebte Züge: Auf seiner Visitenkarte war ein Zug zu sehen, auf seiner Website gab es Züge, und er sagte, dass er auch eine Menge Bücher über Züge verkaufte.

Wir vereinbarten, dass er nach seiner Wanderung einige Tage bei uns bleiben und in unserem Wald arbeiten würde. Wir hatten über vieles zu reden, und bis dahin würden auch die anderen zwei Bücher über Züge eintreffen.

Genau wie ich nannte Frank seinen Verlag ein »winziges Unternehmen«. Sein Vater hatte das Doppelunternehmen 2001 aufgebaut (freiberuflicher Journalist und Verleger), weil er es satthatte, angestellt zu sein. Seine Leidenschaft waren die Eisenbahn und die Industriekultur. Mit der Zeit konzentrierte er sich mehr auf Braunkohle- und Schieferabbau sowie die Industriebahnen in Deutschland.

Frank und sein Vater arbeiteten zusammen, nachdem Frank 2003 die Universität abgeschlossen hatte. 2014 übernahm er die Firma offiziell.

Nach vielen Jahren erhielt er endlich Zugang zum Fotoarchiv der früheren Tageszeitung *Volkswacht*, die ab 1911 erschienen war. Die Zeitung war bis 1990 im Besitz der Sozialistischen Einheitspartei Deutschlands. Die Fotos und die Geschichte ihres Überlebens waren unglaublich, sodass die beiden ein Buch darüber schrieben!

Für Franks Vater war es eine Reise in die Vergangenheit, denn er hatte ab 1977 zehn Jahre lang für die *Volkswacht* berichtet und über Heimatgeschichte wie auch Wirtschaft geschrieben. Als er 1987 kündigen wollte, da er sich mit der politischen Linie der Zeitung nicht mehr wohlfühlte, sagte man ihm: »Niemand verlässt die Partei!« Er tat es schließlich doch und fing an, für einen Verlag zu arbeiten.

Franks Vater hatte vor Kurzem Zugriff auf die Stasi-Akten erhalten, und 2019 verfassten die beiden eine kleine Publikation über die Stasi-Informanten, die bei der Zeitung gearbeitet und dafür gesorgt hatten, dass die Kollegen die offiziellen politischen Überzeugungen druckten.

Frank schreibt nun den vierten Band ihrer Bücherserie über den Schieferabbau. Er hat einen der alten Bergarbeiter ausfindig gemacht, der historische Dokumente und Unterlagen über die Jahre, die er in den Minen gearbeitet hat, gesammelt hatte. Er hatte alles in leeren Sprengstoffkisten gelagert. Was die Nachbarn wohl dachten, als 60 Kisten Dynamit in Franks Werkstatt getragen wurden!

Frank blieb fünf Tage bei uns, arbeitete hart und verschlang viele Bücher. Als er ging, gab ich ihm zwei mit – *A Walking Guide to New Zealand's Long Trail: Te Araroa* von Geoff Chapple und *The Map That Changed the World: William Smith and the birth of modern geology* von Simon Winchester. Ich hoffte, der Wanderführer würde ihn irgendwann zurücklocken, damit er das Stückchen Wald sehen konnte, dessen Bäume er gepflanzt hatte und das wir nun Franks Wäldchen nennen.

KAPITEL 22

DIE HEIMAT RUFT

Im September 1984 rief meine Schwester Jill aus Neuseeland an. Ihr stand eine größere OP in Invercargill bevor, und sie fragte, ob es möglich sei, dass ich nach Hause käme und mich nach ihrer Entlassung aus dem Krankenhaus um sie kümmerte.

Ich vereinbarte einen zweiwöchigen Urlaub bei The Opposition und flog nach Christchurch, wo ich einige Nächte bei meinem Vater und meiner Stiefmutter blieb, bevor es weiter nach Cromwell ging.

Am zweiten Tag meiner Rückkehr bekam ich einen Anruf.

»Hallo. Ich glaube nicht, dass du meine Stimme erkennen wirst, aber ich musste anrufen.«

Er hatte recht: Beim Hören der Stimme klingelte bei mir nichts. »Wer spricht da?«

»Vorab nur eine Frage: Bist du noch Katholikin?«

Ich wusste sofort, dass es Lance war. Siebzehn Jahre waren vergangen, seit wir zuletzt auf Stewart Island miteinander gesprochen hatten. »Lance!«

Ich konnte es nicht glauben. Ich wollte lachen und weinen gleichzeitig.

»Woher wusstest du, dass ich hier bin?«, fragte ich.

Es war eine typisch neuseeländische Geschichte. Josie, die Frau im Bett neben Jill im Krankenhaus von Invercargill, war eine Freundin von ihm. Die beiden Frauen waren ins Gespräch gekommen, und Jill erwähnte, dass ihre Schwester aus Sydney kommen würde, um sich um sie zu kümmern. Josie musste Lance erwähnt haben, und Jill musste ihr die Geschichte meiner gescheiterten Verlobung mit einem Lance auf Stewart Island erzählt haben ... Und dann fiel der Groschen. Jill gab Josie ihre Telefonnummer, damit sie sie Lance gab, und als er anrief, gab sie ihm die Telefonnummer unseres Vaters.

»Wie wäre es, wenn ich hochfahre und dich abhole? Ich kann in acht Stunden da sein.«

Und da war er, vor meiner Haustür, acht Stunden später, unglaublich gut aussehend, mit dunklem Haar, einem Bart und denselben sanften Augen. Er war genau so, wie ich ihn in Erinnerung hatte. Und es war, als würden wir da weitermachen, wo wir vor zwei Jahrzehnten auf Stewart Island aufgehört hatten. Lance steuerte nun die *Renown*, das Schiff der neuseeländischen Naturschutzbehörde, an der Küste von Fiordland.

Es war für uns beide eine außergewöhnliche Zeit. Ich konnte nicht glauben, dass er mich gefunden hatte. Lance hatte gerade eine sehr emotionale Trennung hinter sich. Erst vor einem Jahr kam er von der See zurück und fand einen Brief von seiner Frau, in dem sie schrieb, dass sie ihn verlasse und mit ihrem kleinen gemeinsamen Sohn Dane zu ihrer Familie nach Melbourne zurückkehre. Er hatte alles versucht, um seine Familie zurückzubekommen, aber vergebens. Eine Phase mit starken Depressionen folgte. Dann kam ich in sein Leben zurück.

Ich hatte noch den Ehering, den wir hatten anfertigen lassen, als ich einundzwanzig war. Lance erzählte mir, dass er seinen Ehering getragen hatte, bis er ihm beim Anlegen eines kleinen Küstenmotorschiffs vom Finger gerissen wurde.

Am nächsten Tag fuhren wir mit dem Auto nach Cromwell, was uns sechs Stunden zum Reden gab. Nach dem Mittagessen in Ōmarama umarmten wir uns am Straßenrand. Es fühlte sich an, als hätte ich mein Zuhause gefunden, das ich so lange gesucht hatte.

Lance musste am nächsten Tag wieder zur See, und ich blieb eine Woche bei Jill. Dann holte er mich ab und fuhr mit mir hinunter nach Manapōuri. Zwei unglaubliche Tage später entschied ich mich, die *Magic* zu verkaufen, meinen Job in Kings Cross zu kündigen und nach Manapōuri zu ziehen. Es klang unkompliziert, doch ich hätte wissen sollen, dass es das überhaupt nicht sein würde.

* * *

Ich kam wieder in Sydney an und begann, alles vorzubereiten. Dann hörte ich, dass man zweimal auf einen jungen Polizisten namens Michael Drury geschossen hatte. Die Schüsse gingen durch sein Küchenfenster, als er gerade seiner dreijährigen Tochter Essen machte. Er überlebte und behauptete, der berüchtigte Roger Rogerson sei verantwortlich, da Drury sich geweigert hatte, Bestechungsgeld anzunehmen, das man ihm im Austausch für manipulierte Beweismittel in einem Drogenprozess angeboten hatte.

Es ging also los, auf der Straße wurde pausenlos getratscht. Ich wusste, dass die Informationen, die Sallie-Anne mir anvertraut hatte, genügten, um nicht nur Rogerson hinter Gitter zu bringen, sondern auch einige andere sehr bekannte – und sehr angesehene – Leute. Ich sprach mit meinem Onkel Bill, der sein ganzes Leben bei der Polizei gewesen war, und fragte ihn, ob er einen ehrlichen Polizisten oder sonst jemanden kenne, dem ich eine Kopie der Informationen geben könnte, sollte Sallie-Anne etwas zustoßen. Nachdem er die Aussagen gelesen hatte, riet er mir, niemandem zu trauen. Er wies mich an, eine Kopie an Lance in Neuseeland zu schicken und das Original zu verstecken.

Doch das war nicht das, was ich tat. Ich war so dumm und vertraute einem Reporter, dem ich oft auf den Straßen, im Gericht und gelegentlich auf den Polizeiwachen begegnet war. Er schrieb dem Anschein nach sehr sachliche Berichte über Polizeikorruption, und ich hatte das Gefühl, er würde ein guter Verbündeter sein. Zusammen mit Tim, einem Arbeitskollegen, vereinbarte ich ein Treffen mit diesem Reporter und erzählte ihm von den Beweisen, die ich hatte. Er muss noch an jenem Abend direkt losgegangen sein und dem Drogendezernat alles erzählt haben.

In den frühen Morgenstunden nach einer hektischen Nacht bei The Opposition gingen Tim und ich zu unseren Autos. Als wir uns näherten, bemerkten wir, dass die Türen von Tims Auto offen waren und das Auto schief dastand. Es war ausgebrannt, die Reifen auf einer Seite aufgeschlitzt und die Fenster eingeschlagen.

Wir wussten beide sofort, dass wir aus Sydney rausmussten: Es war eine ganz klare Warnung. Mein Auto hatte man nicht angerührt, also stiegen wir ein und fuhren ohne anzuhalten und Kleidung einzupacken nach Melbourne – eine etwa neunstündige Fahrt. Tims Schwester rief für uns auf der Arbeit an und sagte, wir seien in den Norden gefahren, um Tims Mutter zu besuchen, die sehr krank sei. In Wahrheit waren wir in die entgegengesetzte Richtung gefahren und tauchten eine Woche lang unter. Lance machte sich zunehmend Sorgen, da er nichts von mir hörte, doch wir hatten zu viel Angst, Anrufe zu tätigen, da wir uns oder unsere Liebsten in Gefahr gebracht hätten. Ich fuhr schließlich allein nach Sydney zurück, während Tim den Zug nahm.

Nach meiner Rückkehr rief ich Lance an und erzählte ihm kurz, was passiert war. Er bot sofort an, rüberzukommen und zu helfen.

»Du kannst nichts machen«, sagte ich ihm. In meinen Gedanken galoppierte Lance auf einem weißen Pferd die Darlinghurst Road hinunter … Er war in Fiordland Hirschjäger gewesen, also war er geübt im Umgang mit einem Gewehr, aber das hier war etwas ganz anderes. Den Dschungel hier kannte er nicht. »Ich komme so schnell ich kann nach Hause«, versicherte ich ihm.

Innerhalb weniger Wochen war die *Magic* auf dem Markt, meine Teekisten und Joshuas Kreuz waren gepackt und auf dem Weg nach Christchurch, und mein Auto war verkauft. Ich verabschiedete mich von all den Freunden, die ich auf der Straße gefunden hatte, und wünschte mir fast, ich könnte bleiben, doch ich wusste, dass es unmöglich war. Ich hatte eine Chance erhalten, nach Hause zu kommen und neu anzufangen. Nach Jahren, in denen mein Leben sich immer wieder in Sekundenschnelle verändert hatte, wusste ich, dass eine Art Stabilität auf mich wartete.

Doch es war schwierig, die Gemeinschaft, die ich mir in Kings Cross aufgebaut hatte, zu verlassen. Slime umarmte mich sogar, und Wendy gab mir einen Goldring, den ich immer noch am kleinen Finger an der linken Hand trage.

Im Dezember 1984 war ich schließlich auf dem Weg zu den Bergen von Fiordland – und zu Lance.

* * *

Im Februar 1986 rief mich Onkel Bill an und erzählte mir, dass Sallie-Anne ermordet worden war.

Man hatte sie, stranguliert und ertränkt, in einem Teich im Centennial Park in Sydney gefunden.

Peter Smith, ein Bundespolizist, mit dem sie eine Affäre gehabt hatte, sagte bei der Untersuchung aus, Sallie-Anne sei davon überzeugt gewesen, dass Neddy Smith und Roger Rogerson versuchen könnten, sie umzubringen. Der Rechtsmediziner hielt die Beweise für nicht ausreichend, um Anklage zu erheben, und entschied daher, dass Sallie-Anne von einer oder mehreren unbekannten Personen ermordet worden war. Niemand wurde je angeklagt.

Etwa vier Jahre später brachte mein Onkel mich in Kontakt mit einem neu gewählten Politiker, den er kannte und dem er vertraute. Nachdem wir telefoniert hatten, schickte ich ihm die Informationen, die Sallie-Anne mir gegeben hatte. Ich lehnte es später ab, als Belastungszeugin vor Gericht aufzutreten, da ich nun

Lance' und Danes Wohlergehen bedenken musste. Ich war fest davon überzeugt, dass Dane, der mit seiner Mutter in Melbourne lebte, vor einem Vergeltungsschlag nicht sicher war.

Obwohl Rogerson im April 1996 aus dem Polizeidienst entlassen wurde, ging seine kriminelle Karriere weiter. Er wurde zu mehreren Gefängnisstrafen wegen verschiedener Straftaten verurteilt. Er sitzt nun zusammen mit einem ehemaligen Kollegen eine lebenslange Haftstrafe für den Mord an dem zwanzigjährigen Drogendealer Jamie Gao im Mai 2014 ab. Ihre Einsprüche wurden im Juli 2021 abgelehnt.

Die Serie *Blue Murder* über die Geschäfte zwischen Rogerson und Neddy Smith spielt im Sydney der 1980er-Jahre und lief 1995 im Fernsehen. *Blue Murder: Killer Cop*, eine zweiteilige Miniserie, die im August 2017 anlief, setzt die Geschichte des ehemaligen Detective Roger »the Dodger« Rogerson fort.

GESCHICHTEN
AUS DEM BUCHLADEN:
Jack und die jahreszeitliche Verwirrung

»Im Winter geschlossen. Rufen Sie an, wenn ich öffnen soll« stand außerhalb der Saison auf dem Schild vor den Buchläden. Manapōuri hält praktisch Winterschlaf. Wir haben keine Skigebiete, die Skifahrer und Snowboarder anlocken, und viele der Wanderwege sind gesperrt, daher schließe ich die Buchläden Ende April und öffne erst wieder Mitte oder Ende September. Es ist eine gute Gelegenheit, um die Regale nachzufüllen, den Frühjahrsputz zu machen und sich der Instandhaltung seltener und alter Bücher zu widmen.

Anfang September jätete ich im Garten das Unkraut vor dem Kinderbuchladen, als ich einen Jungen bemerkte, der vielleicht zehn Jahre alt war und an der Tür zum Hauptladen stand.

»Es ist nicht mehr Winter. Warum ist Ihr Laden zu?«

»Ich öffne in ein paar Wochen, aber ich kann jetzt aufschließen, wenn du möchtest.«

»Dann hätten Sie schreiben sollen, dass Sie im Winter UND Anfang Frühling geschlossen haben«, sagte er mit ernster Stimme.

Während ich den Hauptladen aufschloss, fragte ich ihn, was er gern lesen würde. »Der Kinderbuchladen ist leer, weil alle Bücher während des Winters eingelagert sind«, erklärte ich. »Du kannst dich aber hier umsehen. Mein Name ist Ruth. Wie heißt du?«

»Jack. Ich bin mit meiner Mum für eine Woche hier. Sie hätten vor vier Tagen öffnen sollen.« Es ließ ihm keine Ruhe. Jacks blaue Strickmütze ging ihm bis zur Brille. Er war für das kalte Wetter gut gekleidet.

»Was liest du gern, Jack?«, fragte ich erneut, um ihn von meiner offensichtlichen Unwissenheit, was die Jahreszeiten anbelangte, abzulenken. Er stand mitten im Buchladen und sah sich um. »Seescheiden. Zu Hause gibt es welche davon am Kai. Wissen Sie, was eine Seescheide ist?«

Zum Glück wusste ich ein wenig über Seescheiden Bescheid, da Lance Taucher und Unterwasserfotograf war und ich in Fiordland, wo sie in Hülle und Fülle vorkamen, auch selbst getaucht war.

»*Ascidiae*. Ja, die habe ich beim Tauchen gesehen.«

»Wow, das ist so cool!« Jack sah mich mit neu gewonnenem Interesse an. Ich war nicht so doof, wie er gedacht hatte.

»Ich habe ein Buch über *Ascidiae* in meiner Buchsammlung«, sagte ich. »Ich hol es dir kurz.« Puh! Mein Ansehen war wiederhergestellt.

Jack sah sich das Buch begeistert an. »Wussten Sie, dass es weiße Seescheiden nur in Fiordland gibt?«, fragte er.

»Nein. Warum das wohl so ist?«, antwortete ich.

Seine Mutter kam. Sie war in unserem Dorfladen gewesen. »Jack hat seit vier Tagen darauf gewartet, Sie kennenzulernen«, sagte sie.

»Warum haben Sie mich nicht angerufen? Ich hätte für ihn aufgeschlossen.«

»Er wollte Ihnen persönlich sagen, dass nicht mehr Winter ist. Er wollte wissen, wann Sie bemerken würden, dass nun Frühling ist.«

Jacks Mutter war mit der Art ihres Sohnes offensichtlich vertraut.

»Ja, das hat er mir gesagt.«

Ich bot an, ihm das Buch zu schenken, doch seine Mutter sagte, er könne es ausleihen, wenn sie wieder hier Urlaub machten.

Als sie gingen, hörte ich Jack zu seiner Mutter sagen: »Ich habe ihr gesagt, dass Frühling ist!«

Es war an der Zeit, den Text auf der Tafel zu ändern.

ANKUNFT ZU HAUSE

Ich flog mit gemischten Gefühlen zurück nach Wellington. Lance wartete mit dem zehnjährigen Dane auf mich, den sie als Baby adoptiert hatten. Er kam aus Melbourne, um die Schulferien mit seinem Dad zu verbringen: Das war meine neue Familie. Lance und ich umarmten uns, lachten und weinten. Gefühlsmäßig waren wir beide ziemlich durcheinander, wir erkannten, was für eine große Sache das war. Es war ein richtiger Neuanfang für uns beide. Lance war zweiundvierzig und ich achtunddreißig.

Mit meinen zwei Koffern hinten im Wagen fuhren wir zur Inselfähre nach Picton und machten unseren ersten »Familienurlaub«. Es war eine stressige Zeit für mich: Nachdem wir so lange getrennt gewesen waren, wollte ich bei Lance sein, doch ein Teil von mir war noch immer bei den Prostituierten in Kings Cross.

Ich fühlte mich nicht sicher und dachte ständig, das Chaos, das ich zurückgelassen hatte, würde mich einholen. War es wirklich so einfach, davonzukommen und neu anzufangen? Und der Blick in die Zukunft war genauso einschüchternd: War ich wirklich zu einer weiteren ernsten Beziehung bereit?

Dane war ein sehr hübscher Junge mit einem tollen Lächeln, und sein ständiges Geplapper half mir, mich zu beruhigen. Mein eigener Sohn würde nun bald zwanzig Jahre alt sein – fast alt genug, um seine Einwilligung zu geben, dass ich ihn kontaktieren durfte. Doch jetzt war hier ein anderer kleiner Junge an meiner Seite, der meine Hand hielt und sicher war, dass alles gut werden würde. Ich erinnere mich daran, wie ich mir sagte, dass dies meine Chance sei, mein Leben wieder auf Kurs zu bringen und nicht länger weglaufen zu müssen. Immer wieder kam mir das Bild einer Windschutzscheibe voller dicker Regentropfen in den Sinn. Die Scheibenwischer wischen meine Tränen weg wie den Regen, und ich kann wieder einen sicheren Pfad klar vor mir sehen.

Wir wohnten bei meinem Vater und seiner neuen Frau in Christchurch, so konnte ich all meine Tanten, Onkel und Cousins treffen. Ich war neunzehn Jahre fort gewesen. »Ja, ich bleibe zu Hause«, wiederholte ich immer wieder.

Mein Vater war begeistert, aber immer noch auf seine typisch grobe Art. »Werde um Gottes willen sesshaft. Mach keine Dummheiten. Wirf nicht wieder alles über den Haufen!«

Wir kamen pünktlich zur Hochzeit von Lance' Bruder in Manapōuri an. Es war die perfekte Gelegenheit, um Lance' Verwandtschaft kennenzulernen. Ich kam mir wie eine Hochstaplerin vor. Nur Lance' Mutter und sein Bruder wussten von mir, doch glücklicherweise akzeptierten mich alle, ohne viele Fragen

zu stellen. Lance' Vater Lucky, ein großer Mann mit einer don-
nernden Stimme, legte den Arm um mich und verpasste mir den
Spitznamen Shorty, den nur er bis zu seinem Tod benutzte.

Über die nächsten Wochen wuchsen Lance, Dane und ich
vorsichtig zu einer kleinen Familie zusammen. Ungläubig stellte
ich fest, dass ich Teil von etwas Besonderem war, von etwas, nach
dem ich so lange gesucht und wonach ich mich gesehnt hatte.
Doch es hatte immer ein »aber« in meinem Leben gegeben. Und
jetzt war es wieder da: Tief im Inneren glaubte ich, dass ich Lance
und Dane nicht verdient hatte. Aus Selbstschutz und Angst vor
dem Unausweichlichen fing ich an zuzumachen. Ich sehnte mich
danach, ein fester Bestandteil dieser Familie zu sein, doch ich
stieß Lance emotional wie körperlich von mir.

* * *

Manapōuri ist ein kleiner Ort an einem hübschen See, der an drei
Seiten von spektakulären Bergen und dem Fiordland-Nationalpark, Teil des UNESCO-Weltnaturerbes, umgeben ist. Das Dorf
liegt am Ende der Straße: In Manapōuri macht man entweder
kehrt und fährt dahin zurück, wo man herkam, oder man steigt in
ein Boot und überquert den See.

Tourismus spielt eine wichtige Rolle für die Wirtschaft in
Fiordland, und da ich Arbeit brauchte, ermutigte Lance mich, den
gewerblichen Kapitänsschein zu machen. Ich hatte mehr als genug Seestunden und Erfahrung, also bewarb ich mich für einen
sechswöchigen Kurs in Dunedin. Lance war noch immer Skipper
der *Renown*, was bedeutete, dass er bis zu zehn Tage am Stück weg

war. Er kam für etwa fünf Tage nach Hause, bevor er wieder aufbrach. Ich gewöhnte mich schnell an die Routine, und obwohl ich ihn vermisste, war es auch eine gute Regelung, die uns beiden Zeit gab, uns aneinander zu gewöhnen.

Von den achtzehn Kursteilnehmern waren nur zwei Frauen. Die andere Frau war von Stewart Island und hatte vor, ihr eigenes Fischerboot zu steuern. Sie war viele Jahre mit ihrem Vater fischen gewesen, daher hatte sie unglaublich viel Erfahrung auf dem Küstenwasser. Wir zwei konnten mehr Stunden auf See verbuchen als die ganzen Männer. Die Vorlesungen behandelten die Grundlagen, doch beim Thema Maschinenbau hatte ich meine liebe Mühe. Zum Glück half mir Lance, wenn er zu Besuch kam, und obwohl ich vor der mündlichen Prüfung unglaublich nervös war, bestand ich.

Zurück zu Hause fand ich eine Stelle bei Fiordland Travel (heute heißen sie Real Journeys) als Kapitänin auf einem ihrer Touristenschiffe. Ich arbeitete hauptsächlich auf einem Fiordlander, der einen gefräßigen Diesel-Doppelmotor hatte und sich leicht manövrieren ließ.

Jeden Tag lud ich um die achtzig Passagiere ein, die sich für einen Tagesausflug zum Meeresarm Doubtful Sound oder für einen kürzeren Ausflug nach West Arm angemeldet hatten, um sich das Wasserkraftwerk von Manapōuri anzusehen. Während der Hauptsaison machte ich die Tour manchmal vier Mal am Tag, wobei ich immer auf Nebel hoffte, damit ich das Radargerät benutzen konnte, oder auf etwas Wind, damit ich eine kleine Herausforderung zu meistern hatte. Ich war immer argwöhnisch, wenn etwas zu einfach war. Ich brauchte eine gewisse Reibung. Ich trug meinen Ehering, obwohl Lance und ich nicht verheiratet waren, weil ich eine Art Hemmschwelle zwischen mir und den männlichen Passagieren wollte.

Da ich so klein war, bauten mir die Jungs in der Werkstatt eine Kiste, auf der ich hinter dem Steuer stand. Nachdem die Passagiere eingestiegen waren und ich sie gezählt hatte, um sicherzustellen, dass unsere Zahlen mit denen des Büros übereinstimmten, verließen wir Pearl Harbour. Ich begrüßte die Passagiere über Lautsprecher und ging die übliche Einführung durch, darunter Gesundheits- und Sicherheitsinformationen, dann erzählte ich drauflos und wies unterwegs auf die Landschaft hin. Es machte meist Spaß, doch mir wurden andauernd dieselben geistlosen Fragen gestellt:

»Haben Sie die gleiche Prüfung abgelegt wie die Männer?«

»Haben Sie schon mal schlechtes Wetter erlebt?«

»Können Sie das Radar benutzen?«

»Dürfen Sie das Schiff bei schlechtem Wetter fahren?«

»Können Sie Ihre Kapitänsmütze aufsetzen, damit wir ein Foto machen können?«

»Was hält Ihr Mann davon, dass Sie Schiffe fahren?«

Mir reichte es, als eines Tages ein Mann zu mir auf die Brücke kam und sich an mich heranmachen wollte. Er sagte, ich würde in meiner Uniform sexy aussehen und es sei das Highlight seiner Reise, mich als *seinen* Skipper zu haben. Ob ich mit ihm essen gehen würde?

Wir waren auf halber Strecke mitten auf dem See, ich legte den Gashebel in den Leerlauf, schaltete den Motor aus, das Mikrofon ein und sah die restlichen Passagiere direkt an.

»Ich werde von diesem Mann belästigt, und ich werde die Fahrt nicht fortsetzen, bis er die Brücke verlässt.«

Alle sahen schockiert hoch, und der Mann verkroch sich gedemütigt auf seinen Platz.

Ich dankte allen für ihre Geduld, schaltete den Motor wieder ein und setzte die Rückfahrt fort.

* * *

Meine drei Teekisten waren in Christchurch angekommen, und wir wollten hochfahren und sie nach Manapōuri holen. Ich hatte endlich ein dauerhaftes Zuhause für alles, darunter meine geliebte Büchersammlung.

Als wir jedoch ankamen, sagte man mir, ich könne Joshuas Holzkreuz nicht bekommen, da es aus unbehandeltem Holz sei. Ich war fassungslos. Ich war so kurz davor, nach so langer Zeit alles an einem Ort zu haben, und es war mir wichtig, einen endgültigen Ort für Joshuas Kreuz zu finden.

Wir erklärten, wie kostbar es sei, und fragten, ob es irgendeinen Weg gebe, wie ich es zurückbekommen könne. Schließlich entschieden sie, dass sie es ausräuchern und mit dem Kurier zu mir runterschicken würden.

Unser Haus in Manapōuri, in dem wir seit fünfunddreißig Jahren leben, ist ein kleines, gemütliches Holzhaus umgeben von Bäumen. Als meine kostbaren Habseligkeiten ihren Platz fanden, tat ich es auch. Ich fühlte mich sicher und begann, das Haus als mein Zuhause anzusehen. Lance baute ein Regal nach dem anderen für all meine Bücher. Es war ein großartiges Gefühl, sie endlich auszupacken und in ihr richtiges Zuhause zu stellen.

Der Kartoffelsack kam schließlich sorgfältig in Pappe eingewickelt an, und darin lag geduldig wartend Joshuas Kreuz.

Obwohl ich mich unglaublich freute, es endlich bei mir zu haben, löste es auch eine tiefe Depression und ein Verlustgefühl aus. Nachdem einige Wochen so vergingen, überredete mich Lance, zum Arzt zu gehen. Dr. Patrick O'Sullivan stellte mir all die richtigen Fragen, schließlich lehnte er sich vor und fragte: »Was wollen Sie nun mit Joshuas Kreuz tun, Ruth?«

»Ich möchte, dass es irgendwo sicher ist und nicht versteckt in einem Kartoffelsack.«

Lance und ich besprachen verschiedene Möglichkeiten – es im Wald abzulegen, aufs Meer hinauszufahren und es im Ozean zu versenken oder es in unserem Garten aufzurichten –, doch keine dieser Optionen gab mir das Gefühl, das ich brauchte, nämlich, dass diese letzte Reise vorbei war.

»Was ist mit dem Friedhof?«, fragte Dr. Patrick.

»Ich habe keinen Leichnam und keine Asche.«

»Vielleicht brauchen Sie das nicht, bloß einen Ort, wo sein Kreuz stehen kann. Wie wäre es, wenn ich den Gemeinderat anrufe und mich erkundige, ob das möglich ist?«

Tränen der Erleichterung liefen mir über die Wangen. Es fühlte sich richtig an. »Ja, bitte. Bitte fragen Sie ihn.«

Schon wenige Tage später rief Dr. Patrick mich an. »Sie haben erlaubt, dass Sie Joshuas Kreuz irgendwo in der Nähe des Zauns, nicht direkt auf dem Friedhof, aber am Rand, aufstellen können. Wie finden Sie das?«

Wie ich das fand? Ich fand es wunderbar. »Wir suchen einen Platz, dann melde ich mich, damit Sie den Gemeinderat informieren können.« Ich bedankte mich überschwänglich.

Lance und ich fanden die perfekte Stelle am Südende des Friedhofs mit Blick auf den Te-Anau-Talkessel und die Cathedral Peaks.

Ich rief Dr. Patrick an und erklärte ihm, wo die Stelle lag. Dann fragte ich ihn, ob ich einen einheimischen Baum neben Joshuas Kreuz pflanzen könne. Kurze Zeit später pflanzten Lance und ich eine kleine, rote Scheinbuche, die nicht viel größer war als ich, und davor stellten wir Joshuas Kreuz auf. Auf der kleinen Messingplatte steht:

Hier ruht endlich Joshua, 13 Stunden alt.

Peter, der hiesige Baptistenprediger, war für eine kurze Zeremonie dabei. Endlich hatte ich das Gefühl, dass Joshuas Reise vorüber war.

Das stimmte fast.

* * *

Ich hatte wirklich Freude an meiner Arbeit bei Fiordland Travel. Ich hielt mein Schiff makellos rein, und der Motor glänzte, da ich ihn jeden Morgen säuberte, wenn ich meine tägliche Kontrolle durchführte. Ich war stolz auf meine Arbeit und wollte, dass meine Passagiere ihren Ausflug auf dem See richtig genossen, sie sollten bei mir zufriedener von Bord gehen als bei den männlichen Skippern.

Zu Weihnachten dekorierte ich das Schiff und spielte Weihnachtslieder, wenn die Passagiere an Bord gingen. Ich packte Geschenke ein, und wir spielten »Pass the Parcel«, was großen Spaß machte. Wenn wir eine Gruppe Passagiere am Anlegeplatz West Arm absetzten, kehrte ich oft allein zum Hafen von Manapōuri zurück, eine leichte, unkomplizierte Fahrt, auf der ich hinter dem Steuer sitzen und stricken konnte. Innerhalb einer Saison strickte ich Lance zwei Pullover.

Wir besuchten Joshua regelmäßig, und oft brachten wir ein Picknick mit. Der Baum wuchs kräftig, und ich wusste, dass dies der richtige Platz für ihn war. Doch eines Tages kamen wir dort an, und das Kreuz war verschwunden. Ich war wie vor den Kopf gestoßen. Warum sollte jemand so etwas tun? Wir suchten überall, vielleicht hatte ja jemand das Kreuz ins Gebüsch geworfen.

Doch es war nicht auffindbar. Ich war völlig aufgelöst. Lance rief den Gemeinderat an und erfuhr, dass ein Mitarbeiter es im Glauben, es sei illegalerweise aufgestellt worden, entfernt hatte. Es lag in einem Schuppen. Als wir es abholten, sahen wir, dass der Hauptpfahl gebrochen war und der Rest anfing zu verrotten, also entschieden wir, ein neues Kreuz anfertigen zu lassen.

Das verfaulende Kreuz lag eine Zeit lang in unserem Gartenhaus. Ich war froh darüber, es jeden Tag sehen zu können, mit der Hand über das raue Holz zu fahren und an Joshua zu denken. Ich fand schließlich den passenden Mann, der einen Ersatz baute: ein junger Tischler aus Nelson im Norden, mit dem wir bereits zusammengearbeitet hatten. Auf seinem Van stand zu lesen: »Jesus war auch Tischler.« Ich erklärte ihm, was ich wollte, und er schreinerte ein wunderschönes Kreuz. Es begleitete mich auf der Rückfahrt nach Manapōuri, während Lance mit dem Boot entlang der Westküste bis zum Doubtful Sound zurücksegelte.

Wir hielten eine kleine Zeremonie ab, und dieses Mal betonierten wir das Kreuz an der gleichen Stelle ein.

Joshuas Kreuz hatte sich so lange wie ein Symbol meines chaotischen Lebens angefühlt: ständig von einem Ort zum nächsten ziehend, ohne jemals Frieden zu finden.

Es gab nur noch ein fehlendes Puzzlestück in meinem Leben: Ich musste meinen lebenden Sohn finden.

GESCHICHTEN
AUS DEM BUCHLADEN:
Gentleman George, Träger eines königlichen Ordens

Alle paar Monate veranstaltete Pam Plumbly, Antiquitätenexpertin und Versteigerin, Bücherauktionen in Dunedin, die ich besuchte. Bei meiner ersten Versteigerung sagte mir ein anderer Buchhändler: »Setz dich nicht auf diesen Platz«, und zeigte auf einen unglaublich gemütlichen Polstersessel in der ersten Reihe. »Das ist Georges Sessel.«

Ich saß weit hinten auf einem harten Stuhl und war gespannt darauf zu sehen, wer dieser George war.

Ein älterer Herr kam wenige Minuten bevor die Versteigerung anfing. Alle nickten ihm zum Gruß zu, als er sich den Weg zu seinem besonderen Sessel bahnte. Offenbar kannten ihn alle.

Wie ich später herausfand, war George Griffith ein geachteter Historiker, Schriftsteller, Verleger, Lektor und Journalist. Ihm wurde 1990 der königliche Verdienstorden Queen's Service Order verliehen, und 1999 wurde er in Dunedin zum Bürger des Jahres gewählt. Bücher und Musik waren Georges Leidenschaft, daher war ich nicht überrascht, als ich herausfand, dass er der Gründer und Besitzer der berühmten Buchhandlung Otago Heritage Books war.

Nach der Auktion stellte ich mich vor. Er war hocherfreut, als er hörte, dass ich in Manapōuri einen ganz besonderen Buchladen hatte.

»Kommen Sie das nächste Mal am Abend vor der Auktion nach Dunedin, und wir essen in meiner Buchhandlung zu

Abend«, sagte er mit einem Lächeln. »Ich lasse Ihnen Zeit, damit Sie sich umgucken können, und ich lege Ihnen einige Bücher zur Seite.«

Und so kam es, dass ich eines Tages an einem perfekt gedeckten Tisch mitten in einer riesigen Buchhandlung saß und mit George zusammen aß.

Er war ein reizender Mann mit einer Halbglatze und noch etwas weißem Haar, einem kurzen Bart und wissbegierigen blauen Augen. Er lächelte viel. Wir unterhielten uns stundenlang, während wir seine Sammlungen, nicht nur Bücher, sondern auch Musik, durchgingen. Ich kaufte alle Bücher, die er mir zur Seite gelegt hatte, und noch ein paar mehr, von denen manche ziemlich selten waren.

George sprach mit mir, als wüsste ich genauso viel über Bücher wie er. Er hieß mich in seinen Reihen willkommen. Ich war von seiner Großzügigkeit und der Leichtigkeit, mit der er sein Wissen teilte, so überwältigt, dass ich fast geweint hätte, als er mich zum Abschied umarmte.

Bei der nächsten Bücherversteigerung saß ich weiter vorne, dichter an »Georges Sessel«. Wie die anderen nickte ich zur Begrüßung, als George zu seinem Platz ging.

Jahre später charterten George und seine Musik-Freunde unsere Jacht *Breaksea Girl*. Sie hatten die frühe Musikgeschichte Neuseelands erforscht. Den von J. C. Beaglehole herausgegebenen Tagebüchern *The Journals of Captain Cook* zufolge war Cook 1773 im Fjord Dusky Sound gewesen und »veranlasste, dass Dudelsack und Pfeife gespielt und die Trommel gerührt wurden«. George glaubte, dass dies die erste europäische Musik war, die in Neuseeland gespielt worden war. Um den Anlass zu feiern, wollten er und seine Freunde diesen Teil von Neuseelands Geschichte nachspielen, indem sie im Dusky Sound Dudelsäcke, Pfeifen und Trommeln ertönen ließen.

George schrieb später das Libretto für Anthony Ritchies Komposition *From the Southern Marches*. Er starb 2014 im Alter von einundachtzig Jahren und hat ein beeindruckendes Lebenswerk hinterlassen.

LANCE' ABENTEUER

In den zwanzig Jahren, die wir einander nicht gesehen hatten, war auch in Lance' Leben ziemlich viel passiert. Wir hatten tatsächlich so viel zu bereden, dass es für unser restliches Leben reichen würde.

Da er schon so lange Teil der Gemeinde Manapōuri ist, gibt es über Lance Shaw einiges zu erzählen. Hier also seine Geschichte:

Lance hat die Schule drei Mal abgebrochen – es war einfach nichts für ihn, wie er es ausdrückte. Als Erstes verließ er die Southland Boys' High und fing an der Fernschule an, die er mit fünfzehn Jahren schmiss, nachdem seine Familie zerbrochen war. Seine Mutter, sein Bruder und er arbeiteten eine Saison lang auf einer Tabakfarm in Motueka und zogen dann nach Auckland. Seine Mutter glaubte, Lance hätte Potenzial, also schrieb sie ihn an der Oberschule Mount Roskill Grammar ein, doch der Junge vom Land passte nicht in die Stadtschule, und nach nur wenigen Monaten war er aus der Schule gemobbt worden.

Immer noch fünfzehn Jahre alt, bekam er 1958 einen Job als Teejunge auf der Auckland Harbour Bridge, nahm Bestellungen auf, kochte Tee und verteilte ihn für ein Pfund pro Tag. Anfangs arbeitete er in Northcote, also musste er sein Fahrrad auf den Stahlträgern über das offene Stück der neuen Brücke tragen und dann die andere Seite runterradeln.

Jeden Tag sah er die Schiffe ankommen und aus dem Hafen auslaufen. Das Leben auf See erschien ihm aufregend – die Sehnsucht war geweckt.

Er hatte das Teekochen bald satt und wurde Hilfsarbeiter auf einer Baustelle, wo er Beton mischte und dabei das Dreifache verdiente. Seine Mutter war mit einem Elektriker zusammengezogen, deshalb sollte auch Lance eine Ausbildung zum Elektriker machen. Er probierte es aus, merkte jedoch, dass es nichts für ihn war.

Eine kurze Zeit lang besprühte er Schuhleder mit Farbe, dann versuchte er sich als Metzger. Schließlich entschloss er sich, verzweifelt, niemals seinen Platz in der Welt zu finden, zur See zu fahren.

Als Erstes musste er der Seemannsgewerkschaft beitreten. Gegen eine Gebühr erhielt er das Recht, »an der Ecke zu stehen« – mit einigen anderen, die auch hofften, Arbeit zu bekommen. Grundsätzlich war der Erste Offizier derjenige, der die Leute einstellte. Es war der Erste Offizier der *Tiri*, eines altersschwachen Lastkahns aus Holz, der Lance seinen ersten Job auf See anbot: als Decksjunge.

Die *Tiri* beförderte allgemeine Fracht die Küste von Auckland hoch und runter, darunter Haifischleber in Milchkannen, Kauriholz aus der Siedlung Totara North am Whangaroa Harbour oder Butter aus der Fabrik in Awanui. Das war viel spannender, als Tee zu kochen. Nach acht Monaten wurde er Decksjunge auf der *Karamu*, die auf der tasmanischen Route bis Sydney fuhr. Auf der ersten Fahrt versuchte sich jedoch eines der Besatzungsmitglieder an ihn heranzumachen. Kaum hatten sie wieder in Auckland angelegt, wechselte Lance das Schiff.

Nach dieser Erfahrung ging er zurück nach Manapōuri und fand eine Anstellung im Hotel der Tourist Hotel Corporation in Te Anau, wo er als Frühstückskoch anfing und sich zum dritthöchsten Koch hocharbeitete. Er war nun sechzehn. Mit seiner gesammelten Erfahrung wechselte er für kurze Zeit ins Eckhart Hotel in Queenstown, dann versuchte er sich im berühmten Chateau im Tongariro-Nationalpark. Er hatte jedoch das Gefühl, dass seine Kochkünste für diesen prächtigen Betrieb etwas zu einfach waren, deshalb kündigte er wieder.

Da ihm die Karrieremöglichkeiten ausgingen, wurde Lance Verkäufer bei Bond and Bond, die Haushaltsgeräte vertrieben. Er belegte einen Kurs für Verkaufstechnik und Betriebswirtschaft an der Fachhochschule, wo sein Lehrer, der für Te Awamutu Machinery arbeitete, sein Potenzial erkannte und ihm eine Stelle in der Firma anbot, wo er wieder Haushaltsgeräte verkaufte. Er bewies schnell, dass er gut war, wurde befördert und erhielt einen Dienstwagen, was damals eine große Sache war.

Das war der erste Job, den er länger als ein Jahr beibehielt, doch ihm wurde klar, dass er wie seine Chefs werden würde, wenn er ein erfolgreicher Geschäftsmann wurde, und die achtete er nicht sonderlich. Er reichte die Kündigung ein.

Neuseeland mischte sich in den Vietnamkrieg ein, und Lance entschied, sich freiwillig zu melden. Seine Mutter, Kath, war Pazifistin und entsetzt, als sie davon erfuhr. Sie sorgte dafür, dass er in einer Kommune in der Nähe von Ngāruawāhia lebte, um mehr über die Geschichte von Vietnam, die Sinnlosigkeit des Krieges und Neuseelands Rolle zu erfahren. Nach sechs Wochen kam er mit einem klareren Blick auf die Realität zurück. Der Krieg war nichts für ihn.

1963 kehrte Lance im Alter von zwanzig Jahren nach Manapōuri zurück und ging mit seinem älteren Bruder Hunter im Fiordland-Nationalpark auf Hirschjagd. An einem erlegten Tier ohne Kopf und Hufe verdiente man einen Schilling und drei Pence pro Pfund. Ein Tier wog im Durchschnitt 36 Kilo, was etwa 5 Pfund ergab – 1963 war das gutes Geld, der durchschnittliche Wochenlohn lag unter 25 Pfund. Schwanz und Geweih wurden separat berechnet und für chinesische Medizin verwendet. Die Bezahlung war gut, doch die Bedingungen – und die Konkurrenz – waren gefährlich. Da nun häufiger Helikopter benutzt wurden, war die Jagd auf dem Boden weniger ertragreich. Hunter schloss sich einer Helikopter-Bande als Schütze an, doch die Anzahl junger Männer, die bei der Arbeit mit Helikoptern starben, überzeugte Lance, dass es wieder einmal Zeit war, einen neuen Beruf zu suchen.

1964 entschied er sich, mit einem Typen in einer mündlich vereinbarten Partnerschaft vor Stewart Island Sandbarsch zu fischen. Nachdem sie drei Monate zusammen gefischt hatten, verließ sein Partner die Insel und hinterließ Lance einen Berg Schulden. Lance fand nur schwer Arbeit, da die Einwohner ihm gegenüber nun misstrauisch waren. Aus Verzweiflung nahm er einen Job als Steuermann auf dem Fischerboot *Mareno* an. Es war ein Job, für den er nicht qualifiziert war. Er fuhr das Schiff hauptsächlich allein und fischte bei Ruggedy, an der nordwestlichen Küste der Insel. Zum Glück stieß er dort auf eine Menge Krebse, und innerhalb von acht Monaten hatte er die Schulden abbezahlt.

Er verließ die Insel, da die Bewohner ihm nicht trauten und ihn außerdem für einen Sonderling hielten – er arbeitete viel und gönnte sich kaum ein Vergnügen. So kam er nach Manapōuri zurück, um seine Wunden zu lecken und wieder mit seinem Bruder auf Hirschjagd zu gehen. Dann erhielt er aus heiterem Himmel einen Anruf von Mikey Squires, einem Fischer von Stewart Island, der ihm eine Stelle als Besatzungsmitglied auf dem Schiff *Roslyn* anbot. Mikey erzählte ihm, dass er gerade die *Ecstasy* gekauft habe, eine X-Class-Segeljolle, die vor Kurzem den Sanders Memorial Cup gewonnen hatte. Ob Lance wohl mit ihr beim nächsten Rennen antreten wolle.

Lance ging zurück nach Stewart Island.

Er war einige Jahre auf verschiedenen kleinen Jollen gesegelt – es war ein Angebot, das er nicht ausschlagen konnte. Leider war der Wind bei der Vorausscheidung für den Sanders Cup auf Stewart Island sehr schwach. Die *Ecstasy* wurde von einem schnelleren Boot geschlagen und durfte die Insel beim nächsten Rennen nicht vertreten.

Mikey und Lance gingen zusammen etwa ein Jahr lang auf Krebsfang und betrieben Netzfischerei. In dieser Zeit lernte ich Lance kennen.

Als unsere Verlobung aufgelöst wurde, ging Lance nach Australien und trat mit 50 Cent auf dem Konto eine neue Stelle als Besatzungsmitglied auf einer Kreuzfahrtjacht an, die nach Neuguinea segelte. Er arbeitete drei Wochen als Bar-Manager in einer derben Kneipe in Port Moresby, bevor er als Erster Offizier auf einem kleinen Frachtschiff namens *Katika* an Bord ging. Er war für die Stelle nicht qualifiziert, aber der Besitzer des Schiffes suchte verzweifelt jemanden, der es führen konnte. Der Hafenmeister stellte ihm ein paar grundlegende Fragen über die Seemannskunst, dann stempelte er das erforderliche Blatt Papier.

Die *Katika* bediente die Küste Neuguineas und beförderte meist Stückgut und getrocknete Kokosnüsse. Lance war wenige Jahre vor mir in Rabaul. Die meisten Plantagen, an denen sie Fracht entluden, hatten keinen Anlegeplatz, daher wurde die Ladung in einem kleineren Kahn mit Außenmotor an Land transportiert. Sie schwangen den beladenen Kahn über die Schiffsseite, während die *Katika* mit sechs Knoten weiterdampfte – ein extrem gefährliches Manöver. Wenn es keine Rückfracht gab, die abgeholt werden musste, fuhr der Skipper einfach weiter, sodass Lance und seine Crew die Fracht entladen und dann das Schiff wieder einholen mussten. Der Skipper fuhr für sie nicht langsamer. Und dann mussten sie den Kahn wieder auf das fahrende Schiff hieven.

Irgendwann wurde es Lance zu viel. Bei der letzten Lieferung des Tages hatten sie eine Menge Fracht für drei verschiedene Plantagen. Die Leiter der Plantagen wollten verständlicherweise die Lieferung erst einmal sichten, bevor sie die Rechnung beglichen. Es war bereits dunkel, als alles abgeschlossen war, und die *Katika* längst fort, auf dem Weg zurück nach Norden. Einer der Plantagenbesitzer bot Lance und seiner Crew eine Unterkunft für die Nacht an, doch Lance fühlte sich verpflichtet, irgendwie zurück aufs Schiff zu gelangen. So fuhren sie also in die Nacht und durch das riffdurchsetzte Meer, bis sie die *Katika* einholten. Der Skipper sah, wie Lance über die Reling kletterte, und fragte ihn, ob alles gut sei. Lance baute sich so vor ihm auf, dass sie Nase an Nase standen, und antwortete scharf: »Nein! Nichts ist gut. Das war meine letzte Fahrt.«

Als sie anlegten, wurde er ausbezahlt und flog zurück nach Port Moresby.

Nachdem er sein Kapitänspatent für 50-Tonner erworben hatte, wurde Lance eine Stelle als Maat auf dem Mutterschiff einer Flotte von 16 Krabbenkuttern angeboten. Das machte er ein Jahr lang, doch da sich das Ganze als nicht rentabel erwies, kehrten die Schiffe nach Kuwait zurück. Er war wieder arbeitslos.

Lance hatte immer noch viele Fragen zum Vietnamkrieg, daher wollte er sich selbst ein Bild davon machen. Während er in Vietnam war, lernte er einige Journalisten kennen: Einer war für Neuseelands Beteiligung am Krieg, der andere dagegen. Nachdem er sich mit ihnen unterhalten hatte, war Lance sich sicher, dass er die richtige Entscheidung getroffen hatte, nicht zum Militär zu gehen.

Er flog nach Hause und fand Arbeit als Kapitän auf einem Touristenboot von Fiordland Travel auf dem Lake Manapōuri. Dann kam ein Telegramm von einem Amerikaner, den er in Port Moresby kennengelernt hatte und der ihm nun eine Stelle auf der großen Charter-Jacht *Polynesia* anbot, die in der Karibik lag. Er sagte zu und flog nach Antigua, wo er ziemlich pleite ankam. Es stellte sich heraus, dass sein amerikanischer Kontakt verschwunden war und die *Polynesia* so rostig, dass sie nicht seetauglich war.

Er lieh sich Geld von seiner Mutter, um nach Kanada zu fliegen, da er ohne Visum nicht in Antigua arbeiten konnte. Es war mitten im Winter, daher gab es keine freien Stellen auf den Booten. Lance nahm in Sudbury Arbeit in einer Nickelgrube an. Trotz sorgfältiger gesundheitlicher Überprüfungen und Sicherheitstrainings war er der Einzige der 23 neuen Arbeiter, der sich innerhalb eines Zeitraums von sechs Monaten nicht verletzte.

Er arbeitete 450 Meter unter Tage in einem der tiefsten Bergwerke Kanadas, das sich bis zu 2400 Meter in den Untergrund grub. Ihre Aufgabe bestand darin, den Matsch aus den Abflussgräben zu entfernen, dann mussten sie die durch Sprengarbeiten gelockerten Gesteinsstücke wegräumen. Man sagte ihnen, je härter sie arbeiteten, desto schneller würden sie zu den bestbezahlten Jobs aufsteigen: die Sprengladungen vorbereiten und setzen. Den Anfängern wurden außerdem immer erfahrenere Bergmänner zur Seite gestellt. Lance gefiel die harte Arbeit, er arbeitete mit guten Männern zusammen, und er lernte einen neuen Beruf. Als er ging, sah sein Kontostand deutlich besser aus.

Von dort aus flog er nach London, um seine Mutter zu treffen. Sie war nach London gezogen, um ihre Familie ausfindig zu machen. Lance reiste ein wenig umher und guckte sich die Sehenswürdigkeiten an. Er trampte von London nach Dover, um mit der Fähre nach Frankreich zu gelangen, und wurde von einem Bulli voller Hippies aufgelesen. Sie führten ihn an LSD heran, was in den psychedelischen 60ern und frühen 70ern der letzte Schrei war. Letztendlich blieb er fast einen Monat lang. Dann kehrte er mit seiner Mutter nach Neuseeland zurück.

An Bord des Schiffes traf Lance seine erste Ehefrau, die nach Melbourne heimkehrte. Zehn Tage später wollten sie an Bord heiraten, doch das war nicht erlaubt. Er blieb einfach auf dem Schiff, als es in Neuseeland anlegte, und sie fuhren zusammen nach Australien, wo sie heirateten. Einige Monate später brachte Lance seine Frau mit nach Manapōuri, beide arbeiteten mehr als vier Jahre lang bei Fiordland Travel. Dann kaufte er ein Krebsfangboot und arbeitete einige Jahre auf dem Doubtful Sound, doch ohne großen Erfolg, da ihm die Übung im kommerziellen Krebsfang fehlte. Sie hatten inzwischen Dane adoptiert, und Lance wollte eh nicht mehr zur See.

Also ging es zur Hirschjagd mit Fallen in der Gegend um den Doubtful Sound. Er benutzte sein altes Krebsfangboot nicht nur als Unterkunft, sondern auch, um das Material für die Hirschgehege zu transportieren und um die betäubten, lebendigen Hirsche zurück nach Deep Cove zu befördern, wo sein Land Rover stand, mit dem er den Wilmot Pass überquerte. Die Hirsche wurden auf den Bug eines Fiordlander geladen, mit dem er den Lake Manapōuri kreuzte, und dann mit einem weiteren Fahrzeug in das Gehege in seinem Garten gebracht. Es lief ziemlich gut, bis er unerwartet einen Steuerbescheid über 15.000 Dollar erhielt. Er verkaufte sein Boot und die Fallen, um die Rechnung zu begleichen.

Ihm wurde die Stelle als Skipper auf der *Renown* angeboten, die von der Naturschutzbehörde betrieben wurde. Dadurch war er wieder von zu Hause fort, aber er liebte die Arbeit. Er befuhr die Route entlang der Küste von Fiordland, nach Stewart Island und hinunter bis zu den Snares-Inseln. Er hatte ein festes Einkommen und arbeitete mit interessanten Leuten zusammen.

In dieser Zeit ging seine Ehe in die Brüche, und Lance kämpfte etwa drei Jahre mit Depressionen, doch glücklicherweise konnte er weiterarbeiten.

Das war in etwa der Zeitpunkt, zu dem ich wieder auf der Bildfläche erschien.

Lance arbeitete gut sieben weitere Jahre auf der *Renown*, bevor er kündigte, weil er als »zu grün« angesehen wurde. Während seiner Zeit bei der Naturschutzbehörde hatte er das Wissen von zahlreichen Meeresbiologen in sich aufgesogen, und er machte sich Sorgen um die Überfischung. Er engagierte sich bei der Kampagne, die sich für Meeresschutzgebiete in Fiordland einsetzte, trat Earth Trust und Greenpeace bei und warb leidenschaftlich für Umweltbildung. Irgendwann fand er, dass es nun Zeit war, der Naturschutzbehörde den Rücken zu kehren.

Anfang 1995 eröffneten wir unser eigenes Chartergeschäft, Fiordland Ecology Holidays. Zusammen konnten wir eine riesige Erfahrung vorweisen. Lance war auf See am glücklichsten und einer der zuverlässigsten Skipper, dem ich je begegnet war. Sein fundiertes Wissen über Fiordland, Stewart Island und die subantarktischen Inseln sowie seine Liebe zum Meer und zur Naturkunde machten ihn zum perfekten Inhaber eines nachhaltigen Charterunternehmens. Ich hatte ebenfalls einen Kapitänsschein, wusste einiges über Boote und hatte erfolgreich kleine Unternehmen besessen und geleitet.

Wir wollten uns von anderen Charterunternehmen unterscheiden und den Schwerpunkt auf Ökologie legen. Angeln war an Bord nicht erlaubt, und ein Teil der Einnahmen würde zur Umweltforschung beitragen. Unser Angelverbot wurde gemeinhin als geschäftlicher Selbstmord gewertet, da alle anderen Charterboote das Angeln anboten. Doch unser Fokus lag darauf, den Naturschutz und die Umweltbildung zu fördern.

Zunächst brauchten wir ein Boot. Nachdem wir das 25 Meter lange Segelschiff *Evohe* achtzehn Monate lang gemietet hatten, wollten wir einen eigenen Motorsegler kaufen, der Passagiere zu den subantarktischen Inseln befördern konnte.

Lance fand das perfekte Schiff, als er an Bord des 20 Meter langen Motorseglers *Reef Enterprise* ging, die von Airlie Beach in Queensland aus operierte. Kaum hatte er Nelson erreicht, benannte er sie in *Breaksea Girl* um, nach dem bahnbrechenden Naturschutzprojekt, an dem wir 1988 auf Breaksea Island beteiligt gewesen waren. Erfolgreich waren die Ratten auf der Insel ausgemerzt worden. Überall auf der Welt werden seitdem nach denselben Prinzipien auf Inseln eingeführte Plagen ausgerottet.

Die *Breaksea Girl* wurde von allen geliebt, die auf ihr segelten.

In den sechzehn Jahren, die wir Fiordland Ecology Holidays betrieben, hat Lance 29 Mal Filmteams, Wissenschaftler und Touristen zur Subantarktis gebracht und ihnen bei ihrer Arbeit geholfen.

* * *

Während ich dies schreibe, sind wir seit 38 Jahren zusammen. Am 7. Oktober 2011 brachten wir den Mut auf zu heiraten.

Ein kleiner Ausschnitt meines Versprechens an Lance lautete:

*Heute wirst du mein Ehemann. Ich will wissen, wovon du
träumst und wonach du dich sehnst. Ich will mit dir
zusammen lebendig sein, glücklich und manchmal traurig.
Du warst meine erste Liebe, und heute werde ich deine
Frau. Daher verspreche ich, dir immer beizustehen und
dich zu lieben.*

Und Lance sagte zu mir:

*Ruth, Honey Bunny, auch wenn wir über die letzten
siebenundzwanzig Jahre wirklich schwierige Zeiten erlebt
haben, hat unsere Liebe uns zusammengehalten …
Was auch kommen mag, ich werde immer für dich da
sein. Es ist meine Aufgabe im Leben, dich bei allem,
was du tust, zu unterstützen und dir zu helfen, deine
Ziele zu erreichen. Ich verspreche, ich werde immer
versuchen, dich vor anderen zu beschützen … und sogar
vor dir selbst!*

Lance hielt sein Versprechen, selbst in schwierigen Zeiten.

GESCHICHTEN
AUS DEM BUCHLADEN:
Vintage-Buchhändler Brian

Einer der Buchhändler, die ich über Plumblys Buchversteigerungen kennenlernte, als ich meinen ersten Buchladen 45 South and Below besaß, war Brian Nicholls, der unter dem Namen Vintage Books of Dunedin Bücher verkaufte.

Er hat selbst eine große Büchersammlung, zu der er in seinen vielen Jahren als Lehrer gekommen ist. Nachdem er 1995 in Broad Bay ein Haus gekauft hatte, arbeitete er zwei Jahre im wundervollen Scribes Bookshop in Dunedin und sammelte Erfahrungen im Buchhandel, bevor er selbst eine Buchhandlung eröffnete. Er spielte mit dem Gedanken, mitten in Dunedin einen Laden zu eröffnen, aber da er eine große Garage unter dem Haus hatte, beschloss er, sein Geschäft von zu Hause zu führen.

Das Wichtigste war erst einmal, möglichst viele Regale zu bauen, danach machte er sich daran, sie zu füllen. Der Sohn eines Nachbarn studierte an der Fachhochschule in Otago Computertechnik und erklärte sich bereit, ihm eine Website zu erstellen. 1998 war er im Geschäft.

Anfangs hatte Brian eine Menge Kunden, die ihn besuchten, doch heutzutage werden die meisten Käufe über das Internet getätigt. In seiner Datenbank befinden sich fast 15.000 Bücher. In den letzten paar Jahren hat er sich mehr auf Bücher aus neuseeländischen Verlagen konzentriert.

Selbstverständlich ging ich zu Brian, als ich meinen ersten Wee Bookshop eröffnete und meine halb leeren Bücherregale füllen musste. Kisten mit wundervollen Büchern trafen bald darauf aus Dunedin ein. Ich musste sie Brian großzügigerweise erst bezahlen, wenn ich sie verkauft hatte.

Wenn ich eine Frage zu einem Buch habe, ganz gleich, wie selten es ist, kennt Brian die Antwort. Wenn einer meiner Kunden ein Buch sucht, das ich nicht habe, hat Brian es vermutlich.

Leer aussehende Regale? Zeit, nach Dunedin zu fahren und Brians Keller mit den Regalen, die vom Boden bis zur Decke reichen, zu durchstöbern.

DIE SUCHE NACH MEINEM SOHN

Das Adoptionsgesetz von 1955 führte ein so großes Maß an Geheimhaltung ein, dass effektiv jeglicher Kontakt zwischen der leiblichen Mutter und dem Kind verhindert wurde. Wir durften unser Baby bei der Geburt nicht sehen, und es wurde von uns erwartet, dass wir in unser vorheriges Leben zurückkehrten, als sei nichts passiert. Es hieß, dass wir so das Kind schnell vergessen würden und uns auf diese Weise der Schmerz und die Trauer um den Verlust erspart würden. Das funktionierte natürlich nicht, aber wir wurden zum Schweigen gebracht. Die Gesellschaft billigte keine unehelichen Kinder, und Adoption war eine bequeme Antwort auf eine gesellschaftlich unangenehme und untragbare Situation.

Es war nicht illegal, dass die leibliche Mutter wusste, wer ihr Kind adoptierte, aber alles war so konzipiert, dass es für sie extrem schwierig war, es herauszufinden. Den Adoptiveltern hingegen wurden der Name der Mutter, ihr Alter und meist einige weitere Details mitgeteilt. Die Anhörungen zu den Adoptionsanträgen fanden unter Ausschluss der Öffentlichkeit statt, und mit der Zeit wurden alle Gerichtsunterlagen als vertraulich eingestuft. Das Baby erhielt eine neue Geburtsurkunde mit dem Adoptivnamen – was eindeutig eine Wiedergeburt bedeutete! Die leibliche Mutter hatte Anspruch darauf, nicht persönlich identifizierbare Informationen zu erhalten, doch nur dann, wenn sie diese anforderte.

Das neue Adoptionsgesetz Adult Adoption Information Act von 1985 bedeutete das Ende der Inkognito-Adoption und bot den adoptierten Erwachsenen wie den leiblichen Eltern Zugang zu Informationen über die Adoption.

Wie so viele andere junge Mütter, denen man keine Wahl gelassen hatte, ob sie ihr Kind zur Adoption freigeben wollten, war ich entschlossen, meinen Sohn zu finden. Er würde in diesem Jahr einundzwanzig werden. Da ich in Wellington entbunden und dort die Adoptionspapiere unterschrieben hatte, war ich mir irgendwie sicher, dass er von einer Familie in Wellington adoptiert worden war. Ich hatte angegeben, dass ich ihn in eine katholische Familie geben wollte. Ich weiß nicht mehr, warum mir das damals so wichtig war, doch scheinbar war es das. Ich kannte zunächst also zwei Details: Er war vermutlich in Wellington und vermutlich in einer katholischen Familie.

Seit 1976 boten Jigsaw und andere Gruppen allen Unterstützung an, die ihre leiblichen Eltern und adoptierten Kinder suchten. Sie riefen auch die politische Bewegung gegen Inkognito-Adoptionen ins Leben. Ich schloss mich ihnen an, als mein Sohn achtzehn Jahre alt war. Ich erhielt regelmäßig ihre kleine Broschüre mit Informationen über Mütter, und manchmal Väter, die nach einem Kind suchten, das adoptiert worden war. Kurze Absätze mit knappen, vagen Hinweisen: So und so sucht nach einem Jungen, der an diesem Datum in diesem Krankenhaus geboren wurde.

Ich hatte dem Sozialamt in Wellington geschrieben, die Informationen, die sie über meinen Sohn besaßen, angefordert und ihnen mitgeteilt, dass ich den Prozess, nach ihm zu suchen, in die Wege leitete. Als Antwort erhielt ich einen Brief, der alle nicht persönlich identifizierbaren Informationen beinhaltete, die sie über die Familie besaßen:

Als Ihr Sohn zu der Familie kam, war der Ehemann 34 und seine Ehefrau 29 Jahre alt. Sie hatten zwei Töchter im Alter von 6 und 3 Jahren. Der Adoptivvater wird als großer, gut aussehender Mann mit schwarzen Locken und olivfarbenem Teint beschrieben. Die Akte besagt, dass die Ehefrau Ihnen ähnlich sah. Sie beide sind niederländischer Abstammung und praktizierende Katholiken. Der Ehemann war als Werksdirektor angestellt und besaß Anteile an einem Unternehmen. Der Kontakt zur Familie endete im Mai 1965.

Mehr konnten sie mir nicht sagen.

Ich war nicht im Geringsten entmutigt. Stattdessen dachte ich: »Ich werde einfach in ihrem Büro auftauchen.« Und genau das tat ich.

Ich nahm mir zwei Wochen Urlaub, flog nach Wellington und ging direkt zum Büro des Sozialamtes. Die Mitarbeiterin, die mir geschrieben hatte, war überrascht, mich zu sehen, und beharrte anfangs darauf, dass sie mir alles in dem Brief gesagt habe. Sie sagte, sie könne nicht mehr tun. Als ich beinahe bettelte, sagte sie schließlich beim Rausgehen: »Die Wählerlisten sind sehr gut.«

Ich ging direkt zur öffentlichen Bibliothek von Wellington und fragte nach der aktuellen Wählerliste, nur um zu erfahren, dass ich konkreter sein musste: Welchen Ort wollte ich? Ich dachte kurz nach. Ich wusste, dass der Vater Geschäftsmann war, also entschied ich spontan, dass ich im Zentrum von Wellington anfangen und mich nach außen arbeiten würde. Da ich wusste, dass mein Sohn in eine niederländische Familie gekommen war, überlegte ich, wie die häufigsten niederländischen Nachnamen lauteten. Ich glaubte, der Name könnte mit »Van« anfangen, ging die Namen der Liste langsam durch und suchte nach dem Eintrag eines niederländischen Geschäftsmannes mit einer Ehefrau, zwei Töchtern und einem Sohn.

Schließlich fand ich eine Familie »Van der Berg«, die aus einem Geschäftsmann, seiner Ehefrau, einer Tochter und einem Sohn namens Andrew bestand. Eine Tochter fehlte – vielleicht war ihr etwas zugestoßen? Ich saß da und starrte den Namen an. Immer wieder sagte ich laut »Andrew Van der Berg« vor mich hin. Hatte ich ihn wirklich so leicht gefunden?

Ich fuhr zum Sozialamt zurück, lief in das Büro und fragte die Frau: »Ist sein Nachname Van der Berg?«

Ihr Gesichtsausdruck verriet mir sofort, dass ich richtig lag. Irgendwie hatte mich die Kombination aus Zufall, Spekulation,

Bauchgefühl und verbissener Entschlossenheit zu meinem Sohn geführt.

Die Wählerliste verriet mir auch ihre Adresse, aber ich wusste, dass ich nicht einfach vor ihrer Tür auftauchen konnte. Es war mir wichtig, dass sie und Andrew mich genauso gern treffen wollten wie ich sie. Und sie würden Zeit brauchen, sich emotional darauf vorzubereiten.

Mich hielt jedoch nichts davon ab, ihn tatsächlich zu sehen, also fuhr ich zu der Adresse, parkte am Ende der Straße und wartete. Ich erinnere mich daran, wie ich dachte: »Er ist zwanzig, also wird er bei der Arbeit sein und nicht vor 17.30 Uhr nach Hause kommen.«

Später sah ich eine große, elegante, hübsch gekleidete Frau ins Haus gehen, doch sonst tauchte niemand auf. Ich wartete, bis es zu dunkel wurde, um etwas sehen zu können. Ich verspürte eine tiefe Trauer und Enttäuschung, doch ich war zu weit gekommen, um nun umzukehren. Ich wusste, dass sie katholisch waren, also fuhr ich zum nächsten Pfarrhaus und bat darum, den Gemeindepfarrer zu sprechen.

Die Frau, die die Tür öffnete, wollte wissen, wer ich war, also zog ich meine »Eintrittskarte« und erzählte ihr, dass ich zuvor als Köchin für Erzbischof McKeefry angestellt gewesen war. Es funktionierte. Sie führte mich in ein Wartezimmer, wo ich schließlich Pfarrer Brian Sherry traf. Er war ein freundlicher und gütiger Mann. Nach etwas anfänglichem Plaudern und ein wenig Zögern fragte ich ihn, ob er die Familie Van der Berg kenne. Mit einem sanften Lächeln fragte Pfarrer Sherry: »Warum fragst du das, Ruth?«

Also erklärte ich ihm alles. Als ich zu Ende erzählt hatte, lächelte er mich an, nahm meine Hand und sagte: »Ja, ich kenne sie. Sie gehen in diese Kirche. Ich wusste nicht, dass Andrew adoptiert ist.«

Es war ein denkwürdiger Moment. Dieser Mann kannte meinen Sohn Andrew.

Pfarrer Sherry erzählte mir, dass Andrew blond sei, ein guter Sohn sei und geliebt werde. Er sagte, Andrews Schwester Jackie sei 1984 bei einem Autounfall ums Leben gekommen, weshalb sie nicht in der Wählerliste aufgeführt war. Andrew war seinen Eltern eine große Stütze gewesen und stand besonders seiner Mutter nah.

Jedes Detail darüber, zu wem Andrew geworden war, war ein Geschenk und doch irgendwie eigenartig vertraut. Er war blond und hatte blaue Augen, genau wie mein Vater. Er arbeitete als Bauarbeiter wie so viele meiner Cousins. Nachdem wir uns einige Zeit unterhalten hatten, sagte Pfarrer Sherry: »Ich sehe Andrew in dir. Ich kann nicht glauben, wie ähnlich ihr einander seid.«

Trotz unserer angenehmen Unterhaltung fühlte ich seine Sorge, was mein plötzliches Auftauchen für diese sich nahestehende Familie bedeuten würde. Ich erklärte, dass ich der Familie, die meinen Sohn so gut aufgezogen hatte, keinesfalls Kummer bereiten wollte.

»Ich will nicht plötzlich auftauchen und so tun, als sei ich seine Mutter«, sagte ich ihm. »Alles, was ich möchte, ist, ihn zu treffen.« Und dann hatte ich eine Idee. Ich wusste, dass es eine große Bitte war, aber ich fragte Pfarrer Sherry, ob er bereit wäre, mit der

Familie zu sprechen. Ich sagte ihm, dass, sollten sie Nein sagen, ich nicht wieder versuchen würde, Kontakt aufzunehmen.

Pfarrer Sherry sagte, ich solle es ihm überlassen, er würde sich melden.

Es war eine Geduldsprobe. Monate später kam ein Telegramm:

Bitte ruf mich an. Brian Sherry.

Ich rief sofort an und erfuhr, dass Andrew und seine Familie mich gern kennenlernen wollten.

GESCHICHTEN
AUS DEM BUCHLADEN:
Mein IT-Held

Mein Patenkind Jeb wohnt mit seiner Mutter gleich um die Ecke. Oliver, sein älterer Bruder und ebenfalls mein Patenkind, arbeitet im Finanzsektor in Wellington. Beide Jungs sind ungeheuer kluge Köpfe.

Jeb ist jetzt achtzehn und zeigt sich mir gegenüber immer als extrem hilfsbereit. Bis er etwa dreizehn war, hat er mir im Garten für 10 Dollar die Stunde geholfen. Wenn ich Hilfe brauchte, rief ich ihn an und bat ihn, mir im Wald zu helfen. Zu meiner Überraschung antwortete er eines Tages: »Tut mir leid, Ruth, aber ich bin kein Hilfsarbeiter mehr!«

Jeb hatte kürzlich ein iPad gewonnen und widmete sich nun seinem wachsenden Interesse an Computern. Er entpuppte sich als IT-Naturtalent. Ganz gleich, was wir ihn zu Computern, Fernsehern oder Handys fragten, er wusste immer die Antwort. Ich schlug also vor, er könne unser IT-Mann werden. Wenn wir nun ein IT-Problem haben, maile ich immer Jeb, und wenn er zu Hause ist, steht er binnen weniger Minuten bei mir auf der Matte.

Jeb war sechzehn, als ich anfing, dieses Buch zu schreiben. Ich stand morgens um 5.30 Uhr auf, machte mir eine Tasse Kaffee und schrieb bis 8.30 Uhr durch. Eines Morgens tanzte ein bunter Ball über meinen Bildschirm, als ich den Laptop in den frühen Morgenstunden aufklappte. Alles war eingefroren.

So etwas Frustrierendes. Ich wartete geduldig bis 6.49 Uhr und hoffte, dass Jeb wach sein würde.

06:49 Ruth:

Tut mir leid Jeb aber ich kann keine Dokumente öffnen.
Bin aufgestanden um zu schreiben und habe alles
versucht. Kannst du mir einfach mailen was ich tun soll?
Danke Ruth

06:52 Jeb:

Sind die Dokumente vielleicht schon offen?
Hast du Doppelklick benutzt?

(Super, er war wach!)

06:53 Ruth:

Wieso bist du schon wach? Gucke nach und melde
mich bei dir.

06:57 Ruth:

Ich habe ein Dokument geöffnet das schon offen war und
jetzt ist da ein kleiner bunter Ball drauf und ich kann
nichts tun. Soll ich den USB-Stick nochmal reinstecken?

07:01 Jeb:

Wozu benutzt du den USB-Stick? Öffnest du ein Doku-
ment auf dem USB-Stick? Wenn nichts hilft, Sekundär-
klick (zwei Finger) auf die App mit der du versuchst etwas
zu öffnen (Word vermute ich). Klick auf Beenden.

(Ich bemerkte eine leichte Gereiztheit …)

07:05 Ruth:
Nein der USB-Stick ist nicht drin.
Ich habe auf Beenden geklickt.
Habe versucht Word wieder zu öffnen aber es hüpft hoch
und runter und der kleine bunte Ball hüpft rum daher
kann ich nichts tun.

07:07 Jeb:
Ok. Versuch auf das Apple-Logo in der Ecke links
oben auf dem Bildschirm zu klicken und dann klick auf
Neustart.

(Das behob das Problem nicht.)

07:11 Ruth:
Ich bin noch im Schlafanzug. Kann ich den Computer
vorbeibringen?

07:11 Jeb:
… in Ordnung

(Eindeutiger Widerwille!)

Ich sprang ins Auto und fuhr zu Jeb rüber, der, auch im Schlaf-anzug, schon an der Gartentür auf mich wartete. Mit ein paar Klicks und einigen tiefen Seufzern war das Problem behoben.

4. April, und der kreiselnde Ball ist wieder da. Dieses Mal ist es zum Glück nicht so früh am Morgen.

08:01 Ruth:
Hi Jeb, der kleine bunte Ball ist wieder da! Ich kann alles im Internet machen aber ich kann nicht auf Word oder Excel zugreifen! Irgendeine Ahnung wie ich das loswerde? Danke Ruth

08:05 Jeb:
Klick auf Apple-Logo (links oben auf dem Bildschirm)
Klick Sofort beenden …
Klick Ecxel/Word
Klick sofort beenden
Wenn das das Problem nicht löst klick wieder auf das Apple-Logo und klick auf Neustart um deinen Computer neu zu starten.

08:09 Ruth:
Hat geklappt! Danke! Klasse …

08:11 Jeb:
DAUMEN HOCH

Was für ein Held!

MEIN JUNGE MIT DEN BLAUEN AUGEN

Lance war der Erste, dem ich von den großartigen Neuigkeiten berichten wollte. Da er auf See war, musste ich über Funk mit ihm sprechen, sodass die gesamte Fischfang- und Charterflotte mithören konnte.

Als es so weit war, bot Lance an, mich nach Wellington zu begleiten, doch ich wusste, dass ich allein fahren musste. Wir sprachen die verschiedenen Möglichkeiten durch, wie das Treffen verlaufen könnte, und mir war bewusst, dass ich auf alles gefasst sein musste.

»Mir ist egal, was er macht. Mir ist egal, ob er im Gefängnis ist. Mir ist egal, ob er drogenabhängig ist. Ich will nur meinen Sohn als Menschen kennenlernen, und ich werde ihn so akzeptieren, wie er ist«, sagte ich zu Lance.

Ich wusste von meiner Arbeit in Kings Cross, dass viele der Obdachlosen und Prostituierten aus kaputten Familien kamen oder adoptiert worden waren. Manche wollten ihre leiblichen Eltern nicht suchen, und manche hatten ein Wiedersehen mit der leiblichen Mutter oder dem Vater erlebt und niederschmetternde Geschichten über Zurückweisung zu erzählen gehabt. Ich wusste, dass es ein Risiko gab, Enttäuschung oder sogar Schmerz zu erfahren, aber es war mir egal.

An dem Tag, an dem ich meinen Sohn kennenlernen sollte, zog ich mich drei Mal um. Ich trug sogar Make-up, was ich sonst kaum tat, aber die Erinnerung, wie seine Mutter im Jahr zuvor ins Haus gegangen war, hatte sich in mein Gedächtnis eingebrannt. Sie hatte so elegant ausgesehen, sie war hübsch gekleidet und hatte eine tadellose Haltung. Andrews erster Eindruck von mir war mir wirklich wichtig. Ich fühlte mich, als würde ich auf ein Blind Date gehen.

Pfarrer Sherry bat mich, früh ins Pfarrhaus zu kommen, damit wir uns auf jeden möglichen Ausgang vorbereiten konnten. Ich zitterte vor Nervosität, als ich hineinging, doch Pfarrer Sherry war ruhig und lächelte viel. Er erzählte mir, Andrews Vater freue sich sehr darauf, mich kennenzulernen, seine Mutter sei zögerlicher, was ich vollkommen nachvollziehen konnte. Dann eröffnete er mir, dass Andrew seine Eltern vor einiger Zeit um Hilfe gebeten hatte, mich zu suchen. Sie waren daher erfreut gewesen, als Pfarrer Sherry ihnen von meinem Besuch erzählt hatte. Es bedeutete Andrew viel, zu wissen, dass auch ich ihn gesucht hatte.

Pfarrer Sherry war sicher, es würde gut gehen, aber wir hatten einen Plan B für den Notfall: Ich würde im Nebenraum warten, während er mit Andrew sprach. Ich sagte, dass ich nicht wollte, dass Andrew von der Vergewaltigung erfuhr – das musste warten, bis wir einander besser kannten.

Als es an der Tür klingelte, war ich so nervös, dass ich den Tränen nah war. Pfarrer Sherry verließ den Raum und kehrte mit einem großen, blonden Mann zurück, der Jeans und einen blauen Pullover trug. Vor mir stand eine jüngere Version meines Vaters. Andrew sah mich genauso an wie ich ihn. Wir konnten beide nicht glauben, dass dieser Moment real war. Wir brachen in Gelächter aus, dann gingen wir aufeinander zu und umarmten uns. Mein Körper sog die Umarmung in sich auf; genau hier sollten wir sein. Wir reden noch heute über unser erstes Treffen, und dieses spontane Gelächter ist uns in lebendiger Erinnerung geblieben. Andrew hat das gleiche Lachen und das gleiche Breitmaulfrosch-Lächeln wie ich.

Es wird immer einer der unglaublichsten Momente meines Lebens bleiben. Hier stand dieser hübsche blonde Junge, mein *Sohn*, sein blauer Pullover betonte seine blauen Augen, die genau die gleiche Farbe hatten wie die meines Vaters. Wir sagten lange nichts, wir lachten einfach weiter, weinten und umarmten uns.

Hier waren wir endlich. Viele Leute erzählten, dass es ihnen diese Treffen ermöglichten, »mit etwas Frieden zu schließen« oder einen Teil von sich zu finden, den sie vermissten. Ich fühlte nichts davon. Ich war nur davon berauscht, diesen jungen Mann zu sehen, der ein Teil von mir war.

Ich schmiegte mich an ihn. Ich war nun eine Mutter, doch ich wusste, dass ich eine Mutter war, die hinter seiner Familie zurückstehen musste. Das war in Ordnung. Zumindest war ich irgendwo in seinem Leben. Ich war einfach nur glücklich, dass ich ihn gefunden hatte und dass es ihm gut ging.

Andrew lud mich zum Abendessen mit seiner Familie ein, und ich nahm die Einladung sofort an. Es war ein elegantes und formelles Essen: Stoffservietten, das gute Porzellan und ein wunderbares Menü. Seine Mutter war anfangs schüchtern und zurückhaltend, doch als sie merkte, dass ich nicht versuchen würde, sie zu ersetzen, entspannte sie sich. Ich konnte die enge Verbindung zwischen Andrew und ihr sehen, und es freute mich. Welch ein Glück, dachte ich damals, dass er in diese Familie gekommen war.

Am nächsten Tag lernte Andrew Tante Joyce und Onkel Bill kennen. Tante Joyce lächelte ihn mit Tränen in den Augen an: »Oh! Du siehst genau wie dein Großvater aus. Wenn deine Großmutter dich nur sehen könnte!« Wir waren alle überwältigt. Zum Glück liebte Andrew Umarmungen genauso sehr wie ich; wir passten perfekt zusammen.

Jahre später erzählte ich Andrew von seinem Vater und der Vergewaltigung. Ich wusste, dass es schmerzen würde, aber seine innere Stärke kam zum Vorschein. Da er in einem katholischen Haushalt aufgewachsen war, hatte er einen starken Glauben. Als wir über dieses Buch sprachen, schrieb mein unglaublicher Sohn mir Folgendes:

Es ist offenkundig, dass Gott seine schützende Hand
über dich und mich gehalten hat und uns wundervolle
Erfahrungen ermöglicht hat, keine größer als die prägnante
Erzählung unseres ersten Treffens in deinem Buch.

GESCHICHTEN
AUS DEM BUCHLADEN:
Das Team von Bücherkäufern

Es ist drei Wochen vor Weihnachten, und der Garten vor dem Kinderbuchladen steht in voller Blüte, was dem ohnehin schon bunten, winzigen Gebäude noch mehr Farbe verleiht. Die Bücher kosten zwischen 50 Cent und um die 30 Dollar für manche neuen Titel. Die Regale sind voll, und ich habe zwei weitere Kisten mit gesäuberten und ausgezeichneten Büchern, um damit die Lücken zu füllen.

Meine Schwester Jill ist meine beste Kundin im Kinderbuchladen. Sie ist studierte Lehrerin und hat viele Jahre lang die Kindertagesstätte in Cromwell geleitet. Nun ist sie im Ruhestand und füllt ihr Leben mit ehrenamtlicher Arbeit. In erster Linie leitet sie die Operation Cover Up in Central Otago. Die Organisation schickt Decken und Kleidungsstücke, die von Hunderten freiwilligen Neuseeländerinnen gestrickt wurden, nach Osteuropa. Und einmal die Woche trifft man sie im Secondhandladen in Cromwell. Sie verbringt Stunden damit, zu stricken, zu filzen und tolle Kinderkleidung, Decken und Wandbehänge herzustellen. Als wir zusammen durch Südirland reisten, saß sie strickend neben mir, während ich am Steuer saß – sie hat sich buchstäblich rund um Irland gestrickt.

Als ich jemanden suchte, der gebrauchte Kinderbücher ausfindig machte und beschaffte, war Jill die naheliegende Wahl. Nach etwas Anleitung war sie mit einer solchen Begeisterung dabei, dass ich sie bremsen musste! Kiste um Kiste kam im Buchladen an, und ich musste sie daran erinnern, dass ich nur für 150 Kinderbücher Platz hatte und nicht für 500! Sie seufzte.»Ich weiß! Aber ich konnte nicht anders!« Jeder Secondhandladen im Umkreis von 50 Kilometern von Cromwell kennt Jill. Die Recyclinghöfe in Wākana und Alexandra legen für sie Bücher zur Seite und begrüßen sie immer mit breitem Grinsen. Es ist, als hätte sie ein Bücher-Agentennetzwerk aufgebaut. Viele der Bücher, die ich in meinem Hauptbuchladen vorrätig habe, sind schwierig zu beschaffen. Ich setze auf Nachlässe und darauf, dass Leute sich verkleinern, ich durchforste Secondhandläden und das Internet, und ich arbeite mit anderen Buchhändlern zusammen, vor allem mit Brian von Vintage in Dunedin. Ich habe außerdem einige Käufer, die mir helfen. Meine beste Spürnase, Rebecca, macht ständig Bücher für mich ausfindig, und Vicky hat sich dem Team der Büchersucher angeschlossen. Sie und ihr Partner Steve suchen immer nach Waren für ihren Secondhand- und Antiquitätenladen, der auch hier in Manapōuri liegt.

Als ich sie bat, Ausschau nach einem Exemplar von *Kurze Geschichte des Traktors auf Ukrainisch* zu halten, dachten sie, ich wolle ein Buch über Traktoren. Sie fanden das Buch nicht, doch sie brachten mir alle möglichen Schätze.

Ich habe nicht alles Mögliche auf Lager, weil ich durch die Anzahl an Büchern, die in die Regale passen, eingeschränkt bin: Es sind um die 1250 auf beide Buchläden verteilt. Ich habe mal einer netten älteren Dame, die mit dem Arm voller Bücher an die Kasse kam, gegenüber gewitzelt:»Tut mir leid, Sie können nicht mehr als fünf Bücher kaufen. Ich habe einen geringen Bestand an Büchern, und wenn alle so viele kaufen würden, wären meine Regale leer!«

Sie war verblüfft und antwortete dann: »Oh! Da haben Sie recht, wie rücksichtsvoll von Ihnen! Ich lege eins zurück.«

Ich stellte rasch klar, dass ich bloß scherzte, und sie lachte.

Ich glaube, den Witz mache ich nicht wieder …

Meine Regale sehen daher manchmal ziemlich leer aus.

DER BUCHLADEN AM ENDE DER WELT

Ab dem Alter von sieben Jahren war ich in Bücher verliebt. Alle in unserer Familie waren Leser, und unsere Eltern ermutigten uns zum Lesen. Ich hatte eine kleine, kostbare Büchersammlung neben meinem Bett, darunter die frühe *Noddy*-Bücherreihe von Enid Blyton, *Wilbur und Charlotte* von E. B. White und einige Bücher der Reihe *Golden Books*. Meine Oma schenkte mir zum elften Geburtstag *Little Women* und *Good Wives* von Louisa May Alcott, und von da an war ich süchtig nach den Klassikern. Bücher von C. S. Lewis, Charles Dickens, Mark Twain, Lewis Carroll und Charles Kingsley füllten bald das Bücherregal. Ich habe viele meiner Kinderbücher noch immer.

Ich habe nie vorgehabt, Buchhändlerin zu werden, aber irgendwie ist es eine Leidenschaft, die mich nun mein halbes Leben begleitet. Unseren ersten Buchladen eröffneten wir im gleichen Gebäude wie Fiordland Ecology Holidays, das Unternehmen, das wir 1995 gründeten. Er wuchs langsam, da immer mehr Passagiere, die unsere Bootsfahrten buchten, fragten, wo sie die Bücher kaufen konnten, die wir in der Büchersammlung auf dem Boot hatten. Anfangs bot ich in unserem Büro nur einige Titel an: Bücher, die von einheimischen Autoren geschrieben waren oder die Gegend behandelten, in die wir die Passagiere brachten. Mit steigender Nachfrage wuchs auch der Stapel Bücher, und bald hatten wir einen Buchladen, dem ich den Namen 45 South and Below gab.

Er wurde 1997 eröffnet, und als wir das Chartergeschäft im Juni 2010 verkauften, brachte ich es nicht übers Herz, mich von den Büchern zu trennen. Jedes Buch hatte eine Geschichte zu erzählen. Unser kleines Haus war bereits voller Bücher, also wurden alle Kisten eingelagert. Ohne dass ich es zu dem Zeitpunkt wusste, sollten die Bücher ihr neues Zuhause in den Two Wee Bookshops finden, die ich Jahre später eröffnete.

Ich merkte, dass mir das Bücherverkaufen fehlte. Nachdem ich das Lance sechs Jahre lang wiederholt erzählte, schlug er vor, dass ich erneut einen Buchladen eröffnen sollte. Und so ließ ich im Alter von einundsiebzig Jahren von André Bekhuis aus Ōtautau auf unserem Grundstück einen neuen Buchladen bauen. André steckte voller Ideen; wie sich herausstellte, hatte er einen Schuppen voller geheimer Schätze, darunter hübsche alte Fenster. Der Buchladen musste klein genug sein, dass man für ihn keine Bauerlaubnis brauchte (sprich kleiner als 10 Quadratmeter), er musste alt und einladend aussehen, und er brauchte stabile Bücherregale, auf die mindestens 700 Bücher passten. Dies würde mein »Hobby« im Ruhestand werden.

André baute den ersten Buchladen um zwei hübsche halbkreisförmige Fenster und eine alte Tür aus Rimu-Holz herum.

Von außen sah das Haus wie ein bunt bemalter alter Wohnwagen aus. Oft bleiben Leute stehen und machen Fotos. Der Buchladen wurde auf einem großen Anhänger angeliefert und mithilfe eines Traktors abgeladen. Wir malten ihn grün, blau und türkis an und brachten neben der Tür eine Tafel und unsere alte Schiffsglocke an. Innen versiegelten wir das Holz. Endlich waren wir so weit, die Bücherkisten auszupacken.

Jonathan und Lisa aus Wellington wohnten zu dieser Zeit bei uns. Wir lernten sie kennen, als sie Gäste im Bed & Breakfast in unserem kleinen Gartenhaus waren, und sind seitdem enge Freunde. Lisa arbeitet in einer Bibliothek und liest ein Buch pro Woche, außerdem schreibt sie Rezensionen. Jonathan ist Arzt und auf Palliativmedizin spezialisiert.

Mit großer Begeisterung bot Jonathan an, die Kisten auszupacken, die Bücher zu säubern, zu bepreisen und in die wartenden Regale zu stellen. Es hätte nur wenige Stunden dauern sollen, doch Jonathan wollte sich jedes Buch ansehen. Wenn es Bilder hatte, ging es nur noch im Schneckentempo voran. Der Tag, an dem wir die Regale füllten, wird mir immer in kostbarer Erinnerung bleiben.

Der Wee Bookshop war bereit für die Eröffnung.

Vom ersten Tag an bimmelte die Messingglocke häufig. Immer mehr Autos hielten und Leute tauchten aus dem Nichts auf, angelockt von dem niedlichen bunten Buchladen. Ich musste einen Fahrradständer bauen und Stühle rausstellen, damit die Leute sich irgendwo hinsetzen konnten, bis sie hereinkommen konnten. Ich hatte mit nur ein paar Kunden gerechnet, doch es herrschte ein reges Treiben. Mein neuer Laden entwickelte rasch ein Eigenleben. Mein »Hobby« war außer Kontrolle geraten!

Wenn ich draußen im Garten oder im Haus bin, kann ich die Glocke hören, dann gehe ich zum Laden und schließe auf. Das System funktioniert in den ruhigeren Zeiten gut, aber normalerweise bin ich die meiste Zeit des Tages im Wee Bookshop.

Wenn fünf Kunden im Laden sind, wird es zu viel, oft setze ich mich dann raus, um Platz zu machen. Ich bemerkte schnell, dass die Kinderbuchabteilung besonders beliebt war und der Platz nicht reichte, damit Kinder beim Lesen auf dem Boden sitzen oder sich hinlegen konnten, wie sie es nun mal machen. Es musste also etwas geschehen.

»Ich brauche etwa zwei Meter mehr Regalfläche für die Kinderbuchabteilung«, informierte ich den leidgeprüften Lance. Daraus entwickelte sich kurzerhand: »Ich glaube, ich brauche noch einen Buchladen, der nur für Kinder ist.«

»Hattest du nicht gesagt, du brauchst nur mehr Regalfläche?«, sagte er. Und dann: »Ich wusste, dass das passieren würde. Zwei Buchläden? In Manapōuri? Ruth, das ist kein Hobby, das ist ein Unternehmen. Wir sollten in Rente sein!«

Lance hatte die Kunst des Rentnerdaseins zelebriert, seitdem wir das Charterboot-Geschäft verkauft hatten, und stand kurz davor, sie zu perfektionieren. Ich hingegen nahm Fahrt auf.

Also fuhren wir los, um André, den großartigen Baumeister, aufzusuchen.

Er hatte in seiner Werkstatt bereits ein kleines Häuschen gebaut, das perfekt war. Es fehlten bloß noch Bücherregale. Im Oktober 2019 wurde es wieder auf einem großen Anhänger geliefert, und dieses Mal halfen drei Männer und ein riesiger Kran, es über den schon existierenden Buchladen auf den ausgewählten Platz zu schwenken, direkt neben dem Zaun. Wir malten es orange, gelb, blau und grün an und die Tür knallrot. Ich pflanzte ein kleines Blumenbeet davor, hängte Glöckchen und Windspiele an der Vorderseite auf, füllte die Regale mit Büchern, und damit war der Kinderbuchladen bereit.

Der zweite Wee Bookshop war sofort ein Erfolg, nicht nur bei den Kindern, sondern auch bei den Erwachsenen. Wir müssen stets daran denken, die Erwachsenen darauf hinzuweisen, dass sie den Kopf einziehen, weil die Tür für Kinder gemacht ist.»Duck dich beim Hineingehen«, sagen wir immer. Trotzdem kommt es hin und wieder vor, dass wir das leise Bimmeln der Glocke hören, die über der Tür hängt.

Susanna und Rhys kamen mit ihren vier Kindern zu Beginn ihres Weihnachtsurlaubs: die Zwillinge Lulu und Mimi, Jesse und Orania. Die Familie kam jeden Tag in den Kinderbuchladen, so sehr liebten sie Bücher. Sie haben die flauschige, weiße Übernachtungskatze Blizzard MacMurray genannt.

Einige Monate nachdem die Familie abgereist war, kam ein riesiges Paket bei mir an. Sie hatten mir zwei unglaublich hübsche Feenpuppen geschickt, eine blond und die andere brünett, die jeweils auf einer Schaukel saßen. Sie sind nun Teil des Kinderbuchladens, und man sieht sie bei gutem Wetter oft auf der kleinen Veranda schaukeln.

Manapōuri hat etwa 230 feste Einwohner, was nur 1 Prozent der Bevölkerung des Southland District ausmacht. Wir sind am Ende der Straße und meilenweit von allem entfernt, aber wir haben die Two Wee Bookshops – die kleinsten unabhängigen Secondhand-Buchläden in Neuseeland. Manchmal entsteht ein richtiges Verkehrschaos, wenn die Autos und Wohnmobile auf beiden Straßenseiten und gelegentlich in unserer Einfahrt oder auf dem Grünstreifen parken.

Eines Tages nagte ein Gedanke an mir: Was, wenn zwei winzige Buchläden nicht reichten?

* * *

Die letzten drei Jahre ist mir aufgefallen, dass viele Männer in ihren Fahrzeugen sitzen bleiben, während ihre Ehefrauen oder Partnerinnen im Laden stöbern. Frauen lassen sich Zeit dabei, die Bücher meist still durchzusehen, doch hin und wieder ist der Buchladen von Geplauder und Gelächter erfüllt. Wenn ihre Ehemänner oder Partner im Auto sitzen, haben viele Frauen das Gefühl, sich beeilen zu müssen. Ein Mann hupte einmal nach einer Weile; manche lassen passiv-aggressiv den Motor an oder hängen an der Tür herum und fragen: »Hast du es jetzt?«, »Hast du schon ein Buch gefunden, das dir gefällt?« und »Ich warte immer noch auf dich«. Das Bücherkaufen sollte man nie übers Knie brechen.

Eines Tages kam ein Bauer, der seine Stallkleidung trug und nach Schafen roch. Er war sehr höflich und sagte, er würde an diesem Tag nicht hereinkommen, da ich andere Kunden hatte. »Ich komme beim nächsten Mal rein«, sagte er.

»Nein, komm einfach herein. Uns macht das nichts aus«, antwortete ich.

»Nee, ich bin klatschnass und rieche etwas streng. Wir sehen uns beim nächsten Mal, Ruth.«

Solche Situationen gab es immer wieder, und so entschied ich, dass ich einen dritten Buchladen brauchte: einen unter freiem Himmel, der bauernfreundlich war und speziell für Männer. Meine Marktanalyse, die ausschließlich darin bestand, dass ich meine Kunden fragte, was sie von der Idee hielten, ergab, dass Männer sich sehr über einen eigenen Platz freuen würden.

»Schatz, ich glaube, ich brauche noch einen Buchladen«, eröffnete ich Lance nach monatelanger Überlegung.

Ein Seufzen. »Oh Gott, wirst du jemals aufhören? Warum noch einen?«

»Einen für Männer. Jagd, Angeln, Landwirtschaft, Traktoren, Züge und etwas, wo sie sich hinsetzen können.«

»Und wo soll der hin?«

»Direkt neben den Kinderbuchladen, direkt am Zaun.«

Lance grummelte. »Wie willst du dich um drei Buchläden kümmern? Du rennst jetzt schon vom einen in den anderen und sagst, dass du nicht genug Bücher hast.«

»Das wird das Highlight von Manapōuri werden«, verkündete ich. »Die Männer werden einen Grund haben, aus ihren Autos auszusteigen. Sie können sich hinsetzen und die Bücher durchstöbern. Ich werde in eine der Schubladen Karten packen ...«

»Und alte *Playboy*-Ausgaben in eine andere«, lachte Lance.

Lance hat mein Wee-Bookshops-Projekt immer unterstützt, weil er weiß, wie sehr ich Bücher liebe und wie wichtig der Umgang mit anderen Leuten für mich ist. Er ist jeden Morgen dabei, wenn ich aufschließe, und repariert, was immer gerade repariert werden muss – es gibt immer etwas. Dann bringt er mir den ganzen Tag über Kaffee und Smoothies. Wenn ich sehr beschäftigt bin, hilft er mir im Laden. Wenn es in den Buchläden zu hektisch wird, schicke ich die Kunden nach nebenan zu uns ins Haus, wo Lance sie unterhält und ihnen ein Heißgetränk macht, solange sie warten.

Als ich mit der Idee eines dritten Buchladens daherkam, versuchte er mich zu bremsen, weil er keine klare Vorstellung davon hatte, was ich damit erreichen wollte. Doch ich war entschlossen, und er akzeptierte schließlich, dass es so kommen würde.

Ich kaufte einen alten Wäscheschrank und engagierte einen anderen einheimischen Bauhandwerker, Ryan Kincaid, und schon bald nahm eine kleine Hütte Form an. Während der Bauzeit zeigten sich all meine Kunden sehr an dem Konzept eines Buchladens für Männer interessiert. »Dann wirst du ja drei Wee Bookshops haben!« Doch ich wollte dem Laden einen eigenen Namen geben und fragte nach Vorschlägen. Nun ja, es wurden viele gemacht! Hole in the Wall, The Man's Closet, The Lad's Lair, Blokes' Books, ManGrove, The Sharing Shed, The Boy's Place, Man's Hole (!), Pent House, The Nook, The Outpost, The Book Shed, Men's Quarters und The Book Chest.

Als Sue »The Snug« vorschlug, wusste ich, dass das der Name war, nach dem ich gesucht hatte.

Der Begriff »snug« stammt aus dem Irland des späten neunzehnten Jahrhunderts und bezeichnete ein kleines, privates Extrazimmer in einem Pub, das vom übrigen Publikum abgetrennt war, zum Teil gibt es sie noch heute. Man zahlte dort einen höheren Preis für sein Bier. Als meine Schwester Jill und ich in Belfast waren, gingen wir ins Crown, eines der ältesten Pubs in Nordirland. Dort gab es kleine Sitznischen mit Türen, die man für etwas mehr Privatsphäre schließen konnte, und wenn man bedient werden wollte, musste man klingeln.

Mein Snug war ein kleiner, recht privater Ort. Es gibt eine überdachte Veranda mit einer eingebauten Sitzbank. Darüber wächst eine schöne Hoheria, ein Malvengewächs, das auch Lacebark genannt wird und im Frühjahr voller winziger weißer Blüten ist. Einige der Bauern haben vorgeschlagen, ich solle Wein oder Bier anbieten, aber das kann ich nicht, da ich keine Schanklizenz habe (Gott sei Dank).

Am Tag der Eröffnung kam einer meiner lieben Stammkunden, Terry O'Toole, mit seiner Ehefrau Faye. Sie sind beide in Bluff geboren, vor etwa fünfundsechzig Jahren, würde ich vermuten. Terry ist ein toller Geschichtenerzähler, und bei seinen Erzählungen baut er viel Geschrei, Grimassen und überschwängliches Gestikulieren ein. Da einige Kunden da waren, als sie ankamen, ging Terry zu seinem Auto zurück und holte sein Knopfakkordeon. Zur allgemeinen Begeisterung trat er auf die Veranda und fing an, die ganzen alten Lieder zu spielen. Es war die perfekte Kulisse und die perfekte Eröffnung von The Snug, Teil 3 meiner Buchläden.

GESCHICHTEN
AUS DEM BUCHLADEN:
Die Gemeinde der Bücherliebhaber

Eines Tages kamen zwei Urlauberinnen und stellten sich als Irene und Sue vor. Sie hatten sich in ihren Dreißigern kennengelernt und gleich eine Verbindung gespürt. Irene wohnte nun in einem Seniorendorf und kam übers Wochenende und für den Urlaub mit Sue und ihrem Ehemann Tony nach Manapōuri. Sie lieben Manapōuri. Wenn man von Blackmount herüberkommt und den Fiordland-Talkessel erreicht, betritt man eine komplett andere Welt, sagt Sue.

Einige Tage vor Weihnachten bemerkte ich, dass sie mir eine Dose mit selbst gemachten Ingwerplätzchen und eine Karte, in der sie sich für meine Zeit und meine Buchempfehlungen bedankten, vor die Haustür gestellt hatten. Als ich sie das nächste Mal sah, gab ich ihnen die Dose zurück. Die Ingwerplätzchen waren so köstlich gewesen, dass ich sie fragte, ob sie mir die Dose gegen ein weiteres Buch auffüllen würden.

»Oh, das geht doch nicht!«, sagte Sue. Sie macht gerne Geschenke und tut sich schwer damit, selbst Geschenke anzunehmen.

Einige Wochen später tauchte Sue mit einer noch größeren Dose Plätzchen auf. Sie reichte sie mir mit einem verstohlenen Lächeln. »Such dir ein Buch aus, Sue«, sagte ich. Sie schüttelte den Kopf. »Nein, ich werde eins kaufen.«

Etwa einen Monat später kehrte ich aus Te Anau nach Hause zurück, und an meiner Haustür hing eine schwarze Supermarkttüte. Ich sah neugierig hinein und fand noch ein Geschenk von Sue, eine Keksdose voller Hokey-Pokey-Plätzchen.

Wieder einige Wochen später kamen Sue und Irene in den Buchladen. Ich gab die Supermarkttüte und die Dose zurück und bat um mehr Kekse. Ich war entschlossen, Sue dieses Mal im Gegenzug für ihre unglaubliche Großzügigkeit ein Buch zu schenken, und schließlich hatte ich mit Irenes Unterstützung Erfolg. Sie gab nach und suchte sich *Fiordland* von Peter Beadle aus.

Sie war mit Peter Beadles Sohn Simon zusammen zur Grundschule gegangen. Peter Beadle war einer der größten Landschaftsmaler Neuseelands. Er ist im Februar 2021 gestorben.

Sue ist im Herzen eine Romantikerin. Eine ihrer Lieblingsschriftstellerinnen ist Jude Deveraux, Autorin von über vierzig historischen Liebesromanen.

Ich fragte Sue, ob ich in meinem Buch über sie schreiben dürfe, und sie stimmte zu. An ihrem neunundfünfzigsten Geburtstag setzten wir uns zusammen und sprachen darüber, was ich schreiben würde. Sie schickte mir danach eine Dankeskarte:

An Ruth. Vielen Dank für das wundervolle Geschenk, mich in dein Buch einzubeziehen. Es ist ein schönes »Geburtstagsgeschenk« und eines, das ich immer in Ehren halten werde. Sue xx

Mir kamen fast die Tränen. Da war diese großartige Dame, die mir dankte, dass ich über sie schrieb. Sollte es nicht andersherum sein? Sie schrieb weiter:

Man muss zum Backen glücklich und zufrieden sein.
Meine Mutter war eine Bäckerin, und ich habe ihr
zugesehen, wie sie Spritzgebäck mit Marmelade und
Shortbread machte. Mein Ehemann liebte Ingwerplätz-
chen, also backte ich ihm welche. Er glaubte nicht, dass
ich so gute backen könne wie die gekauften. Die gesamte
Familie bekommt in der Weihnachtszeit mit Liebe
gebackene Kekse. Ruth findet sie lecker und knusprig,
und allein zu sehen, wie ihr Gesicht sich erhellt, ist schon
ein kostbares Geschenk. Wieso sollte ich ihr also nicht
mehr bringen?

Sue war es, die sich den Namen für meinen dritten Buchladen
ausdachte: »The Snug«. Durch meine Wee Bookshops habe ich
eine tolle Freundin gefunden, die die leckersten Ingwerplätzchen
macht, aber wie so viele berühmte Köche verrät sie mir das Rezept nicht!

HOME STREET

Am 28. Februar 2020 wurde in Neuseeland der erste Covid-19-Fall gemeldet. Als man die Grenzen des Landes am 19. März dichtmachte, schloss ich meine Buchläden. Am 25. März begann für unsere gesamte Nation die Selbstisolation, und der nationale Notstand wurde erklärt.

In diesen sechs Wochen säuberte ich meinen kompletten Bücherbestand, die Regale und sogar das Bargeld. Einmal die Woche fuhren Lance und ich die 20 Kilometer nach Te Anau, um unseren Einkauf abzuholen.

Über die Jahre habe ich einen Lesekreis für Landfrauen in unserer Gegend aufgebaut. Ich versuche, ein paar Bücher die Woche zu lesen, meist nachts um halb vier, wenn ich nicht schlafen kann, daher kann ich meinen Kundinnen mit gutem Gewissen Bücher empfehlen. Wenn ich ein besonders gutes in die Finger bekomme, bringe ich es Alva oder Shirley, oder aber Sara kommt es abholen. Von ihnen aus geht es weiter zu Kathryn und Iona, dann zu Margaret und Fi, gelegentlich zu Edith und anderen Frauen, die um den Talkessel von Te Anau und Manapōuri leben. Wenn das Buch dann in den Buchladen zurückkehrt, wird es verkauft, außer ich will es für mein eigenes Bücherregal behalten.

An den Einkaufstagen während des Lockdowns im Jahr 2020 legte ich einigen meiner Stammkunden und Mitgliedern meines Lesekreises gereinigte Bücher in die Briefkästen oder vor die Haustür. *Der Federndieb: Ein passionierter Fliegenfischer kommt dem größten Museumsraub der Naturgeschichte auf die Spur* von Kirk Wallace Johnson, *Die unwahrscheinliche Pilgerreise des Harold Fry* von Rachel Joyce und *Die verborgene Sprache der Blumen* von Vanessa Diffenbaugh gehörten zu den Favoriten.

Am 13. Mai wurde der Lockdown aufgehoben, und nachdem ich die Empfehlungen für Geschäfte auf der Regierungs-Website nachgelesen hatte, öffnete ich den Hauptbuchladen (an schönen Tagen). Da die Läden so klein sind, konnte ich die Kunden nicht hereinlassen, also fand der Verkauf draußen statt. Die Bücher lagen auf Tischen mit zwei Metern Abstand, und auf dem vorderen Tisch befanden sich eine Flasche mit Desinfektionsmittel, eine Liste zum Eintragen sowie ein Hinweis, sich an die Covid-Regeln zu halten: Abstandsregeln und so weiter. Ich bat die Kunden, alle Bücher, die sie angefasst hatten, aber nicht kaufen wollten, zur Seite zu legen. Ich reinigte die Bücher dann, bevor ich sie zurück auf den Tisch legte.

Einen kleinen Laden gemäß den Richtlinien zu führen war schwierig, aber es war wunderbar, alle nach so langer Zeit wiederzusehen.

Im Mai wird es in Manapōuri langsam kalt. Auf den Büchern draußen auf den Tischen bildete sich Kondenswasser, und ich musste sie ständig abtrocknen. Normalerweise schließe ich nach Ostern für den Winter, doch 2020 war durch Covid alles anders. Ich wollte so lange wie möglich weitermachen, weil wir wie ein kleines Stadtteilzentrum waren, wo alle plauderten und sich darüber unterhielten, wie sie während des Lockdowns zurechtkamen (oder Mühe hatten, zurechtzukommen). Lesen war für viele enorm wichtig. Meine Two Wee Bookshops spielten in der Covid-Geschichte eine kleine, aber wichtige Rolle.

In ganz Neuseeland wurde im Jahr nach dem Lockdown eine Reihe von kleinen Buchhandlungen eröffnet, vermutlich als Reaktion darauf. In Wānaka eröffneten Jenny und Sally das The New Chapter, das bereits einen tollen Ruf hat, und wir schicken einander regelmäßig Kunden. Es ist, als hätten die Leute das Lesen wiederentdeckt und wie wertvoll es ist, Bücher in ihrem Leben zu haben. Als ich im September wieder öffnete, hatte ich geglaubt, dass mein Umsatz durch Covid sinken würde. Da die Grenzen geschlossen waren, würde ich nur Kiwis als Kunden haben, die ihr eigenes Land erkundeten, anstatt ins Ausland zu fliegen, und natürlich meine Stammkunden.

Es war unglaublich, aber das Geschäft lief in dem Jahr besser denn je. Viele meiner Kunden stammten aus dem Norden und waren noch nie in Fiordland oder auf Stewart Island gewesen. Die Schönheit verblüffte sie; sie bewunderten die Wildnis und die Berglandschaft. Und dann fuhren sie an meinen Wee Bookshops vorbei.

»Wir mussten einfach umdrehen und zurückkommen.«

»Wir haben von Ihnen und Ihren Buchläden gehört. Da mussten wir einfach herkommen.«

»Ich habe Sie in Kim Hills Radiosendung gehört und wollte Sie kennenlernen. Ich hoffe, Sie haben mit Ihrem eigenen Buch angefangen!«

Ja, ich habe mit meinem eigenen Buch angefangen. Ich konnte zu Jenny vom Verlag Allen & Unwin nicht Nein sagen, die mich überzeugte, dass es sich verkaufen würde. Tief im Inneren wundere ich mich noch immer darüber.

* * *

Ich habe den dritten Buchladen, The Snug, ursprünglich für Männer gebaut, doch genauso viele Frauen interessieren sich für Landwirtschaft, Traktoren, Angeln und Jagen. Ich war immer besorgt, dass in erster Linie Frauen meine Bücher lesen, obwohl ich auch Männer erreichen wollte. Es hat immer gute Männer in meinem Leben gegeben, die denen, die mich verletzt haben und Narben hinterlassen haben, zahlenmäßig weit überlegen sind. In vielerlei Hinsicht ist aus den Narben, die ich trage, etwas Unglaubliches entstanden.

Als die Arbeit an diesem Buch fast abgeschlossen war, habe ich mit Lance Joshuas Kreuz besucht. Die Scheinbuche ist nun über 20 Meter hoch, und Joshuas Kreuz sieht winzig aus und sicher verborgen unter den kräftigen unteren Ästen.

Wir hatten Freunde dabei und liefen über den Friedhof. Lance erinnerte sich an die Cowboy-Zeiten, in denen sie mit Helikoptern Hirsche erlegten. Viele der jungen Männer, die dabei ums Leben kamen, liegen auf diesem Friedhof. Ein neuer Bereich wurde eröffnet, und auf einem großen Schild sind die Namen aller dort Begrabenen aufgelistet. Auf der Rückseite befindet sich eine Karte der Gräber mit den Nummern zu den Namen. Ich sah mir die Karte an und entdeckte ein kleines goldenes Kästchen, das etwas abseits von den anderen lag und in dem der Name »JOSHUA« stand. Ich starrte es an und konnte nicht glauben, was ich da sah: Er war endlich in das Friedhofsregister aufgenommen worden.

»Lance! Lance!«, rief ich. »Komm her und sieh dir das an – Joshua ist auf dem Schild.«

Alle anderen Gräber haben Nummern, aber dort stand der Name meines zweiten Sohnes Joshua. Es war der einzige Name auf der Karte, ein deutliches Zeichen, dass die Erinnerung an ihn bestehen bleibt und dass wir beide hier am Ende der Welt zusammen unser Zuhause gefunden haben, in diesem kleinen, wunderschönen Teil Neuseelands.

Mir hat die Tatsache immer gefallen, dass mein kleiner Buchladen in Manapōuri in der Home Street liegt. Manchmal dauert es sehr lange, bis man sein Zuhause findet, aber wenn man Glück hat, kommt man irgendwann dort an. So wie ich.

* * *

Mein Vater hatte recht, mein Leben verlief nie geradlinig und normal. Wenn ich Anekdoten aus der Vergangenheit zum Besten gebe, sagen meine Freunde immer, sie würde gar nichts mehr überraschen. Und Lance erzählt regelmäßig allen: »Das Leben mit Ruth ist nie langweilig.«

Ich war achtunddreißig Jahre alt, als Andrew, mein erster Sohn, Teil meines Lebens wurde. Joshuas Reise hat ein Ende gefunden, ich war zurück in Neuseeland in der Nähe meiner Familie, und ich liebte einen großartigen Mann. Das Leben war nicht an mir vorübergezogen, ich hatte jede Minute davon gelebt.

Habe ich Narben davongetragen? Habe ich Angst gehabt? Oft.

Bereue ich etwas? Nein. Alle Ereignisse haben mich zu der Person gemacht, die ich heute bin: entschlossen, fokussiert, zutiefst emotional, loyal; es ist schwer, mit mir zusammenzuleben, und nicht leicht, mich zu lieben.

Ich hatte einen wundervollen Onkel, der mich bedingungslos geliebt hat. Wenn ich ihn besuchte, lächelte er immer und fragte: »Himmel Herrgott, was machst du da, Ruthie? Was zum Teufel hast du jetzt wieder vor?«

Heute sind es Lance und meine engen Freunde, die mich bedingungslos akzeptieren. Wenn sie fragen: »Was hast du wieder angestellt? Wen hast du jetzt wieder verärgert?«, weiß ich, dass sie mich trotzdem lieben, ganz gleich, wie meine Antwort lautet.

Ich habe immer geglaubt, dass mein Leben sich an irgendeiner Stelle einpendeln würde, dass ich den Anker auswerfen und den gesellschaftlichen Status der »Normalität« erreichen würde. In mancherlei Hinsicht habe ich das, doch selbst im Alter von fünfundsiebzig Jahren steckt noch immer eine Rebellin in mir, und dafür bin ich dankbar.

DANKSAGUNG

An Mike White, Journalist, Autor und Freund: Ohne deine Ermutigung, deine Unterstützung und deinen Rat wäre dieses Buch nie geschrieben worden. Dich auf dieser Seite zu würdigen wird niemals vermitteln können, wie dankbar ich dir bin.

An Emma Clifton, meinen unterstützenden Engel: Beim Schreiben dieses Buches hast du meine Tränen ertragen, meine Zweifel, mein Gefasel, und du hast immer an meine Fähigkeit, diese Geschichte zu erzählen, geglaubt. Unsere Freundschaft ist über ein Jahr regelmäßiger Zoom-Meetings entstanden. (Ich habe sogar Emmas Hochzeit über Zoom gesehen!)

An Jenny Hellen, meine australische Verlegerin und einen der positivsten Menschen, die ich kenne: Wie hätte ich nach unserem ersten Skype-Meeting Nein sagen können? Du hast mich geerdet, mich auf Kurs gehalten und bist den gesamten Weg mit mir gegangen … was keine leichte Aufgabe war.

Ich danke auch dem australischen Verlagsteam: der Verlagslektorin Leanne McGregor, der Lektorin Rachel Scott und den freiberuflichen Korrektoren Mike Wagg und Tessa King. Ohne euer grandioses Können wären meine Leser vollkommen verwirrt gewesen! Und der Gestalterin Saskia Nicol und der Illustratorin Sophie Watson: Vielen Dank für das hinreißende Cover und den Vorsatz.

An Marek, falls du je dieses Buch liest: Ich habe überlebt, und ich hoffe, du auch.

An Matt – du weißt, wen ich meine: Ich hoffe aufrichtig, dass du glücklich geworden bist. An Tony: Durch dieses Buch haben wir mit der Vergangenheit abgeschlossen. Danke, dass du so ehrlich warst. An Lance, meinen großartigen Ehemann: Du hast mich immer unterstützt. Du bist mein Seelenverwandter, mein bester Freund und die Stimme der Vernunft, wenn ich dazu neige, vom Weg abzukommen. Danke für dein Verständnis und deine Liebe.

Dieses Buch ist auch für unsere Söhne, Dane und Andrew, und für unsere Enkelkinder, Isaac und Molly, Hina, Liam, Stella und Chloe. Für euch habe ich meine Geschichte erzählt. Für meine Schwester: Du bist so anders als ich, doch unsere Liebe zueinander ist kostbar. Deine zwei Söhne, Hamish und Keir – meine Neffen – werden nun erfahren, wie ungewöhnlich ihre Tante wirklich ist.

Ohne meine Freunde, die mich so akzeptieren, wie ich bin, hätte ich nicht den Mut gehabt, dieses Buch zu schreiben. Ich kann euch nicht alle beim Namen nennen, aber ich werde euch allen persönlich danken, dass ihr für mich da seid und nicht über mich urteilt.

In der Erzählung habe ich etliche Namen (und manche Verhältnisse) geändert, um die Anonymität der beteiligten Personen zu wahren. Wenn ich Fehler gemacht habe, tut es mir leid: Sie sind ausschließlich meine.

QUELLENNACHWEISE

Kapitel 1 und 17: Margery Williams, *Der kleine Schmusehase*, übersetzt von Kim Landgraf, Anaconda Verlag, Köln 2019; Kapitel 7: *Heilige Kongregation für die Glaubenslehre*, »Instruktion über die Mischehen«; Kapitel 16: Curt Meyer-Clason, *Dylan Thomas: Windabgeworfenes Licht. Gedichte*, Hanser, München 1992; Kapitel 20: Walt Whitman, *Grashalme*, übersetzt von Johannes Schlaf, Verlag Deutsche Volksbücher, Rottenburg 1948